Padiglione della Santa Sede | Holy See Pavilion
Casa di Reclusione Femminile di Venezia
Giudecca | Giudecca Women's Prison in Venice

con i miei occhi

with my eyes

Marsilio Arte

60. Biennale d'Arte di Venezia |
60th Venice Biennale
a cura di | edited by
Chiara Parisi, Bruno Racine

con i miei occhi
with my eyes

A cura di | Edited by
Chiara Parisi
Bruno Racine

Coordinamento | Coordination
Cristiano Grisogoni

Progetto grafico e impaginazione |
Graphic design and layout
Irma Boom

Traduzioni | Translations
Igino Schraffl

Redazione | Copy editing
Massimo Zanella

Fotografie | Photos
Marco Cremascoli, Juergen Teller

Testi | Texts
Giovanni Bazoli, Giulia Boschin, Maurizio Cattelan, Olivian Cha e | and Nellie Scott, Claire Fontaine, Bintou Dembélé, Simone Fattal, Sonia Gomes, Julia Kristeva e | and Hans Ulrich Obrist, Maria Milano Franco d'Aragona, Papa Francesco, Chiara Parisi, Marco Perego, Bruno Racine, Giovanni Russo, Claire Tabouret, José Tolentino de Mendonça, e le ospiti della Casa di Reclusione Femminile di Venezia Giudecca | and the inmates of the Giudecca Women's Prison in Venice: Angelica, Antonella Banelli, Bruna, Elisabeth, Haidis, Iris, Jenesi, Luz, Manuela, Marceby Primera, Miriana, Noemi, Paola, RP, Soledat, Suzana, Valentina, e tutte coloro che hanno deciso di restare anonime | and all the inmates who decided to remain anonymous.

Crediti Fotografici | Photo Credits
Salvo dove diversamente specificato, le foto del catalogo e il fotoracconto del Padiglione della Santa Sede sono di | Unless otherwise noted, the catalogue photos and the photo story of the Holy See Pavilion are by Marco Cremascoli
Visita di Papa Francesco | Pope Francis Visit Portfolio by Juergen Teller, courtesy of Ministero della Giustizia: pp. 70–116
Courtesy of Claire Tabouret: pp. 135, 137, 140–141, 142
Courtesy Maurizio Cattelan's Archive: pp. 23, 24–25, 27
For *Dovecote*, Courtesy of production: pp. 121, 122–123, 125, 128
Illustrations reprinted with permission of Corita Art Center, Los Angeles, corita.org: pp. 45, 46, 48–49, 51
Images courtesy of Claire Fontaine: pp. 59, 63, 68–69, 71–73, 76, 114–115
Photograph © Guillaume Ziccarelli for Claire Tabouret: p. 169
Simone Fattal: pp. 33, 34–35, 36–37, 39
Sonia Gomes: pp. 106–107, 110–113, 145, 149

Il libro è pubblicato in occasione della mostra organizzata dal Dicastero per la Cultura e l'Educazione della Santa Sede, commissariata dal Prefetto del Dicastero Sua Eminenza Cardinale José Tolentino de Mendonça e curata da Chiara Parisi e Bruno Racine, dal titolo *Con i miei occhi*, partecipazione della Santa Sede alla 60. Esposizione Internazionale d'Arte – La Biennale di Venezia (Casa di Reclusione Femminile di Venezia Giudecca, Venezia, 20 aprile – 24 novembre 2024).

The book is published on the occasion of the exhibition organized by the Dicastery for Culture and Education of the Holy See, commissioned by the Prefect of the Dicastery His Eminence Cardinal José Tolentino de Mendonça and curated by Chiara Parisi and Bruno Racine, entitled *With my Eyes*, participation of the Holy See in the 60th International Art Exhibition – La Biennale di Venezia (Giudecca Women's Prison in Venice, Venice, 20 April – 24 November 2024).

Prima edizione settembre 2024 | First Edition September 2024
ISBN 979-12-5463-204-8

Available through ARTBOOK | D.A.P.
75 Broad Street, Suite 630
New York, NY 10004
www.artbook.com.

Avvertenza: Le poesie presentate in questo volume, scritte dalle ospiti della Casa di Reclusione Femminile di Venezia Giudecca, sono state riportate nella loro forma d'origine, preservandone grafie e peculiarità linguistiche, al fine di mantenerne intatta l'essenza.

Note: The poems presented in this volume, written by guests of the Venice Giudecca Women's Prison, have been restored to their original form, preserving their spellings and linguistic peculiarities in order to keep their essence intact.

indice

contents

prefazione

Il Padiglione della Santa Sede alla sessantesima Biennale d'Arte di Venezia – installato nella Casa di Reclusione Femminile di Venezia Giudecca – intende affermare il legame tra ispirazione creativa e impegno civile, tra bellezza e lotta allo scarto. L'arte, infatti, agisce come coscienza critica della società, e la bellezza ci invita a un modo diverso di stare al mondo. L'artista con i suoi occhi guarda e insieme sogna, vede più in profondità, profetizza, annuncia un modo differente di vedere e di capire le cose. E lo sguardo di chi contempla un'opera d'arte non resta indifferente o immutato. Il tema della Biennale è *Stranieri Ovunque*. Ho molto apprezzato questa scelta. Il pianeta Terra è la nostra casa comune, eppure sono forti oggi le tensioni e i conflitti che tendono a rendere l'uomo uno straniero, alieno a sé stesso e alle proprie radici: pensiamo alle migrazioni, alla situazione degli indigeni, alle varie forme di diaspora, al problema del razzismo e della xenofobia. Noi stessi agiamo come se la Terra non fosse la nostra casa: il mondo che ci accoglie si sta sgretolando, e già ne sentiamo gli effetti in termini di salute, lavoro, accesso alle risorse, abitazioni, migrazioni forzate e in altri ambiti.

D'altra parte la nostra condizione è quella di essere "stranieri" nel profondo (*Eb* 11,13; *1Pt* 1,17), a prescindere dalla nostra ubicazione. Come Abramo, che ha camminato quasi fosse uno straniero per la terra promessa, così anche noi ogni giorno camminiamo stranieri per la nostra stessa città. L'arte ha sempre proclamato questa condizione umana. Il tema del Padiglione della Santa Sede, *Con i miei occhi* (cfr. *Giobbe* 42, 5), è un appello ad aprire gli occhi sugli ultimi e gli "scarti" della società. La maggiore esclusione consiste nel nemmeno "vedere" l'escluso. Lo scartato è tale innanzitutto perché non viene visto come persona, ma come parte della sporcizia e dell'abbandono del paesaggio urbano. La città umana invece cresce con lo sguardo che "vede" l'altro. Il vedere è sinonimo di toccare con lo sguardo, di abbracciare con l'occhio. Paul Claudel parlava di un "occhio che ascolta".

La collocazione del padiglione all'interno del Carcere della Giudecca significa far intrecciare visivamente due mondi solitamente paralleli, stranieri l'uno all'altro: l'universo esterno si apre all'isolamento carcerario, sfidando le convenzioni. E sono le stesse detenute a condurre le visite, sovvertendo gli spazi tradizionali dell'arte, e aprendo un campo di indagine politico e artistico unico. I poveri e gli scartati, che sono i preferiti di Cristo, hanno bisogno dell'arte e della bellezza. Alcuni sperimentano durissime privazioni; per questo, ne hanno più bisogno. Di solito non hanno voce per farsi sentire. Gli artisti possono farsi interpreti del loro grido silenzioso.

L'arte è sempre una sfida al nostro immaginario: ci aiuta a immaginare in modo nuovo la nostra vita, la nostra storia e il futuro dell'umanità con una carica "rivoluzionaria" che il padiglione intende esprimere. Oggi c'è davvero bisogno di una genialità capace di protestare, convocarci e orientare le nostre società verso la bellezza e la fraternità universale.

Papa Francesco

preface

The Holy See Pavilion at the 60th Biennale International Art Exhibition, located in the Giudecca Women's Prison in Venice, aims to affirm the link between creative inspiration and civic engagement, between beauty and the fight against rejection. Indeed, art acts as a critical conscience of society, and beauty invites us to a new way of being in the world. The artist looks with their eyes and, at the same time, dreams, sees deeper, prophesies, and proclaims a different way of seeing and understanding things. The perspective of one who contemplates a work of art does not remain indifferent or unchanged. The theme of the Biennale is *Foreigners Everywhere*. I appreciated this choice very much. Earth is our common home, yet nowadays, there are strong tensions and conflicts that tend to make men and women strangers, alien to themselves and their roots: we need only think of migration, the situation of indigenous people, various forms of diaspora, the problem of racism and xenophobia. We even act as if the earth is not our home: the world that welcomes us is crumbling, and we are already experiencing this in terms of health, jobs, access to resources, housing, forced migration, and other areas. Furthermore, our condition is that of being "foreigners" at heart (*Heb* 11:13; *1 Pet* 1:17), regardless of our location. Like Abraham, who journeyed to the Promised Land as if he were a foreigner, so too do we walk daily as foreigners in our own cities. Art has always proclaimed this human condition. The theme of the Holy See Pavilion, *With my Eyes* (cf. *Job* 42:5), is a call to open our eyes to the least and the "discarded" of society. The greatest exclusion consists of not even "seeing" the excluded. The discarded individual is such, first of all, because they are not seen as a person but rather as part of the dirt and neglect of the urban landscape. The human city, however, grows with the vision that "sees" the other. Seeing is synonymous with touching with a gaze, embracing with the eye. Paul Claudel spoke of an "eye that listens". Placing the pavilion inside the Giudecca Prison means having two worlds intertwine visually that usually run parallel and are foreign to each other: the external world opens up to the isolation of prison, defying convention. It is the inmates themselves who lead the tours, overturning traditional art spaces and opening up a unique field of political and artistic inquiry. The poor and discarded, who are Christ's favourites, need art and beauty. Some experience harsh deprivation, and therefore, they need it the most. Their voices often go unheard. Artists can make themselves the interpreters of their silent cry. Art is always a challenge to our imagination: it helps us imagine our lives, our history, and the future of humanity in a new way, with a "revolutionary" role that the pavilion aims to express. Today, there is a real need for a genius capable of challenging, inviting, and orienting our societies toward beauty and universal fraternity.

Pope Francis

quando ti abbiamo visto?

Non è forse una coincidenza che la Santa Sede abbia scelto di presentare il proprio padiglione alla Biennale di Venezia in un luogo apparentemente così inaspettato come il Carcere di Reclusione Femminile dell'isola della Giudecca. E non è certo a caso che il titolo del padiglione, *Con i miei occhi*, voglia farci concentrare sull'importanza dello sguardo e riproporlo come indispensabile dispositivo di costruzione culturale e spirituale, opera di cui siamo responsabili tutti. Viviamo in un'epoca in cui, con l'esplosione del digitale e il trionfo delle tecnologie di comunicazione a distanza, lo sguardo umano è sempre più filtrato, differito e indiretto, con il conseguente rischio di rimanere come staccato dalla realtà stessa. La contemporaneità moltiplica indefinitamente l'esercizio mediato dello sguardo, determinandone la spettacolarizzazione, come ha acutamente denunciato Guy Debord, e al tempo stesso disattivando o precludendo quella che possiamo considerare essere la sua nuda pratica. Vedere con i propri occhi, però, conferisce al vedere uno statuto politico unico, poiché ci coinvolge direttamente nella realtà e ci costituisce non come semplici spettatori, ma come testimoni. Una lettura possibile del tema generale della Biennale, *Stranieri Ovunque*, è anche la problematizzazione di questo straniamento dello sguardo. I nostri occhi trasformati in "stranieri ovunque" sono capaci, sì, di registrare e annotare, ma non più di vedere. C'è dunque, nel campo dello sguardo, una sorta di cittadinanza da riconquistare. Nell'anno in cui la Biennale d'Arte celebra la sua sessantesima edizione, cadono i sessant'anni della prima proiezione, a Venezia, del film *Il Vangelo secondo Matteo* di Pier Paolo Pasolini. Il regista spiegava all'epoca che il suo fascino per lo sguardo di Gesù risiedeva nel fatto che questi si pone "ai limiti della metaforicità, fino ad essere una realtà". Basta ricordare quanto ci viene detto nel celebre capitolo 25 del Vangelo di Matteo: "Ho avuto fame e mi avete dato da mangiare, ho avuto sete e mi avete dato da bere, ero straniero e mi avete accolto, nudo e mi avete vestito, malato e mi avete visitato, ero in carcere e siete venuti a trovarmi". E tutti concludono con la domanda: "Signore, quando ti abbiamo visto?". È, questo, uno dei testi biblici più commentati da Papa Francesco, il primo pontefice a visitare la Biennale. Afferma Francesco: "A noi è richiesto di rimanere vigili come sentinelle, perché non accada che [...] lo sguardo si indebolisca e diventi incapace di mirare all'essenziale". Riacquisire la capacità di guardare alla realtà, come punto di partenza per ridisegnarla, coreografando possibilità sociali nuove nella linea del dialogo, della cura di tutto il creato e della cultura dell'incontro – è anche questo ciò che Papa Francesco ha ricordato agli artisti nello storico incontro di giugno 2023 alla Cappella Sistina. "Voi artisti – disse allora il Santo Padre – avete la capacità di sognare nuove versioni del mondo. La capacità d'introdurre novità nella storia. Per questo [...] assomigliate anche ai veggenti. [...] Sapete guardare le cose sia in profondità sia in lontananza, come sentinelle che stringono gli occhi per scrutare l'orizzonte". Proprio questo Rimbaud aveva indicato come programma capace di rifondare la poetica della modernità: "Bisogna essere veggenti, farsi veggenti". Farci carico della responsabilità che comporta il vedere con i propri occhi non ci consente di restare a osservare la storia blindati in un centro o inscritti in una zona di asserita neutralità che altro non è che la salvaguardia di una *comfort zone*. Guardare ci espone al rischio (che raramente è confortevole), ci propone contesti di itineranza e di interazione (che ci obbligano a decostruire tanti automatismi), ci avvicina, sempre per citare Rimbaud, a "cose inaudite e innominabili" (che sono parti costitutive del reale, ma che preferiamo rimuovere). Nella filologia della parola "sentinella" pulsa questo richiamo a farci *custodi della sentina*, che è lo spazio, nella parte più bassa della nave, dove si deposita l'acqua proveniente dalla

when did we see you?

It is perhaps not by coincidence that the Holy See has chosen to present its pavilion at the Venice Biennial Art Show in such a seemingly unexpected place as the Giudecca Women's Prison. And it is certainly not by chance that the title of the pavilion, *With my Eyes*, wants to make us focus on the importance of the gaze and propose it again as an indispensable device of cultural and spiritual construction, a work for which we are all accountable. We are living in an era in which, with the explosion of digitalization and the triumph of remote communication technologies, human gaze is increasingly filtered, deferred, and indirect, with the consequent risk of remaining in some way detached from reality itself. Contemporaneity indefinitely multiplies the mediated exercise of the gaze, determining its spectacularization, as Guy Debord sagaciously denounced, and at the same time deactivating or precluding what we can consider to be its naked practice. Seeing with one's own eyes, however, gives seeing a unique political status, because it involves us directly in reality and constitutes us not as simple spectators, but witnesses. A possible interpretation of the general theme of the Biennial Art Show, *Foreigners Everywhere*, is also the problematization of this estrangement of the gaze. Our eyes transformed into "foreigners everywhere" are capable of recording and annotating, the one hand, but no longer of seeing, on the other hand. There is therefore, in the range of gaze, a sort of citizenship to be reconquered. The year, in which the Biennial Art Show celebrates its sixtieth edition, marks the 60th anniversary of the first screening, in Venice, of the picture *The Gospel According to Saint Matthew* by Pier Paolo Pasolini. At that time, the director explained that his fascination with Jesus's gaze lay in the fact that it is set "at the limits of metaphoricity, to the point of becoming reality". It suffices to recall what we are told in the famous chapter 25 of the Gospel of Matthew: "I was hungry and you gave me something to eat, I was thirsty and you gave me something to drink, I was a stranger and you invited me in, naked and you clothed me, sick and you visited me, I was in prison and you came to visit me". And they all conclude with the question: "Lord, when did we see you?". This is one of the biblical texts most commented on by Pope Francis, the first pontiff to visit the Biennial Art Show. Francis states: "We are asked to remain vigilant as sentinels, so that it doesn't happen that [...] the gaze weakens and becomes incapable of aiming at what is essential". Reacquiring the ability of looking at reality, as a starting point for redesigning it, by choreographing new social possibilities in the line of dialogue, of the care for the whole creation and the culture of encounter – this is also what Pope Francis reminded artists in the historic meeting in June 2023 at the Sistine Chapel: "You artists – said the Holy Father then – have the capability of dreaming new versions of the world, the capability of introducing novelties into history. For this reason [...] you also resemble visionaries. [...] You know how to look at things both in depth and at a distance, like sentinels who narrow their eyes to scan the horizon". Rimbaud had indicated precisely this as a program capable of re-constituting the poetics of modernity: "We must be visionaries, become visionaries". Taking on the responsibility that looking with one's own eyes entails, does not allow us to remain and observe history ironclad in a centre or inscribed in a zone of alleged neutrality that is nothing else than the protection of a comfort zone. Looking exposes us to risk (which is rarely comfortable), offers us contexts of itinerancy and interaction (which force us to deconstruct many automatisms), brings us closer, again to quote Rimbaud, to "unheard of and unmentionable things" (that are constitutive parts of the real, but which we prefer to remove). In the philology of the word "sentinel" this call pulsates to make us guardians of the bilge (in Italian "sentina"), which is the space in the lowest part of a ship where the

pioggia o dal mare agitato. La sentina ci dà una visione anti-eroica della nave, priva di *glamour*, ma profondamente attenta al reale e alle sue infiltrazioni, che dobbiamo abbracciare. Diventare sentinelle informa i nostri occhi che non stiamo guardando la realtà solo dal di fuori, ma che, come scrisse Blaise Pascal, "siamo imbarcati" e siamo posti davanti alla necessità delle scelte e della scommessa. Una parola di gratitudine a Sua Santità Papa Francesco, che, quando gli ho presentato il progetto di questo padiglione, lo ha approvato e mi ha detto che avrebbe anche voluto vederlo con i suoi occhi. A Bruno Racine e Chiara Parisi, che formano un team curatoriale straordinario. Agli artisti Bintou Dembélé, Claire Fontaine, Claire Tabouret, Corita Kent, Maurizio Cattelan, Marco Perego e Zoe Saldana, Simone Fattal e Sonia Gomes, che hanno accettato questa sfida e che ci offrono visioni e domande che non dimenticheremo. A quanti hanno dato il meglio di sé nella produzione del padiglione: al collettivo di COR arquitectos, e in particolare all'impegno degli architetti Roberto Cremascoli e Flavia Chiavaroli. Alle autorità che rappresentano il Ministero della Giustizia italiano, tanto a livello nazionale come nel Carcere di Reclusione Femminile dell'isola della Giudecca, insuperabili nell'apertura che ha reso possibile questa collaborazione con la Santa Sede. Al partner principale nella sponsorizzazione di questo progetto, Intesa Sanpaolo. Al Patriarcato di Venezia, nella persona del suo Patriarca, S.E. Mons. Francesco Moraglia. Alle Fondazioni Casa dello Spirito e delle Arti e Gravissimum Educationis, come pure ai membri del Comitato Promotore. Al dono rappresentato dall'amicizia di Arnoldo Mosca Mondadori. E un sentito "grazie" a ogni singola donna residente nel carcere, i cui occhi interpellano e allargano lo sguardo del nostro mondo.

Cardinale José Tolentino de Mendonça
Prefetto del Dicastero per la Cultura e l'Educazione
Commissario del Padiglione della Santa Sede

Daiana

Chi mi ha dato la forza

e la voglia di andare avanti sei tu,

Daiana

sei la luce dei miei occhi,
Daiana, sei nel mio cuore e quando

in braccio ti avrò, tutto il mio amore
ti darò e così io vivrò

tua nonna

Valentina

Valentina

water coming from rain or rough seas is deposited. The Bilge gives us an anti-heroic vision of a ship, devoid of glamour, but deeply attentive to the real and its infiltrations, which we must embrace. Becoming sentinels informs our eyes that we are not looking at reality only from the outside, but that, as Blaise Pascal wrote, "we are embarked" and are faced with the necessity of making choices and bets. A word of gratitude to His Holiness Pope Francis who, when I presented him the project for this pavilion, approved it and told me that he would also like to see it with his own eyes. To Bruno Racine and Chiara Parisi, who form an extraordinary curatorial team. To the artists Bintou Dembélé, Claire Fontaine, Claire Tabouret, Corita Kent, Maurizio Cattelan, Marco Perego and Zoe Saldana, Simone Fattal and Sonia Gomes, who accepted this challenge and offer us visions and questions that we will not forget. To those who gave their best in the production of the pavilion: to the COR arquitectos collective, and in particular to the commitment of the architects Roberto Cremascoli and Flavia Chiavaroli. To the authorities representing the Italian Ministry of Justice, both at a national level and in the Giudecca Women's Prison, unsurpassed as to the openness that made this collaboration with the Holy See possible. To the main partner in sponsoring this project, Intesa Sanpaolo. To the Patriarchate of Venice, in the person of its Patriarch, H.E. Monsignor Francesco Moraglia. To the foundations Casa dello Spirito e delle Arti and Gravissimum Educationis, as well as to the members of the Sponsoring Committee. To the gift represented by the friendship of Arnoldo Mosca Mondadori. And a heartfelt "thank you" to every single woman residing in the prison, whose eyes challenge and broaden the gaze of our world.

Cardinal José Tolentino de Mendonça
Prefect of the Dicastery for Culture and Education
Commissioner of the Holy See Pavilion

Vivere Ovunque

Sono in questo bel palazzo storico,
dove i doveri sono il mantra di ogni giorno...

sento il calore in ogni angolo di queste "mure".

Casa per tante persone in ricerca del proprio
Io interiore e fisico, di fame di libertà,

ed inizio di una vera vita oltre la loro
etnia natia e lingua parlata!

Padre, dona a tutti i Popoli di tutto
Questo "Mondo" la forza, la gioia interiore
e la salute fisica, ovunque siamo...
abbiamo il diritto di accettare i doni più preziosi per...

La pace, l'amore, la prosperità
l'abbondanza, l'equilibrio, l'armonia e la salute,
Giustizia per tutti

Grazie, grazie, grazie all'infinito
Per il dono più prezioso
La Vita

Iris

La Biennale di Venezia rappresenta l'occasione per immergersi nell'arte contemporanea, nella sua eclletticità attraverso la diversità delle sue straordinarie esposizioni. L'idea innovativa, avanzata dalla Santa Sede, di allestire un padiglione, non poteva avere altro scenario che la Casa di Reclusione Femminile di Venezia Giudecca. L'Amministrazione Penitenziaria, infatti, si riconosce appieno nei valori espressi dalla Santa Sede, nel suo impegno per la salvezza di ogni persona, orientando la propria bussola verso l'indirizzo e la formazione delle coscienze, secondo gli ideali di solidarietà, carità, libertà, al fine di partecipare all'impegno costante della Chiesa nell'edificazione di una società pacifica e riconciliata. Pertanto l'Istituto di pena di Venezia, lungi dal limitarsi a ospitare questo evento di respiro culturale, si innesta nello stesso, divenendone parte integrante, in un connubio di arte, bellezza e rinascita catartica. L'arte infatti è un mezzo di comunicazione efficace e potente, capace di esplorare il linguaggio delle emozioni in tutte le sue sfumature, un mezzo di comunicazione sociale perché veicola valori, ideali, visioni e identità collettive e, al contempo, una testimonianza della nostra umanità e della nostra diversità. Se dunque partiamo dal presupposto che l'arte è espressione dell'essere umano, della sua vita e della sua possibilità di sviluppo, le donne detenute, partendo dai valori calpestati dal reato commesso, si sono messe alla ricerca di una guida che, in maniera non solo armonica ma anche creativa e consapevole, fosse in grado di tenere insieme le loro forze: i pensieri con i sentimenti e con le azioni. Hanno sperimentato i nessi profondi della realtà, in cui ascoltare sé stesse e incontrare l'essere dell'altro in libertà. In questo senso l'arte, come processo creativo e di metamorfosi, ingaggia una sfida metaforica attraverso la ricerca del sé, mettendo al centro quel che è unico e irripetibile. Questo è stato il presupposto che ha permesso alle detenute di intraprendere un processo di sublimazione di quegli stessi valori, precedentemente compressi, che, invece, sono stati vivificati nei dipinti, nelle sculture, nelle opere tutte. Solo partendo dalla comprensione di tale realtà così nuova e ricca di possibilità, ma anche così problematica e drammatica, è possibile capire l'impegno compiuto dall'Amministrazione Penitenziaria che ha interiorizzato la consapevolezza che vivere è cambiare, mantenendo uno sguardo sempre nuovo capace di aprirsi alle istituzioni, nel rispetto delle regole, ma facendosi permeare dai valori di fratellanza, solidarietà, libertà, di cui l'arte è la più alta espressione.

Giovanni Russo
Capo del Dipartimento dell'Amministrazione Penitenziaria

Never give up. Mai Arrendersi…

…Accumulava pazienza, come polvere da sparo…
14/10/23

…Grido restando in silenzio
22/10/23

…dagli occhi di chi è puro, siete solo dei codardi…
28/10/23

…la rabbia è la mia benzina…
9/11/23

…la vita è il treno, non la stazione…
21/5/23

…e lei aveva l'aria dolce, di una vita amara che seminava tempesta…
10/5/23

The Biennale International Art Exhibition represents the opportunity for an immersion in contemporary art, with its eclecticism through the diversity of its extraordinary exhibitions. The innovative idea, put forward by the Holy See, of setting up a pavilion could have no other setting than the Giudecca Women's Prison in Venice. The Prison Administration fully recognizes itself in the values expressed by the Holy See, in its commitment to the salvation of every person, orienting its compass towards the direction and formation of consciences according to the ideals of solidarity, charity, and freedom, to take part in the Church's constant commitment to building a peaceful and reconciled society. Therefore, the Venice Detention Centre, far from limiting itself to hosting this event of broad cultural scope, is grafted onto it, becoming an integral part of it in a combination of art, beauty, and cathartic rebirth. Art is an effective and powerful means of communication, capable of exploring the language of emotions in all its nuances; a means of social communication because it conveys values, ideals, visions, and collective identities and is, at the same time, a witness of our humanity and diversity. As a consequence, if we start from the assumption that art is an expression of human beings, of their lives and potential for development, the detained women, after having trampled upon values by the crime committed, began looking for guidance that, in a not only harmonious but also creative and conscious way, would be able to keep their forces together – thoughts with feelings and actions. They experienced the profound connections of reality, in which they could listen to themselves and encounter the other's being in freedom. In this sense, as a process of creativity and metamorphosis, art engages in a metaphorical challenge through the search for one's self, putting what is unique and unrepeatable at the centre. This was the prerequisite that allowed the inmates to undertake a process of sublimation of the values that had been previously compressed and subsequently, instead, brought to life in paintings, sculptures, and all the other works performed. Only by starting from the understanding of this reality, so new and full of chances but also so problematic and dramatic, is it possible to understand the commitment made by the Prison Administration that has internalized the awareness that to live is to change, keeping an ever-new gaze capable of opening up to the institutions, respecting rules, though being permeated by the values of brotherhood, solidarity, freedom, of which art is the highest expression.

Giovanni Russo
Head of the Prison Administration Department

...hanno il tuo nome le mie ferite...
5/12/23

...la notte le paure fanno più rumore...
21/4/23

...io mah, voi boh...
23/5/23

...un po' di me sarà per sempre triste...
18/11/23

...se dentro muori lenta, sai che fuori sorrido...
7/11/23

...non sottovalutare mai la forza ed il coraggio che ho di lottare...
31/12/23

...in questa lacrima infinita c'è tutto il senso della mia vita...
3/12/23

Il secolare rapporto tra la Chiesa e le arti, di inestimabile importanza sia per la conservazione dei beni culturali sia per la committenza di nuove opere, non è mai venuto meno nonostante alcune incrinature che emersero – nella forma di timori e richiami delle autorità ecclesiastiche – all'affacciarsi della modernità. Il 27 ottobre 1932, in occasione dell'inaugurazione della nuova sede della Pinacoteca Vaticana, Pio XI, già dottore della Biblioteca Ambrosiana, metteva in guardia da un "nuovo che non rappresenta un vero progresso" e dalle "così dette opere d'arte sacra che il sacro non sembrano richiamare" e rischiano di diventare "una vera e propria profanazione". Ma quello stesso papa, alla fine del 1932 inaugurava il nuovo monumentale ingresso dei Musei Vaticani, aprendoli al mondo. Con il Concilio Vaticano II abbiamo assistito a una svolta epocale nella storia moderna della Chiesa. Proprio a chiusura di quell'evento, il 7 maggio 1964, Paolo VI rivolse dalla Cappella Sistina – con alle spalle il *Giudizio Universale* di Michelangelo – un memorabile discorso agli artisti, chiamandoli "figli ancora più cari" e affermando che "il Papa è vostro amico". Concluse dicendo: "noi abbiamo bisogno di voi. Il nostro ministero ha bisogno della vostra collaborazione". Poche settimane dopo il Pontefice inaugurava la nuova porta di San Pietro, la Porta della Morte. Ad essa Giacomo Manzù aveva lavorato per ben diciassette anni, incontrando non poche difficoltà da parte delle gerarchie vaticane, che furono risolte grazie all'intervento del suo conterraneo bergamasco, Papa Giovanni XXIII. Il giorno dell'inaugurazione, il 28 giugno 1964, accanto a Papa Montini e all'artista, compariva Raffaele Mattioli che con la Banca Commerciale Italiana aveva contribuito alla realizzazione di quella splendida opera. Intesa Sanpaolo, erede del mecenatismo della Comit, è impegnata a concorrere alla salvaguardia e alla crescita del patrimonio artistico del Paese, in collaborazione con le istituzioni pubbliche. In tal senso, la banca intende anche favorire un proficuo dialogo tra la Chiesa e il mondo dell'arte. In occasione della Biennale veneziana del 2018, i giardini della Fondazione Cini, alla quale Intesa Sanpaolo è storicamente legata, accolsero, in un emozionante percorso, le *Vatican Chapels*: dieci cappelle realizzate dai maggiori architetti internazionali, spazi votati alla riflessione e all'esperienza spirituale. Oggi, nel quadro della sessantesima Biennale lagunare, siamo a fianco del Dicastero per la cultura e l'educazione della Santa Sede – insieme al Dipartimento dell'Amministrazione Penitenziaria del Ministero della Giustizia – nel promuovere un'iniziativa che riflette la volontà dell'attuale pontificato di essere vicino a una realtà sociale tra le più dolorose. Con questo progetto, ospitato nel luogo di un vissuto drammatico, quale è la casa di pena femminile alla Giudecca, il dialogo tra gli artisti e le istanze più avanzate del magistero della Chiesa si esprime in modalità che superano i confini tradizionali delle arti visive. Sono infatti previste istallazioni sperimentali, workshop e iniziative che permetteranno un'innovativa interazione di artisti e operatori provenienti da tutto il mondo con le detenute di varia nazionalità. È una grande sfida spirituale e civile a cui siamo orgogliosi di partecipare.

Giovanni Bazoli
Presidente Emerito Intesa Sanpaolo

…la tristezza è il mio riposo…
1/12/23

…l'assenza è la peggior presenza…
9/5/23

…lacrime di ghiaccio tagliano il mio viso…
10/12/23

…chi ha sofferto ama in modo diverso…
19/4/23

The centuries-old relationship between the Church and the arts, of invaluable importance both for the conservation of cultural heritage and the commissioning of new works, has never failed despite some cracks that emerged – in the form of fears and warnings from the ecclesiastical authorities – at the appearance of the modern era. On 27 October 1932, on the occasion of the inauguration of the new premises of the Pinacoteca Vaticana Pius XI, a former doctor of the Ambrosiana Library, warned against "novelty that does not represent real progress" and from the "so-called works of sacred art which do not seem to recall the sacred" and risk becoming "a real profanation". But the same Pope, at the end of 1932, inaugurated the new monumental entrance to the Vatican Museums, opening them to the whole world. With the Second Vatican Council, we witnessed an epochal turning point in the Church's modern history. Precisely at the closing of that event, on 7 May 1964, Paul VI addressed a memorable speech to the artists from the Sistine Chapel – with Michelangelo's *Last Judgment* behind him – calling them "even dearer children" and stating that "the Pope is your friend". He concluded by saying: "we need you. Our ministry needs your collaboration". A few weeks later, the Pontiff inaugurated the new door of Saint Peter, the Gate of Death. Giacomo Manzù had worked on it for seventeen years, encountering many difficulties from the Vatican hierarchies, which were solved thanks to the intervention of his fellow citizen from Bergamo, Pope John XXIII. On the day of the inauguration, 28 June 1964, alongside Pope Montini and the artist, appeared Raffaele Mattioli, who, with the Banca Commerciale Italiana (in short, Comit), had contributed to the realisation of that splendid work. Intesa Sanpaolo, as the successor of Comit's patronage, is committed to contributing to the protection and growth of the country's art heritage in collaboration with public institutions. In this sense, this bank also intends to encourage a fruitful dialogue between the Church and the art world. On the occasion of the 2018 Venice Biennial Art Show, the gardens of the Cini Foundation, to which Intesa Sanpaolo is historically linked, welcomed, along an exciting pathway, the *Vatican Chapels*: ten chapels created by the greatest international architects, as spaces devoted to reflection and spiritual experience. Today, in the framework of the 60th Venice Biennial, we are side by side with the Dicastery for Culture and Education of the Holy See – together with the Department of Prison Administration of the Ministry of Justice – in promoting an initiative that reflects the will of the current Pontificate of being close to one of the most painful social realities. With this project, hosted in the place of a dramatic experience, as is the Giudecca Women's Prison, the dialogue between the artists and the most advanced instances of the Church's magisterium is expressed in ways that go beyond the traditional boundaries of visual arts. In fact, experimental installations, workshops and events are planned, which will allow an innovative interaction to take place between artists and operators from all over the world and inmates of different nationalities. It is a great spiritual and civil challenge in which we are proud to participate.

Giovanni Bazoli
Chairman Emeritus Intesa Sanpaolo

...la mia vita è un pianeta invisibile...
22/8/23

...è col tempo che si impara a comprendere il vuoto...
12/7/23

...solo da distrutta, riuscirò ad essere distratta... (cos'è che mi manca)
30/11/23

Anonima

Ringrazio Sua Eminenza José Tolentino de Mendonça, Prefetto del Dicastero per la Cultura e l'Educazione della Santa Sede, per l'intuizione profonda e sensibile che consente oggi a tutti di varcare una soglia inviolabile nell'immaginario collettivo quale è quella del carcere. Il Padiglione della Biennale della Santa Sede svela al pubblico un mondo a parte che invece deve essere considerato una parte del mondo. Percorrerlo "con i loro occhi", ovvero con gli occhi degli artisti, consente al nostro sguardo di frantumare il monolite dell'entità "carcere" in una molteplicità di emozioni e vissuti individuali delle donne detenute e di coloro che se ne prendono cura. Questa esperienza consolida la creazione del ponte con il mondo esterno che è sempre più coinvolto nel lavoro di reinserimento nel tessuto sociale di coloro che ne hanno infranto le regole.

Maria Milano Franco d'Aragona
Provveditore regionale dell'Amministrazione Penitenziaria per il Triveneto

Chiamatemi Solitudine
Da Soledat, sono di etnia Sinti

Ciao a tutti voi,

vi ringrazio dell'opportunità di poter scrivere qualcosa, purtroppo devo mantenere l'anonimato anzi, chiamatemi Soledat, che vuol dire solitudine.

Sono una donna dolce e sensibile, farei di tutto per aiutare il prossimo, sarei pronta a rinunciare al cibo per donarlo a chi ha più bisogno.

Non ho avuto una vita facile, fin da bambina ho dovuto crescere presto. Non ho mai giocato con le bambole perché mia mamma e mio papà si sono separati quando avevo solo nove anni.

Nonostante fossi la più piccola in famiglia, ho una sorella e due fratelli più grandi, ho fatto loro da madre. A causa dell'abbandono di mia madre, mio padre ha iniziato a buttarsi nell'alcol, beveva tutti i giorni e noi bambini rimanevamo senza mangiare, anche per giorni.

Così ho deciso di prendere in mano la situazione e sono andata a lavorare come lavapiatti nei ristoranti, dove non percepivo uno stipendio ma mi accontentavo del cibo avanzato in cambio del mio lavoro.

I thank His Eminence José Tolentino de Mendonça, Prefect of the Dicastery for Culture and Education of the Holy See, for the profound and sensitive intuition that today allows everyone to cross an inviolable threshold in collective imagination such as a prison. The Holy See Pavilion inside the Venice Biennial Art Show reveals to the public a world apart, which must, instead, be considered a part of the world. Traveling through it "with their eyes," that is, with the eyes of the artists, allows our gaze to shatter the monolith of the "prison" entity into an assortment of individual emotions and life experiences of the women inmates and those who take care of them. This experience consolidates the creation of the bridge with the outside world, which is increasingly involved in the work of reintegration into the social fabric of those who have broken the rules.

Maria Milano Franco d'Aragona
Regional Proveditor of the Prison
Administration for Triveneto

Finito il turno, con la mia piccola bici correvo a casa, così mangiavo con i miei fratelli. Per portare a casa qualcosa in più andavo anche ad elemosinare, questa è stata la mia vita.

A sedici anni ho avuto la mia prima figlia, la bambola vera che non ho mai avuto nella mia infanzia travagliata.

La mia vita è stata difficile e piena di dolori e, dopo un'infanzia negata, mi sono trovata a fare da mamma e papà ai meravigliosi doni che Dio mi ha fatto: i miei figli. Sono molto fiera di loro.

Loro non sono cresciuti come dei Sinti, li ho sempre mandati a scuola e hanno potuto seguire un regolare corso di studi.

La vita mi ha fatto un unico regalo, dei figli meravigliosi: non fumano, non bevono e pensano solo al proprio futuro, e per questo ringrazio Dio.

Ringrazio Dio anche per avermi messo qui alla Giudecca, un Castello dove tutti mi vogliono bene: agenti, educatori, dottori e infermieri che si sono presi cura di me.

Voglio ringraziarli perché si sono presi cura di me nei momenti peggiori, mi sono stati sempre vicini. Sono in questo Castello da un anno e, nonostante ci stia bene, il mio cuore è spezzato perché mi mancano i miei figli, che sono la mia vita.

Stare qui mi ha fatto capire ancora di più quanto sia importante la mia famiglia. Ringrazio tutti voi per l'aiuto che mi avete dato.

Vi voglio tanto bene e vi abbraccio
La vostra Soledat

con i miei occhi

L'intenzione della Santa Sede, nei prossimi anni, è di partecipare regolarmente alla Biennale di Venezia, sebbene sappiamo che si tratta di uno stato singolare, privo di una scena artistica nazionale e di uno spazio espositivo proprio. Date le premesse, come si può interpretare in questo caso il concetto e la tradizione di "padiglione nazionale" storicamente tramandato? Invece di considerarlo come un problema, questa peculiarità ci ha spinto a sperimentare una formula completamente nuova, grazie al sostegno del Cardinale de Mendonça che ci ha fortemente incoraggiati a uscire da ogni formula convenzionale. La decisione di coinvolgere nel progetto la Casa di Reclusione Femminile di Venezia Giudecca è stata una risposta a questa particolare situazione. Abbiamo preso sul serio sia il titolo della Biennale (*Stranieri Ovunque*) sia l'invito del Papa a occuparci delle periferie, degli emarginati, di coloro che la società ha allontanato da sé. Scegliendo un carcere in attività si è voluto andare oltre una proposta artistica che avrebbe raggiunto solo il pubblico internazionale dell'arte contemporanea; il nostro obiettivo è stato quello di impegnarci in un'esperienza umana ricca e complessa, in cui gli esclusi dalla società fossero protagonisti. In breve, dimostrare fattivamente come l'arte possa cambiare la vita, cambiare il modo in cui i visitatori guardano questo universo in linea di principio impenetrabile e il modo in cui le detenute guardano sé stesse. Il titolo proposto, *Con i miei occhi*, evoca questa riflessione, una conversione dello sguardo a cui l'arte ci invita e a cui conferisce la sua piena dimensione. Il carcere della Giudecca è uno dei pochi esclusivamente femminili in Italia. Per larga parte non influenzato dalle lotte di potere, che prevalgono nelle carceri miste dominate dagli uomini, ha una dimensione più umana con la presenza di ottanta detenute. Occupa un luogo storico (l'ex convento delle Convertite) dove, dal XVI al XVIII secolo, la Repubblica di Venezia affidava le ex cortigiane alla Chiesa per insegnare loro un mestiere, creare degli spettacoli teatrali e dare loro "dignità", sotto la protezione di Santa Maria Maddalena. I tempi sono cambiati e oggi le recluse producono cosmetici, confezionano abiti, vendono i prodotti dell'orto che coltivano, ritrovando una certa autonomia nel lavoro e nella creatività, in una forma di riappropriazione personale e collettiva della vita. Quindi la scelta del luogo diventa un manifesto, uno *statement*. Gli artisti sono stati invitati per la loro particolare sensibilità e affinità a questo tema, indipendentemente da qualsiasi professione di fede o appartenenza religiosa personale: ancorandosi alla realtà carceraria il loro approccio artistico testimonia il valore universale del messaggio. Queste personalità così diverse, donne e uomini che per le loro origini si ricollegano a tutti i continenti e che spesso sono essi stessi espatriati o esiliati, formano una costellazione unita dal loro spontaneo e generoso sostegno al progetto, che ciascuno esprime a modo proprio. I bassorilievi di Simone Fattal con le poesie scritte dalle detenute; l'affresco di Maurizio Cattelan ricorda il *Cristo morto* di Mantegna e gli umili pellegrini scalzi di Caravaggio; il collettivo Claire Fontaine, di cui un'opera ha dato il titolo alla Biennale, fa brillare una luce di solidarietà nelle notti di reclusione; Claire Tabouret si ispira alle fotografie di famiglia inviate dalle detenute, separate dai loro cari; Sonia Gomes trasforma la cappella dismessa in una vasta installazione visiva e sonora; Bintou Dembélé riunisce le detenute in una coreografia concepita per loro. Corita Kent, l'unica artista "storica" che è stata parte di una congregazione religiosa, utilizza la cultura pop come veicolo per il suo approccio artistico profondamente impegnato. Infine, Marco Perego & Zoe Saldana lavorano con le detenute a un cortometraggio che sarà proiettato anche alla Mostra del Cinema. Gli artisti non sono presenti solo attraverso le opere installate,

with my eyes

The Holy See intends to regularly participate in the Venice Biennial in the coming years, although it is well known that it is a peculiar State, lacking a national art scene and its own exhibition space. Given these premises, how should the historically handed down concept and tradition of "national pavilion" be interpreted in this case? Instead of being considered a problem, such peculiarity pushed us to experiment with a completely new formula, thanks to the support of Cardinal de Mendonça, who strongly encouraged us to move away from conventional formulas. The decision to involve the Giudecca Women's Prison in Venice in this project was a response to this particular situation. We took seriously both the title of the Biennial (*Foreigners Everywhere*) and the Pope's invitation to take care of the peripheries, the marginalized, those who society has pushed away. By choosing a still operating prison, we wanted to go beyond an artistic proposal which, in reality, would only reach the international public of contemporary art, instead, our goal was to engage in a rich and complex human experience, with those who are excluded from society in the role of protagonists. In short, we intended to effectively demonstrate that art can modify life – changing the way visitors look at this, in principle, impenetrable universe as well as the way inmates look at themselves. The proposed title, *With my Eyes*, evokes suck reflection, a conversion of gaze, to which art invites us and for which it provides its whole dimension. The Giudecca Prison is one of the few exclusively female jailhouses in Italy. It remains rather human-sized, with just eighty inmates, and is largely unaffected by the power struggles that prevail in male-dominated mixed prisons. It occupies a historic place (the former Convent of the Converts) where, from the 16th to the 18th century, the Republic of Venice entrusted former courtesans to the Church to teach them a trade, stage theatrical performances, and give them "dignity", under the protection of Saint Mary Magdalene. Times have changed, and today, the inmates produce cosmetics, make clothes, and sell the crops grown in their vegetable garden, thus regaining a certain independence at work and as regards creativity through a personal and collective re-appropriation of life. Therefore, the choice of place becomes itself a manifesto, a statement. Artists were invited for their particular sensitivity and affinity to this theme, regardless of their profession of faith or personal religious belonging: holding on to the reality of the prison, their artistic approach testifies to the universal value of this message. Those different personalities, women and men who, by their origins, are connected to all continents and are often expatriates or exiles themselves, make up a constellation united by their spontaneous and generous support for the project, which each express in their own way. Simone Fattal's bas-reliefs range with poems written by inmates; the fresco by Maurizio Cattelan recalls Mantegna's *Dead Christ* and Caravaggio's humble barefoot pilgrims; the Claire Fontaine collective, a work of whom gave the Biennial its title, shines a discreet light of solidarity on the nights of detention; Claire Tabouret is inspired by family photos sent by the prisoners who are separated from their beloved ones; Sonia Gomes changed the old disused chapel into an extensive visual and sound installation; Bintou Dembélé gets the inmates together in a dance choreography designed especially for them. Corita Kent, the only "historical" artist who had been a member of a religious congregation, uses pop culture as a vehicle for her deeply engaged approach to art. Finally, Marco Perego & Zoe Saldana work with the inmates on a short film that will also be screened at the Venice International Film Festival. The artists are not only present through their installed works but have also carried out in-depth relation work together with the inmates, including the

ma hanno svolto un lavoro di relazione con le detenute, tra cui la realizzazione di un numero speciale de "L'Osservatore di Strada" condotto da Maurizio Cattelan, dei workshop di Simone Fattal, Bintou Dembélé, Claire Fontaine e Claire Tabouret e la partecipazione al film di Marco Perego & Zoe Saldana. La presenza dei poeti e l'importanza data alla poesia sono elementi centrali del progetto, voluti insieme al Cardinale de Mendonça rinomato poeta egli stesso. La natura del progetto rendeva implicita la partecipazione di tutti gli "abitanti" del carcere, per questo non sottolineeremo mai abbastanza l'apertura di spirito e la generosità della direzione e del Ministero della Giustizia a tutti i livelli, l'entusiasmo e la disponibilità del personale, il sostegno incondizionato delle detenute. Non è certo la prima volta che un intervento artistico ha luogo in una struttura carceraria, ma questo progetto ha probabilmente una portata senza precedenti, dimostrata a suo modo dalla visita di Papa Francesco. Abbiamo pensato a un'esperienza del visitatore su più livelli. Estraneo al mondo carcerario, dovrà espletare tutte le formalità prima di entrare e separarsi da quell'estensione di noi stessi che sono diventati i nostri telefoni cellulari e sarà accompagnato da guardie e da alcune detenute formate per fare da guida al padiglione. Un fattore essenziale, questo, per evitare la doppia insidia dell'idealismo – le detenute stanno scontando lunghe pene – e del voyeurismo. È un incontro autentico quello che il visitatore vive in loro compagnia, lungo un percorso che lo porta ad attraversare le diverse aree del carcere. Anche se gli è vietato di scattare fotografie, confidiamo che questa esperienza artistica e umana possa rimanere nella sua memoria: "con i suoi occhi".

Chiara Parisi, Bruno Racine
Curatori

Sono qui sola,

sono qui a pensarti mia dolce metà,

e un'onda infrangibile si abbatte su di me, non so se correre, non so se scappare. Alla fine, resto immobile. Resto immobile ad aspettare quello schianto. Perché anche se estremamente doloroso, è già qualcosa. Qualcosa di diverso da questo vuoto abissale che porto dentro, o lui porta me. Sai, alle volte immagino che il tempo non esista, nessun secondo, nessun minuto, nessuna ora. Nessun giorno...nessuna lancetta a scandire il tempo, nessun orologio o calendario a ricordarmi che la vita mia, come quella di tutti gli altri, è governata, dettata, contaminata da qualcosa che condiziona in modo irreversibile la nostra esistenza.

Perché misteriosamente quando sono al tuo fianco non percepisco quella fretta, quella noia, quell'ansia che alle volte ti logora...nulla esiste più se non quell'esatto momento. Che nessuno decide quanto dura, nessuno può quantificare o imporre, nessuno può calcolare. Siamo io e te in un modo indefinibile. Perché tutto ciò che viene definito...finisce. Ed io non voglio.

Non voglio vivere con la costrizione che tutto abbia una definizione. Che tutto sia già spiegato e imbrattato di significati e spiegazioni che si tramandano da generazioni. Io non voglio sapere quello che sanno tutti. Io non voglio vivere e di presunzione. Di Sapienza assoluta. Io voglio percepire. Voglio vedere senza guardare, parlare senza parole, sentire senza ascoltare.

Ora, che il tempo non esiste più, ora che sono libera da tutte le definizioni, ora che non c'è passato, né presente né futuro. Proprio in questo preciso battito del mio cuore bradicardico, nel preciso battito d'ali di una farfalla, nel preciso battito della pioggia sull'asfalto e nel preciso battito dell'onda che si infrange sugli scogli...

Sono qui, con te. Dove vorrei essere. Dove sono sempre stata. Mia dolce metà.

L'Amore è per chi non ha bisogno di sapere, né di definire.
Nessun orizzonte, nessun confine.
Non esiste inizio, non esiste fine.

Ci incontriamo lì dove non esiste un confine.
Intanto, indosso i brividi che mi hai dolcemente lasciato,
così copro i lividi che ci hanno procurato.

Chi dell'Amore non si è mai
curato. Lo senti...ora ti bacio.

Tua Giulia

Giulia Boschin

Sono qui sola,

sono qui a pensarti mia dolce metà,

e un'onda infrangibile si abbatte su di me, non so se correre, non so se scappare. Alla fine, resto immobile. Resto immobile ad aspettare quello schianto. Perché anche se estremamente doloroso, é già qualcosa. Qualcosa di diverso da questo vuoto abissale che porto dentro, o lui porta me. Sai, alle volte immagino che il tempo non esista, nessun secondo, nessun minuto, nessuna ora. Nessun giorno...nessuna lancetta a scandire il tempo, nessun orologio o calendario a ricordarmi che la vita mia, come quella di tutti gli altri, é governata, dettata, contaminata da qualcosa che condiziona in modo irreversibile la nostra esistenza.

Perché misteriosamente quando sono al tuo fianco non percepisco quella fretta, quella noia, quell'ansia che alle volte ti logora...nulla esiste più se non quell'esatto momento. Che nessuno decide quanto dura, nessuno può quantificare o imporre, nessuno può calcolare. Siamo io e te in un modo indefinibile. Perché tutto ciò che viene definito...finisce. Ed io non voglio.

Non voglio vivere con la costrizione che tutto abbia una definizione. Che tutto sia già spiegato e imbrattato di significati e spiegazioni che si tramandano da generazioni. Io non voglio sapere quello che sanno tutti. Io non voglio vivere e di presunzione. Di Sapienza assoluta. Io voglio percepire. Voglio vedere senza guardare, parlare senza parole, sentire senza ascoltare.

Ora, che il tempo non esiste più, ora che sono libera da tutte le definizioni, ora che non c'é passato, né presente né futuro. Proprio in questo preciso battito del mio cuore bradicardico, nel preciso battito d'ali di una farfalla, nel preciso battito della pioggia sull'asfalto e nel preciso battito dell'onda che si infrange sugli scogli...

Sono qui, con te. Dove vorrei essere. Dove sono sempre stata. Mia dolce metà.

L'Amore é per chi non ha bisogno di sapere, né di definire.
Nessun orizzonte, nessun confine.
Non esiste inizio, non esiste fine.

Ci incontriamo lì dove non esiste un confine.
Intanto, indosso i brividi che mi hai dolcemente lasciato,
così copro i lividi che ci hanno procurato.

Chi dell'Amore non si é mai
curato. Lo senti...ora ti bacio.

Tua Giulia

Giulia Boschin

realisation of a special issue of *L'Osservatore di Strada* [The Street Observer] under the supervision of Maurizio Cattelan and workshops conducted by Simone Fattal, Bintou Dembélé, Claire Fontaine and Claire Tabouret and the participation in a film by Marco Perego & Zoe Saldana. The participation of poets and the importance given to poetry are central elements of the project, as shared by Cardinal de Mendonça's will, himself a renowned poet. The nature of the project implied the participation of all the "inhabitants" of the jailhouse. For this reason, we can never highlight enough the open-mindedness and generosity of the prison management and the Ministry of Justice at any level, the enthusiasm and availability of the whole staff, and the whole-hearted support of the detainees. It is certainly not the first time that an art event has taken place in a prison facility, but this project probably has an unprecedented reach that will be demonstrated in its own way by the visit of Pope Francis. We thought of a visitor's experience on more levels. As a stranger to the prison world, he will have to carry out all the access formalities before entering and leave the mobile phone that has become a kind of extension of ourselves, and he will be accompanied to the pavilion by guards and some inmates trained to act as guides. This is an essential element to avoid the pitfall of both idealism – the inmates are serving long sentences – and voyeurism. It is an authentic encounter that the visitor will experience in their company, along a pathway that will take him through the different areas of the prison. Even if he is forbidden to take photographs, we are confident that this artistic and human experience will remain in his memory "with his eyes".

Chiara Parisi, Bruno Racine
Curators

C'è un tempo per vivere
c'è un tempo per morire

c'è un tempo per sorridere

c'è un tempo per piangere
c'è un tempo per tutto

ma tutto passa

Suzana

maurizio cattelan

Quando

Quando sono triste
vorrei isolarmi

rannicchiarmi nel letto
e non ascoltarvi.

Quando sono triste
non posso aver paura

perché in questo posto
non esiste armatura.
Quando sono triste
Non posso essere fragile

perché non posso versare lacrime.

Paola

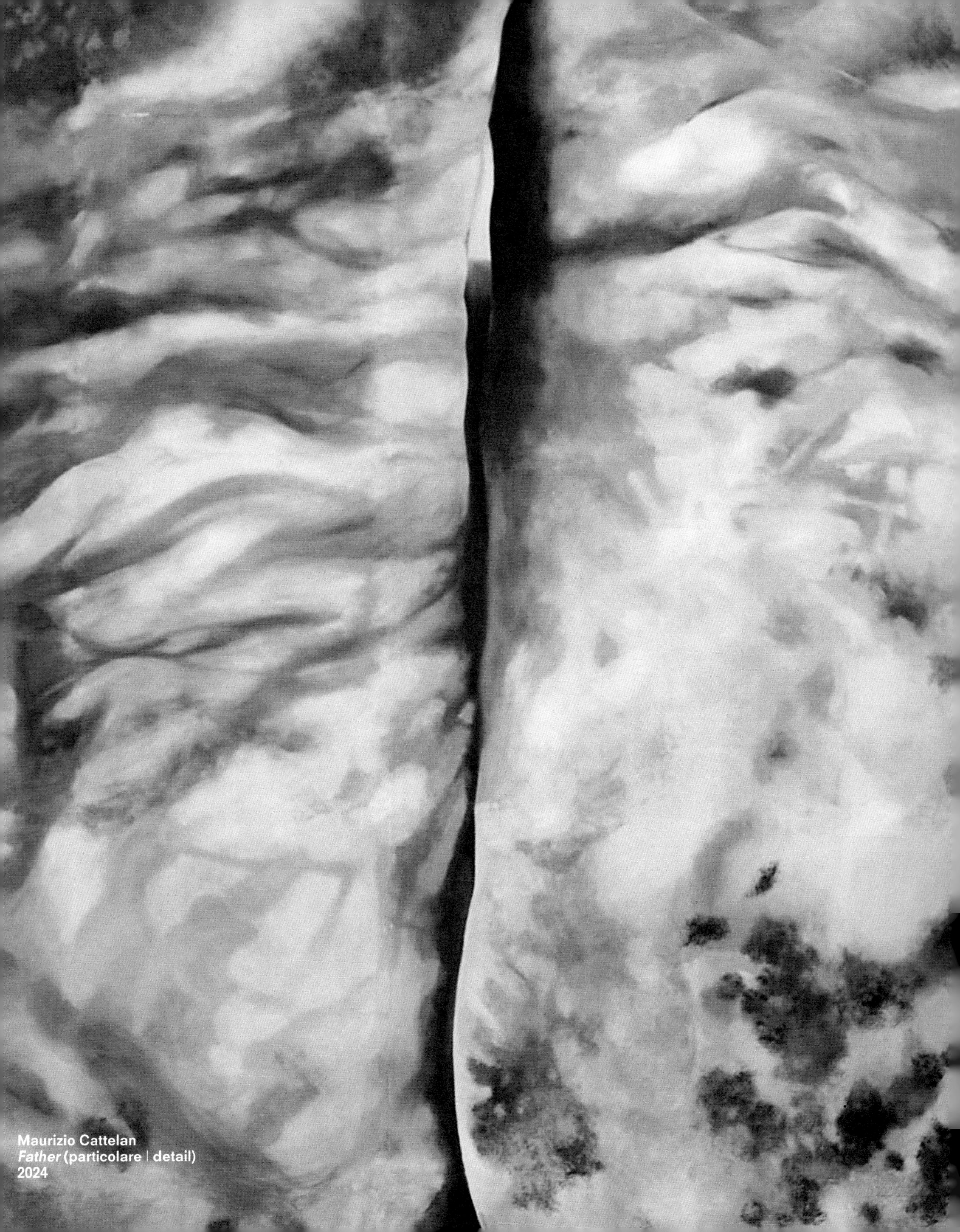

Maurizio Cattelan
Father (particolare | detail)
2024

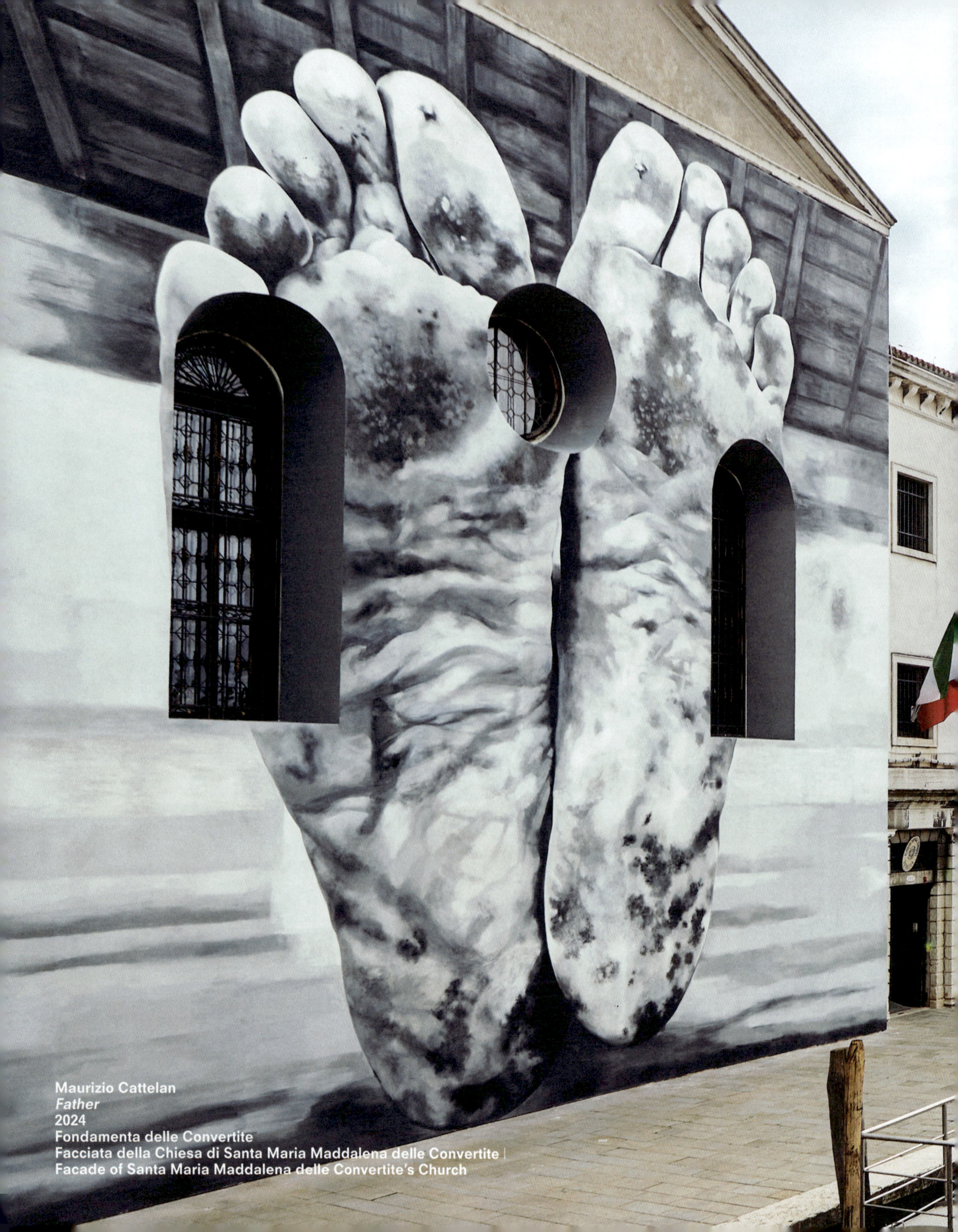

Maurizio Cattelan
Father
2024
Fondamenta delle Convertite
Facciata della Chiesa di Santa Maria Maddalena delle Convertite |
Facade of Santa Maria Maddalena delle Convertite's Church

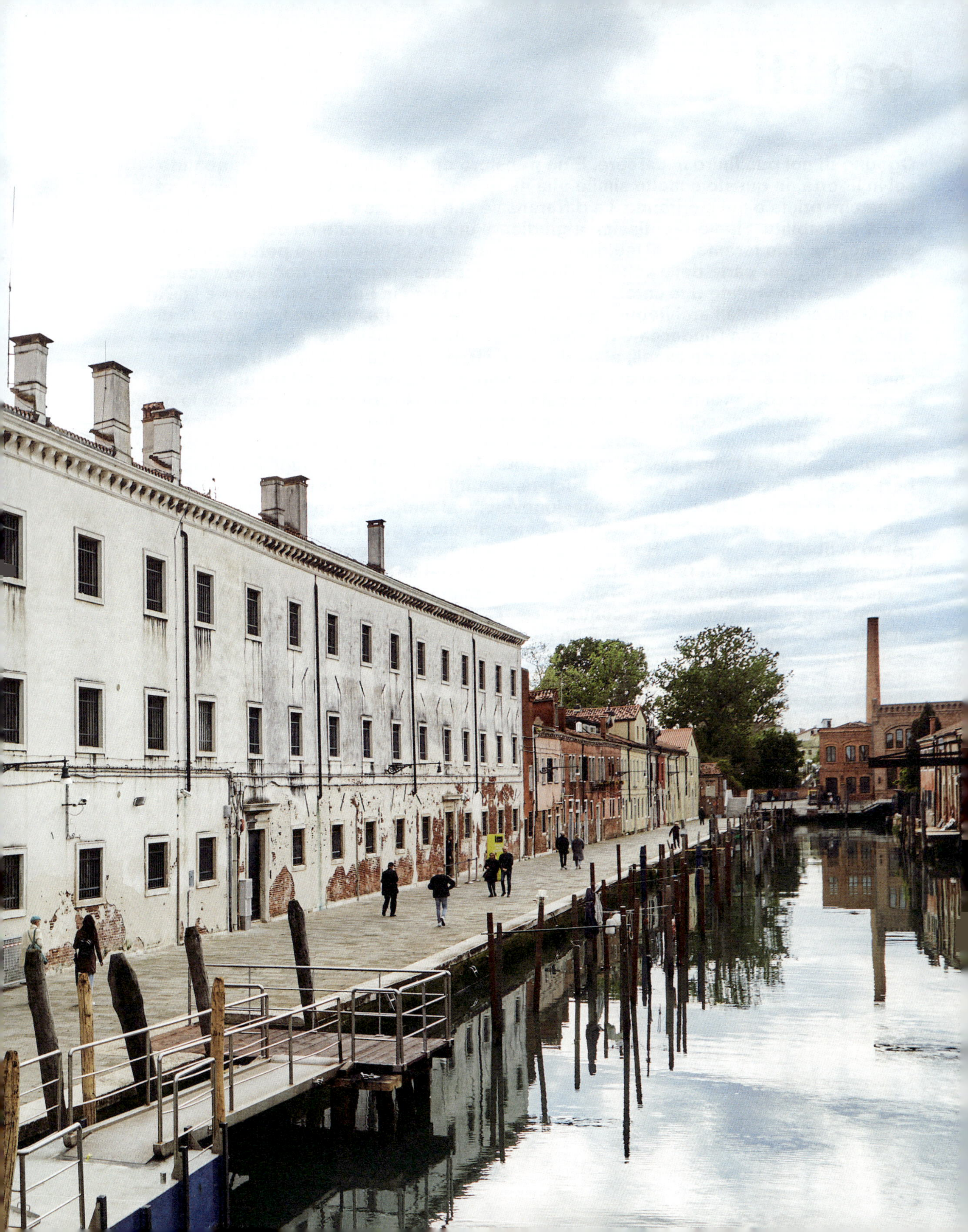

Quella Sera

Abbiamo litigato quella sera.
È questo che vuol dire?
Che non ci amiamo più?

Ognuno di noi può finire in carcere. È un pensiero difficile da abbracciare, quando sei in libertà. In questo è molto simile alla morte: in pochi possano dire di accettare l'idea che prima o poi moriranno. La differenza è che la morte è una certezza, il carcere è una possibilità. Siamo prontissimi a giudicare una persona che ha commesso un crimine, ma solo raramente ci mettiamo nei suoi panni, ci chiediamo perché lo ha fatto. La maggior parte delle volte credo che la risposta sia perché non aveva scelta.

Ho visitato due carceri molto diverse fra loro in Italia: San Vittore e la Casa alla Giudecca. Fin dall'architettura San Vittore grida crudeltà, violenza, mancanza di dignità. La Casa alla Giudecca è diversa. C'è un silenzio quasi monacale, complice il fatto che è circondata da canali, al posto delle strade. In entrambi i casi il pensiero che mi assilla tra le mura di un carcere è: la pena può davvero riscattare una persona? Funziona come deterrente? E se la risposta è no, ha senso continuare a mettere la gente in carcere? Mi chiedo se, come è stato per i manicomi, arriveremo alla conclusione che è un gesto disumano. La scelta di fare qui il Padiglione della Santa Sede è semplicissima e al tempo stesso stupefacente. Accende i riflettori sugli invisibili, sulle persone che vivono ai margini della società, su tutti quelli che consideriamo distanti, o teniamo distanti. È un gesto compassionevole, e al tempo stesso rivoluzionario perché ci obbliga a mettere piede in un territorio inesplorato, a guardare negli occhi chi ha perso la libertà. Ho partecipato alla sezione "Aperto" della Biennale di Venezia nel 1999 con un fachiro che veniva sepolto nel terreno per due ore con solo le mani visibili sopra la terra in posizione di preghiera. Si intitolava *Mother*. A distanza di venticinque anni porto la sua controparte, *Father*, sulla facciata della Cappella all'esterno del carcere. È un'immagine in bianco e nero della pianta dei piedi di un uomo. Può ricordare un'iconografia rinascimentale come quella del *Cristo morto* di Mantegna, o la *Crocifissione* dipinta da Caravaggio, oppure qualche cadavere in un film o la copertina di *Abbey Road*. Per quanto mi riguarda, mette insieme i pochi riferimenti che ho portato con me fin dall'infanzia: i miei genitori e il rapporto tormentato con l'autorità, il cattolicesimo e un po' di storia dell'arte. I piedi nudi funzionano come una sineddoche per il corpo umano e la sua condizione mortale. Nella nostra società, mostriamo i piedi nudi quando siamo bambini e quando siamo morti. È un simbolo di vulnerabilità e un *memento mori*, ma anche un "*memento* carceri", se così si può dire. Ognuno di noi può trovarsi in una gabbia, anche senza volerlo o, peggio, senza accorgersene.

Maurizio Cattelan

Perché è niente
quello che prima era tutto?

Perché è morte
quello che prima era vita?

Perché è gelo adesso
quello che un attimo fa era calore?

Il cielo azzurro, in un attimo,
si è fatto sporca tempesta.

Ma l'importante è che poi torni il sole.
Mio unico grande Amore.

Giulia Boschin

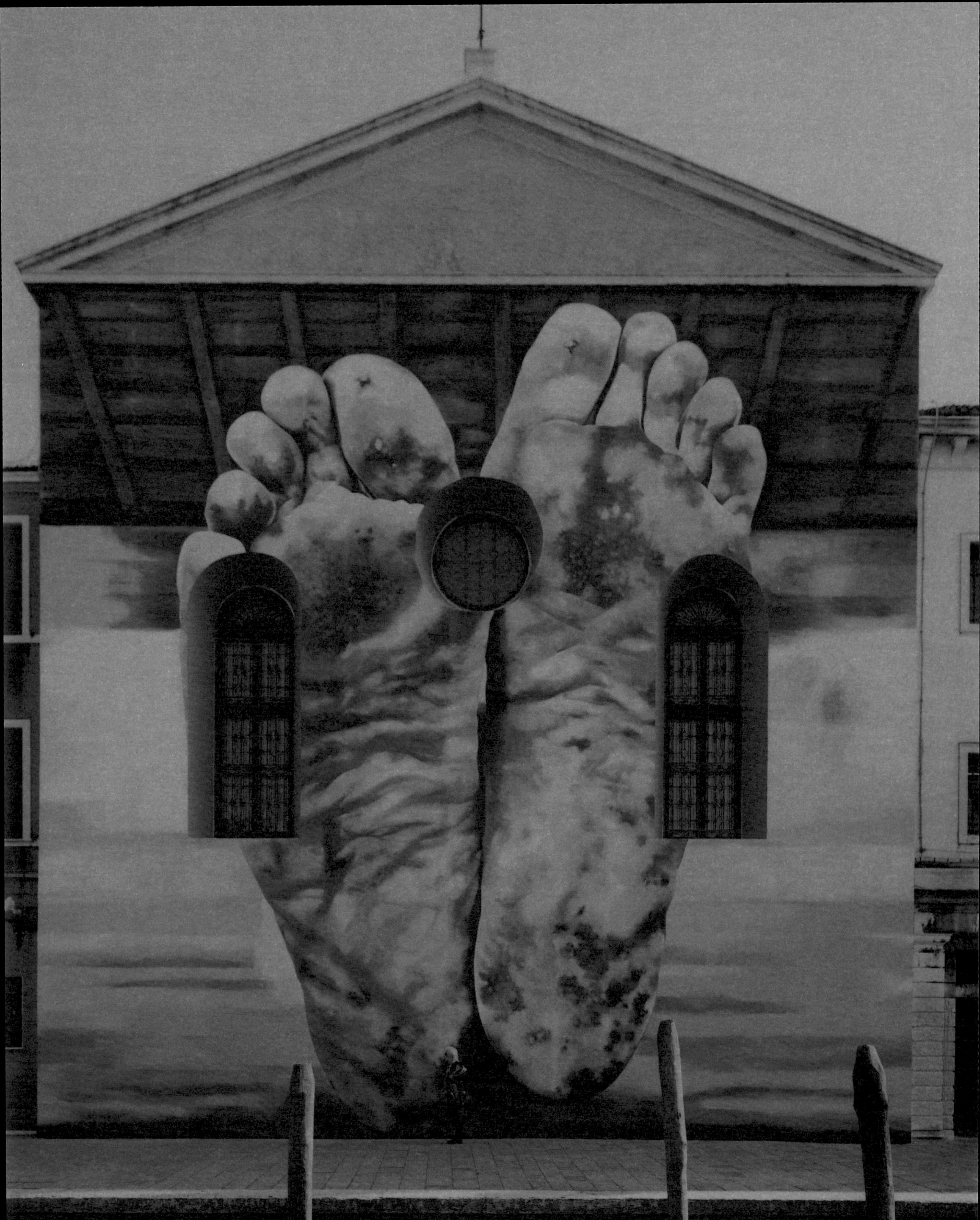

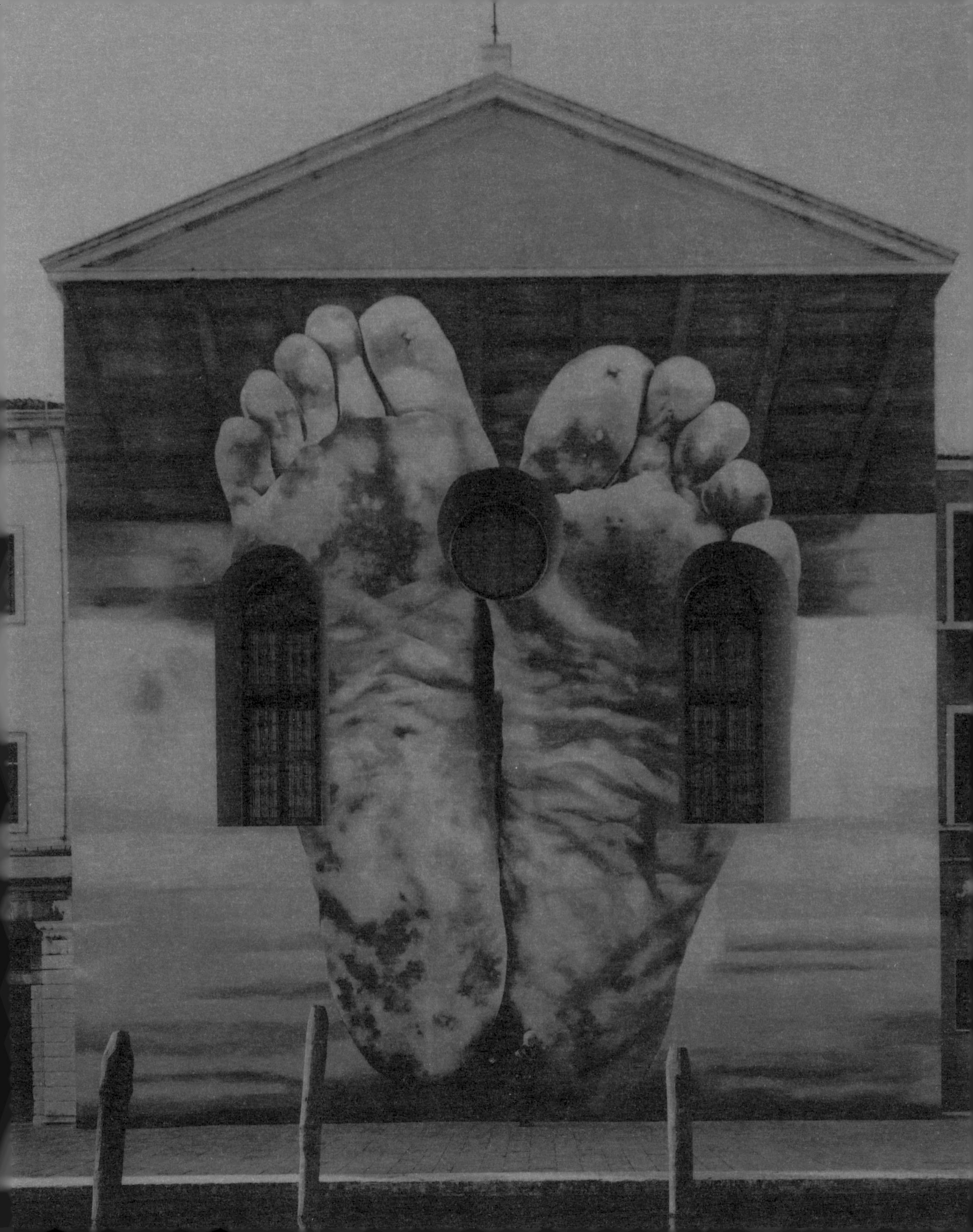

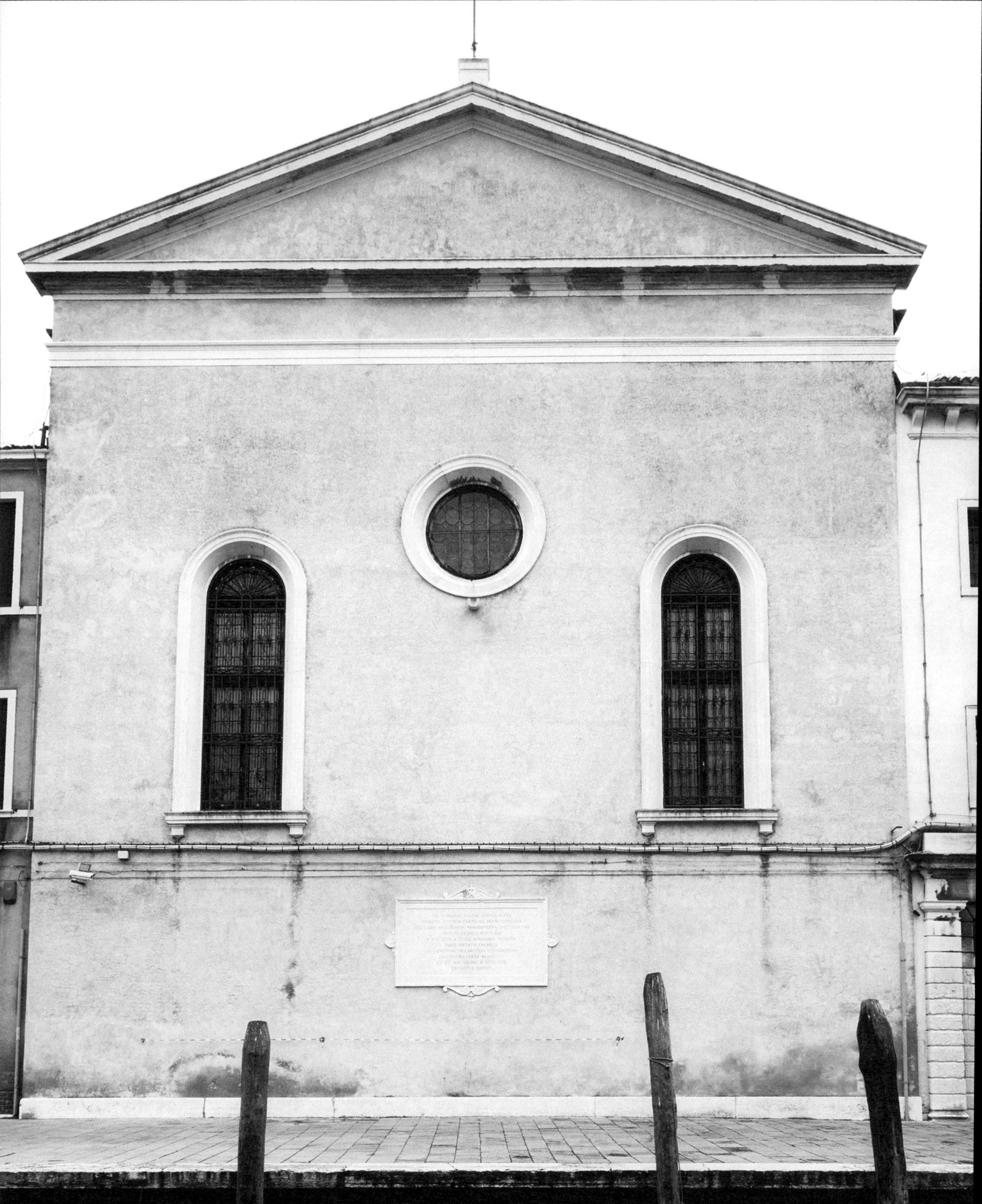

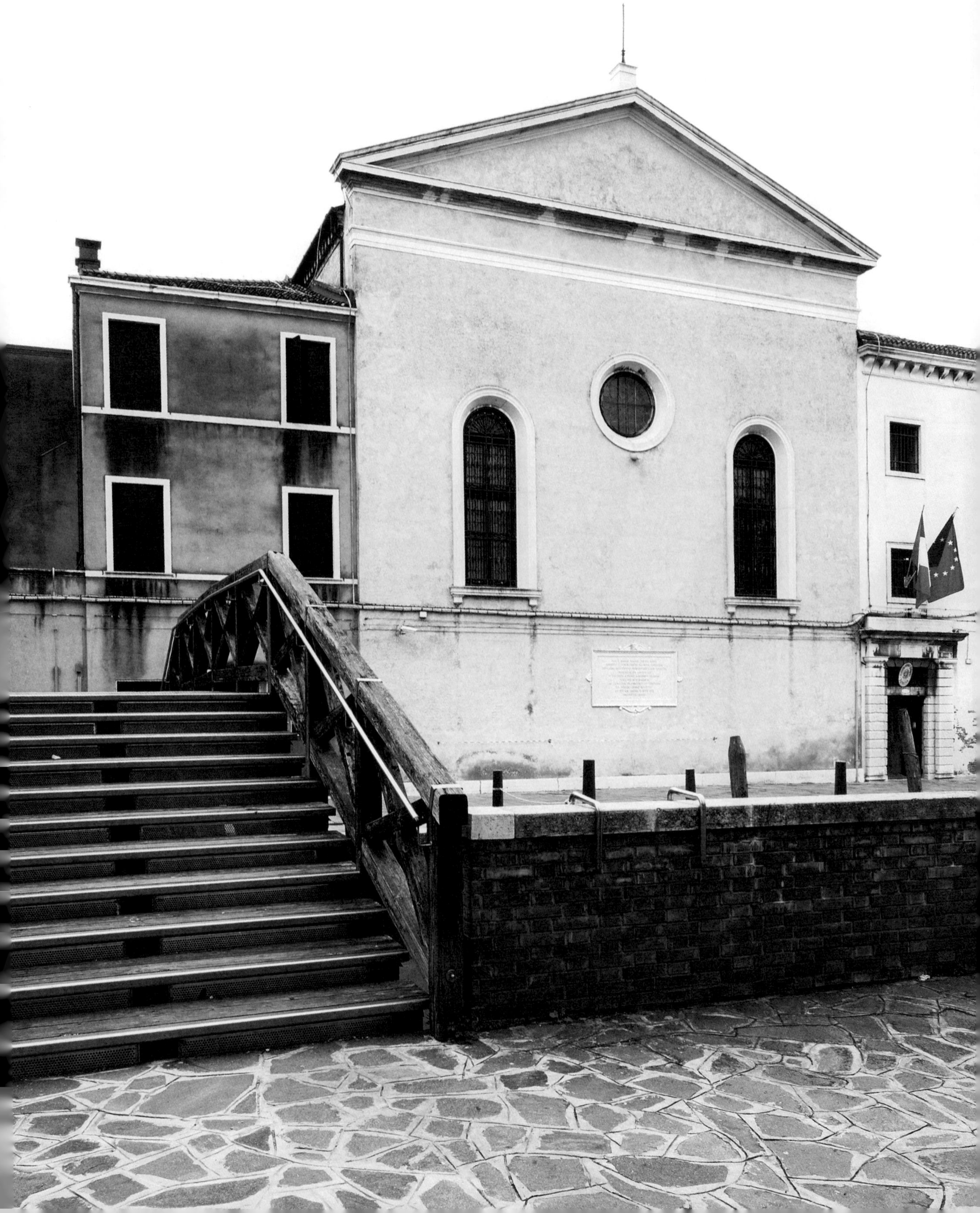

heartbeats

Any of us can end up in prison. It is a difficult thought to embrace when one is free. In this, it is very similar to death – few can say they accept the idea that sooner or later, they will die. The difference is that death is a certainty, and prison is a chance. We are more than ready to judge a person who has committed a crime, but only rarely do we put ourselves in their shoes, and ask ourselves why they did it. Most of the time, I think the answer is because they had no choice. I visited two very different prisons in Italy: San Vittore and the Women's Prison on Giudecca Island. Right from its architecture, San Vittore screams cruelty, violence, and lack of dignity. The Prison on the Giudecca is different. There is an almost monastic silence, thanks to the fact that it is surrounded by canals instead of roads. In both cases, the thought that haunts me within the walls of a prison is: can the penalty really redeem a person? Does it work as a deterrent? And if the answer is no, does it make sense to continue putting people in prison? I wonder if, as was the case with lunatic asylums, we will come to the conclusion that it is an inhumane gesture. The choice to place the Holy See Pavilion here is very simple and, at the same time, amazing. It turns the spotlight on the invisible ones, on the people who live on the margins of society, on all those we consider distant or whom we keep distant. It is a compassionate gesture and, at the same time revolutionary, because it obliges us to set foot in an unexplored territory and to look into the eyes of those who have lost their freedom. I participated in the Open section of the Venice Biennial Art Show in 1999 with a fakir buried in the ground for two hours with only his hands visible above the earth in a prayer position. Its title was *Mother*. Twenty-five years later, I bring its counterpart, *Father,* to the façade of the chapel outside the prison. It is a black and white image of a man's feet soles. It may recall a Renaissance iconography such as that of Mantegna's *Dead Christ*, or the *Crucifixion* painted by Caravaggio, or some corpse in a film or the cover of *Abbey Road*. As far as I am concerned, it combines the few references I have carried with me since childhood: my parents and the tormented relationship with authority, Catholicism, and a bit of art history. Bare feet function as a synecdoche for the human body and its mortal condition. In our society, we show our bare feet when we are children and when we are dead. It is a symbol of vulnerability and a *memento mori*, but also a prison *memento*, if I may say so. Each of us can find ourselves in a cage, even without wanting to or, worse, without realizing it.

Maurizio Cattelan

simone fattal

Dolore

Situazione critica

Circostanza critica
Viscida la serpe
Striscia lentamente
Il suo sibilo nella mia mente

Sente ciò che provo
Sa quanto è solo

Il mio cuore
Lo stritola per similare l'amore

Il calore
Di un'illusione che dura poche ore

Perché poi scaglierà
La sua mossa fatale
Dolore abissale
Nel morso del veleno letale

Ora che il mio respiro è pesante
La mia pelle violacea, bianca
La mia voce stanca

Continuo a sentire il suo odore
quelle dolci parole

mentre penso ai miei sbagli,
mi rendo conto

non sono parole

sono sonagli.

Giulia Boschin

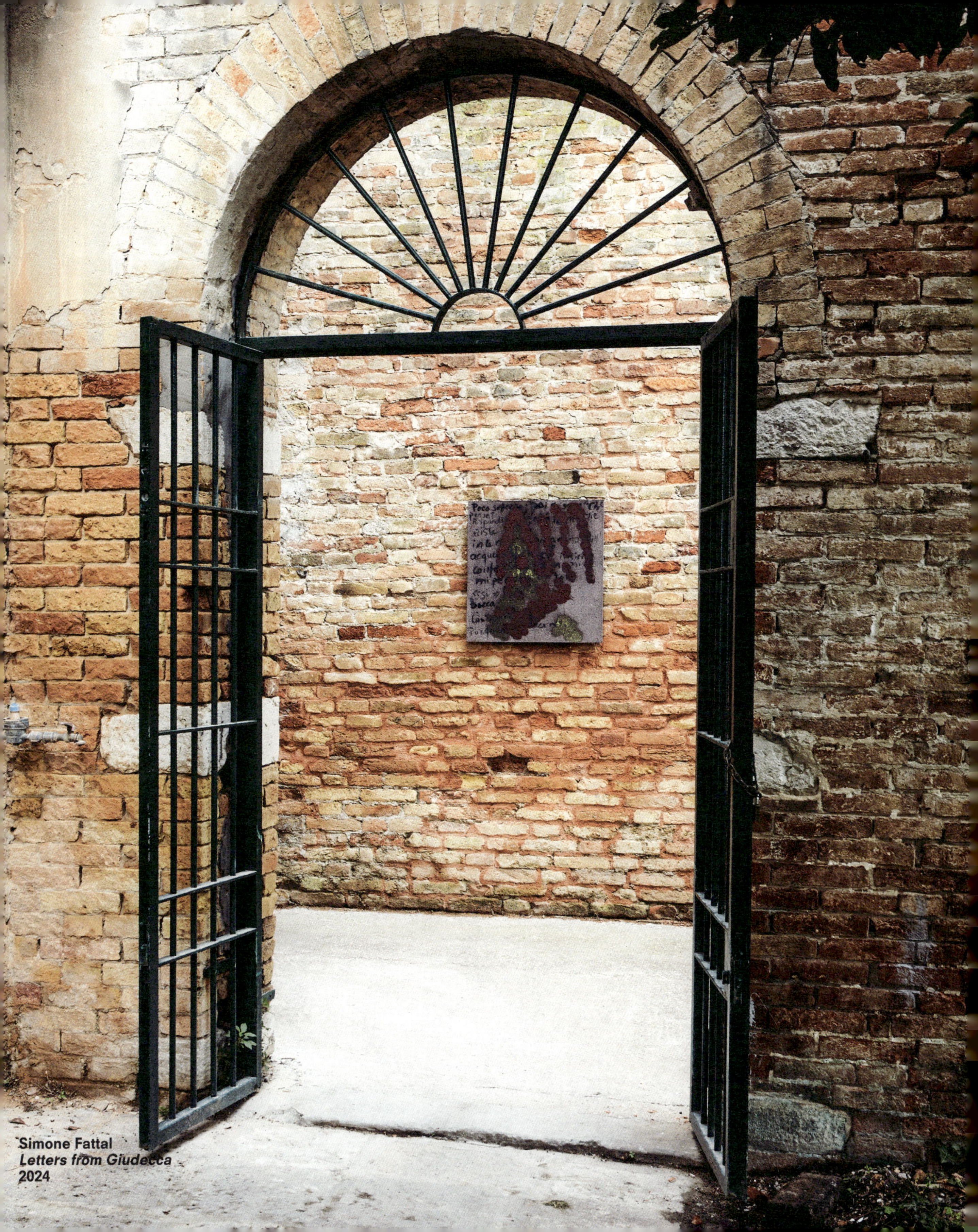

Simone Fattal
Letters from Giudecca
2024

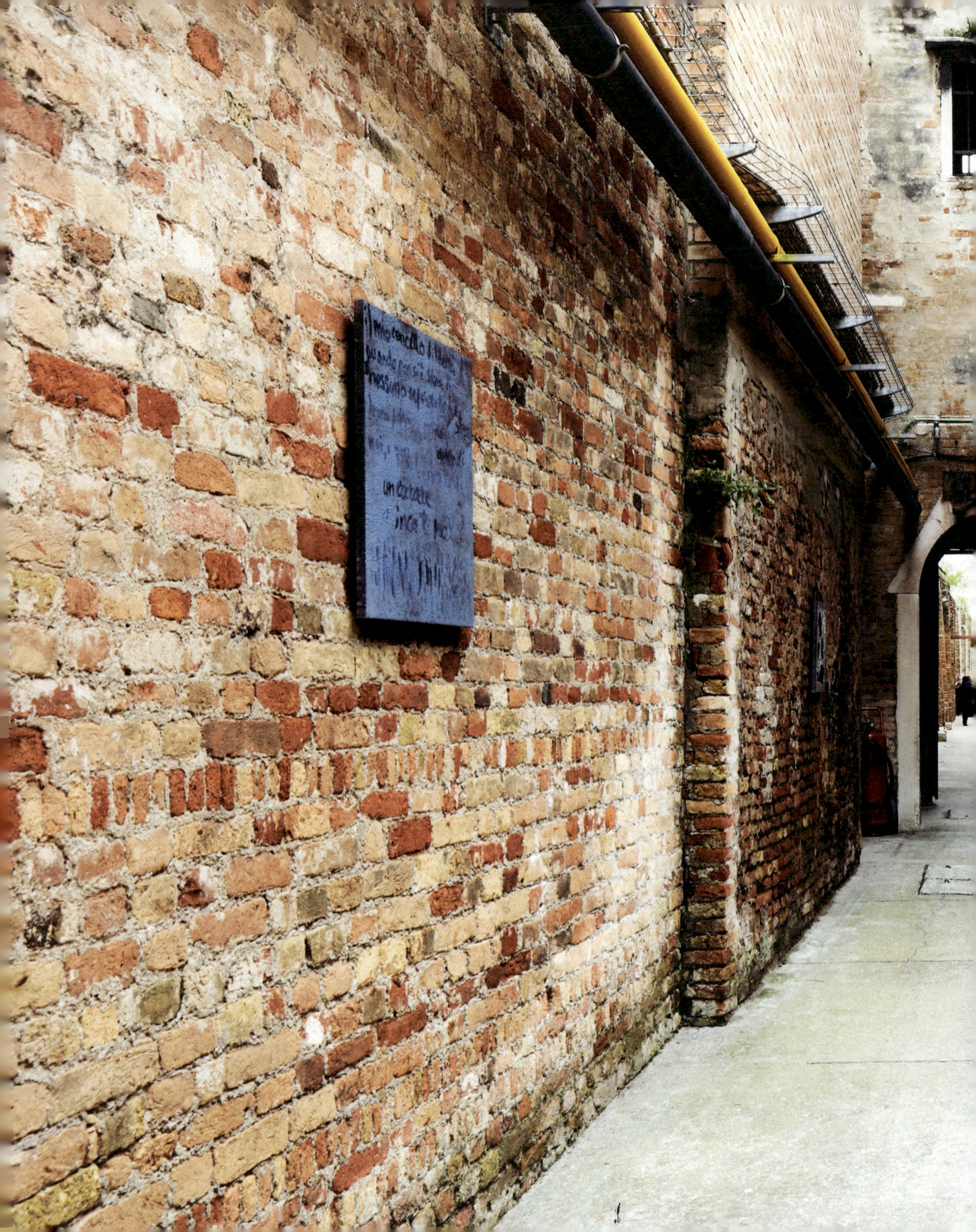

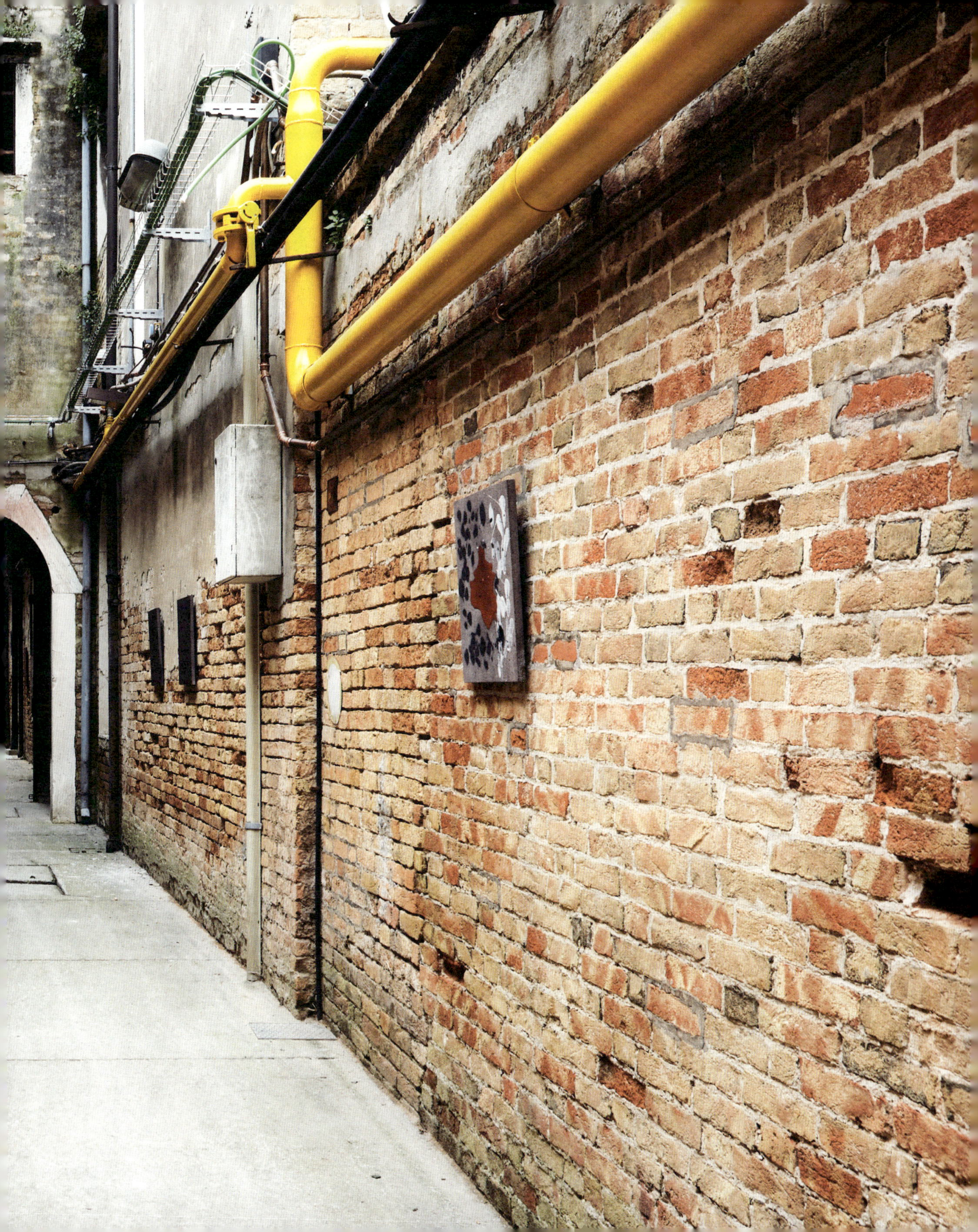

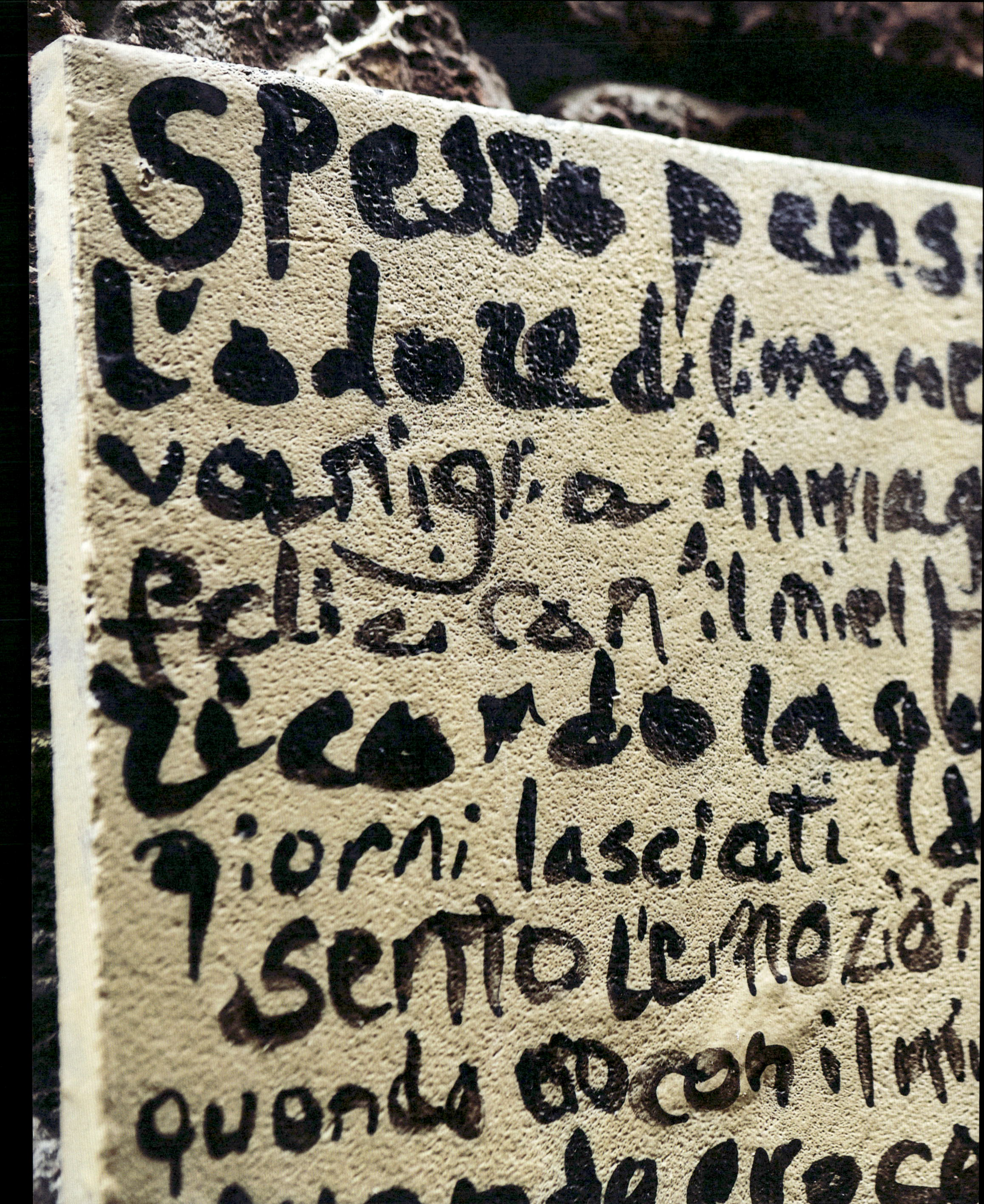
Spesso pens
l'odore di limone
vaniglia immag
felice con il miel
ricordo lag
giorni lasciati
sento le emozioni
quando con il

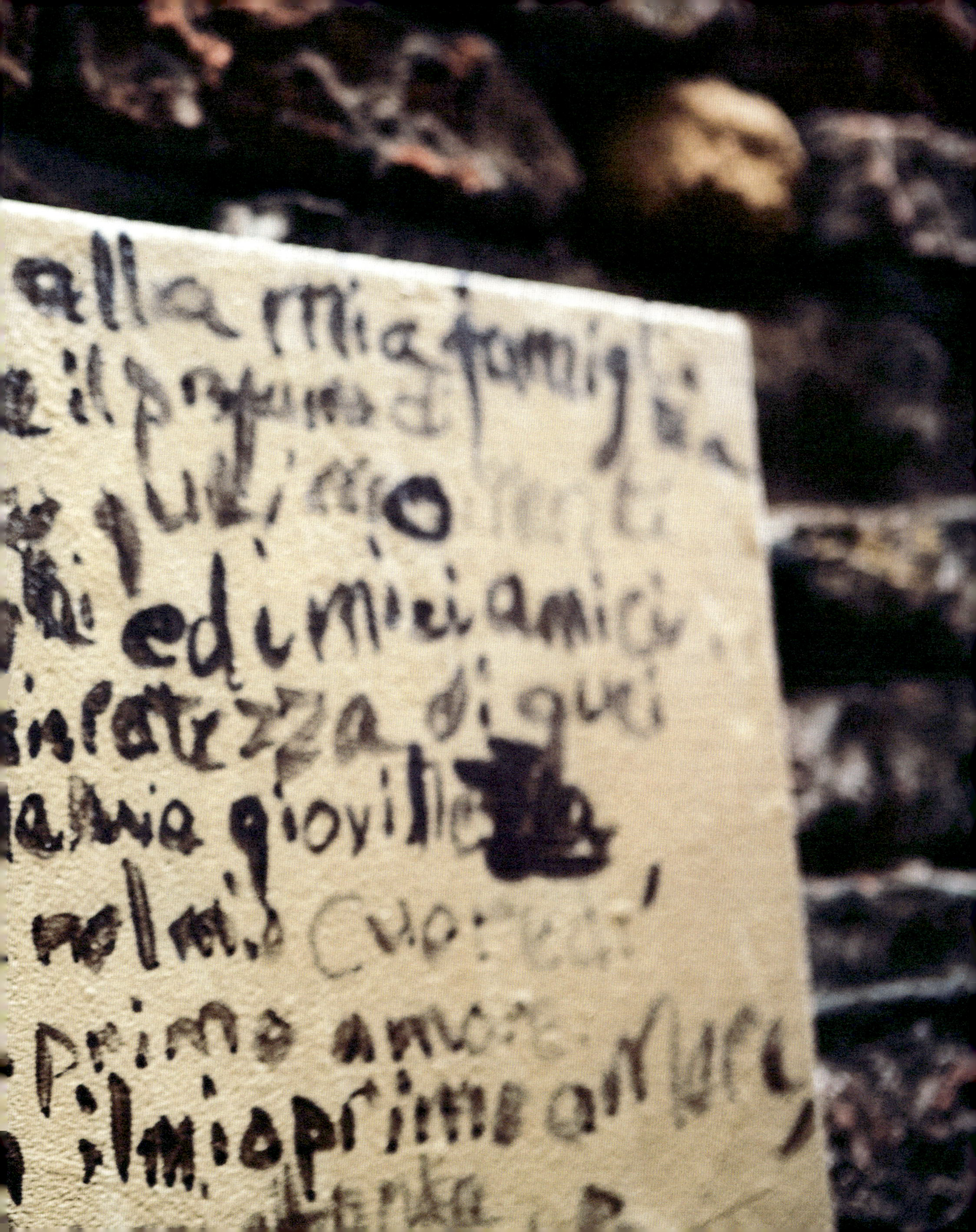
alla mia famiglia
ed i miei amici
primo amore

lettere dalla giudecca

Chiara Parisi e Bruno Racine mi hanno chiesto, già a novembre scorso, di partecipare alla loro curatela del Padiglione della Santa Sede per la Biennale di Venezia 2024. Per ospitare il progetto era stato scelto il carcere femminile della Giudecca. Mi hanno chiesto di realizzare delle sculture murali per una calle che corre tra le pareti del carcere. Si potrebbe dire che la calle corre sia fuori sia dentro il carcere. Ho risposto di sì, che mi sarebbe piaciuto partecipare al progetto, ma che non ci sarebbe stato il tempo per approntare le sculture per la data prevista. Avevo appena scritto una poesia di Shakespeare su un blocco di pietra lavica, così ho proposto di scrivere poesie su quelle lastre da appendere in quello spazio. Ma riflettendo un po' più a fondo ho pensato che, sebbene l'idea di scrivere delle poesie sembrasse giusta, sarebbe stato un po' privo di senso e artificiale scrivere una poesia qualsiasi.

Circa vent'anni fa avevo letto una magnifica raccolta di poesie scritte da donne afghane rifugiate in Pakistan. Erano state raccolte, tradotte e pubblicate da Gallimard in Francia. Ho pensato che avremmo potuto fare lo stesso e chiedere alle carcerate di scrivere le proprie poesie. Ero sicura che il risultato sarebbe stato stupendo; quando ho ricevuto le poesie che mi erano state tradotte, ho pianto. Ero sopraffatta dalla gioia. Sono tra le migliori poesie che io abbia mai letto.

Era proprio la cosa giusta da fare, non solo perché le poesie sarebbero state fantastiche – e lo sono – ma anche perché non sarebbe stato eticamente corretto invadere il loro spazio – perché dopo tutto la prigione è la loro casa – e non invitarle a partecipare a quello che sarebbe accaduto. La difficile situazione delle donne detenute, o di qualsiasi detenuto, ha una tremenda risonanza in me perché considero di aver avuto un'esperienza simile, *toutes proportions gardées.* Ero andata in collegio all'età di undici anni e avevo sperimentato la prigionia. Stavo in un collegio francese. La disciplina e il regime erano applicati esattamente come in un carcere. Quando lessi i lavori di Michel Foucault, anni dopo, riconobbi la mia scuola. Era strutturata assolutamente nello stesso modo. Il carcere è un luogo dove non solo si subisce una punizione, in modo profondo e continuo, ma si prova anche il senso di colpa in modo continuo. La punizione assume forme arbitrarie. Regole arbitrarie, non spiegate, possono risultare come torture morali o altre cose simili. E quindi la prigionia, e le sue implicazioni, mi hanno sempre accompagnata. Un problema a cui ho pensato. Ben venga, quindi, un'iniziativa come questa, che offre alle donne l'occasione di far parte del mondo esterno. Il detenuto percepisce anche un'altra tortura: quella connessa alla consapevolezza che là fuori c'è un mondo al quale non ha accesso. Da cui è stato separato. E penso che questo senso di separazione sia l'essenza del concetto di inferno. Dare ai detenuti l'occasione di esprimersi, rivalutare automaticamente la loro esperienza in quanto esseri umani. E attirarli dentro.

Adesso ho visitato le detenute nel carcere in occasione dell'allestimento della mostra. Mi hanno accolto con enorme gioia e gratitudine, e questo ha significato moltissimo per me. Qualsiasi esperienza condivisa dai partecipanti in modo paritario è un'esperienza grandiosa e degna di essere vissuta. Ho amato questo lavoro più di qualsiasi altra cosa abbia fatto di recente. Il carcere della Giudecca è un luogo dove sussiste il desiderio concreto di offrire un modo di vivere umano e interessante alle donne in difficoltà.

Simone Fattal

capacity 'sh

Thanks ta

love of sa / th

These sorro

inside all th

being near them

terrible place ha

feelings Ma

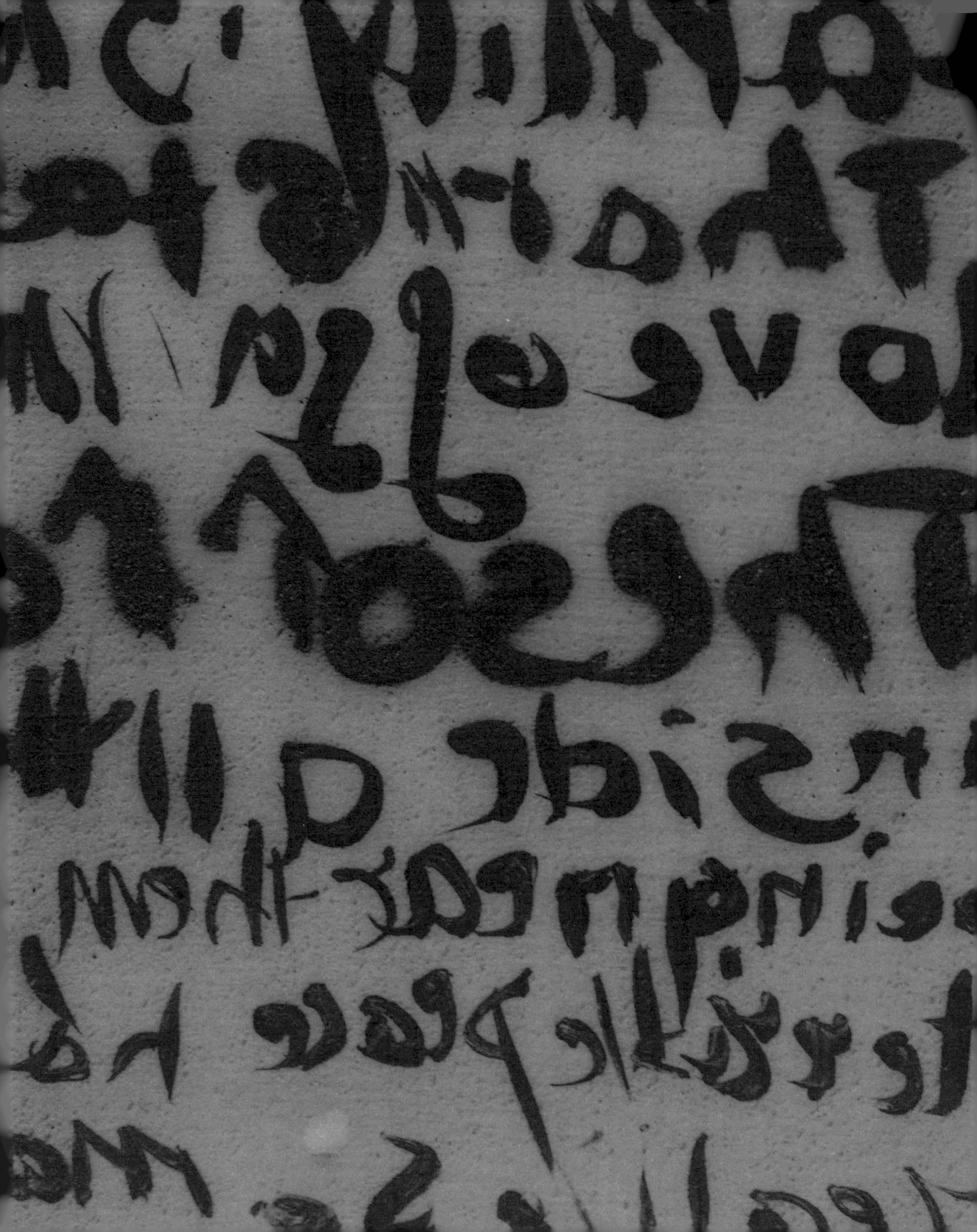

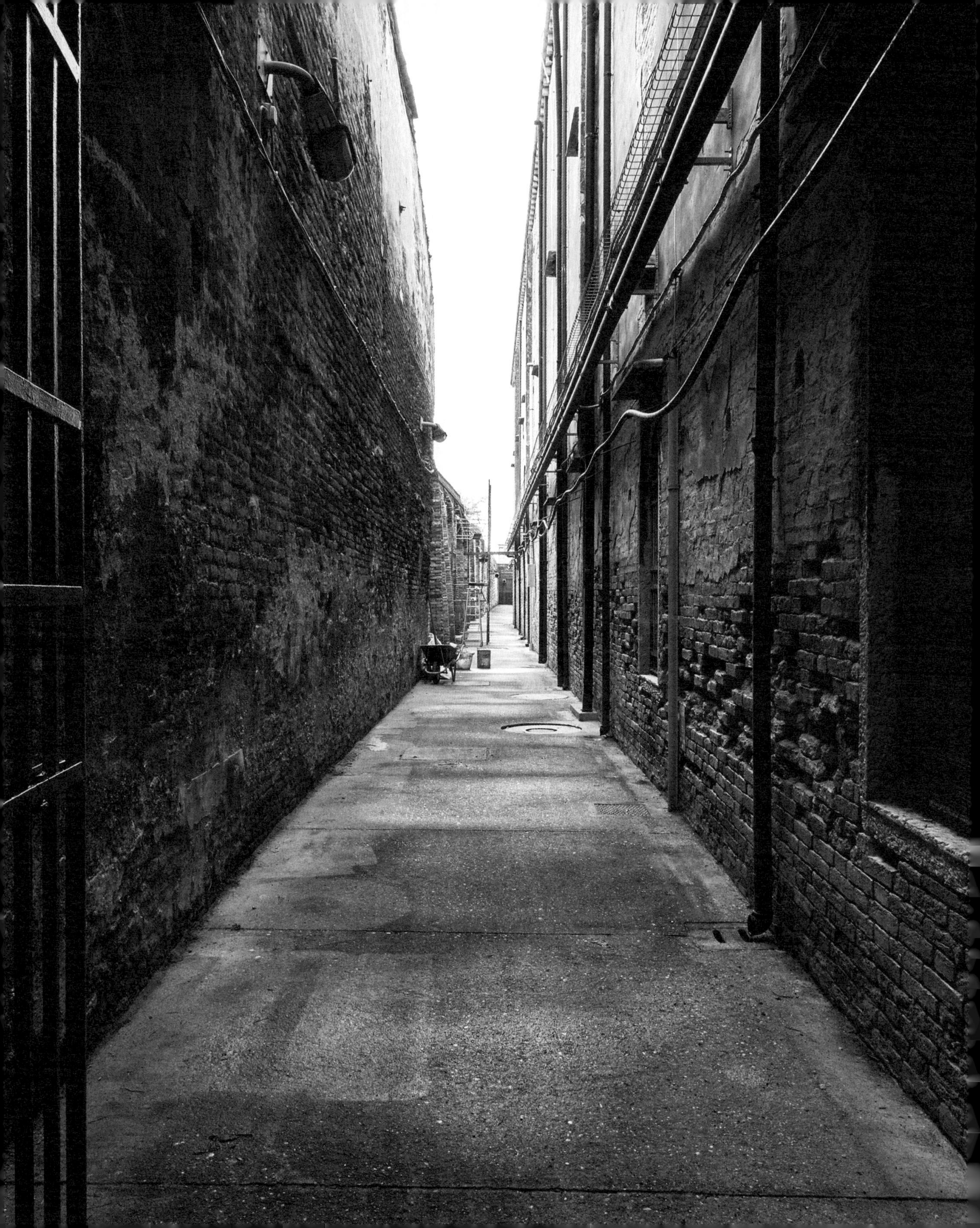

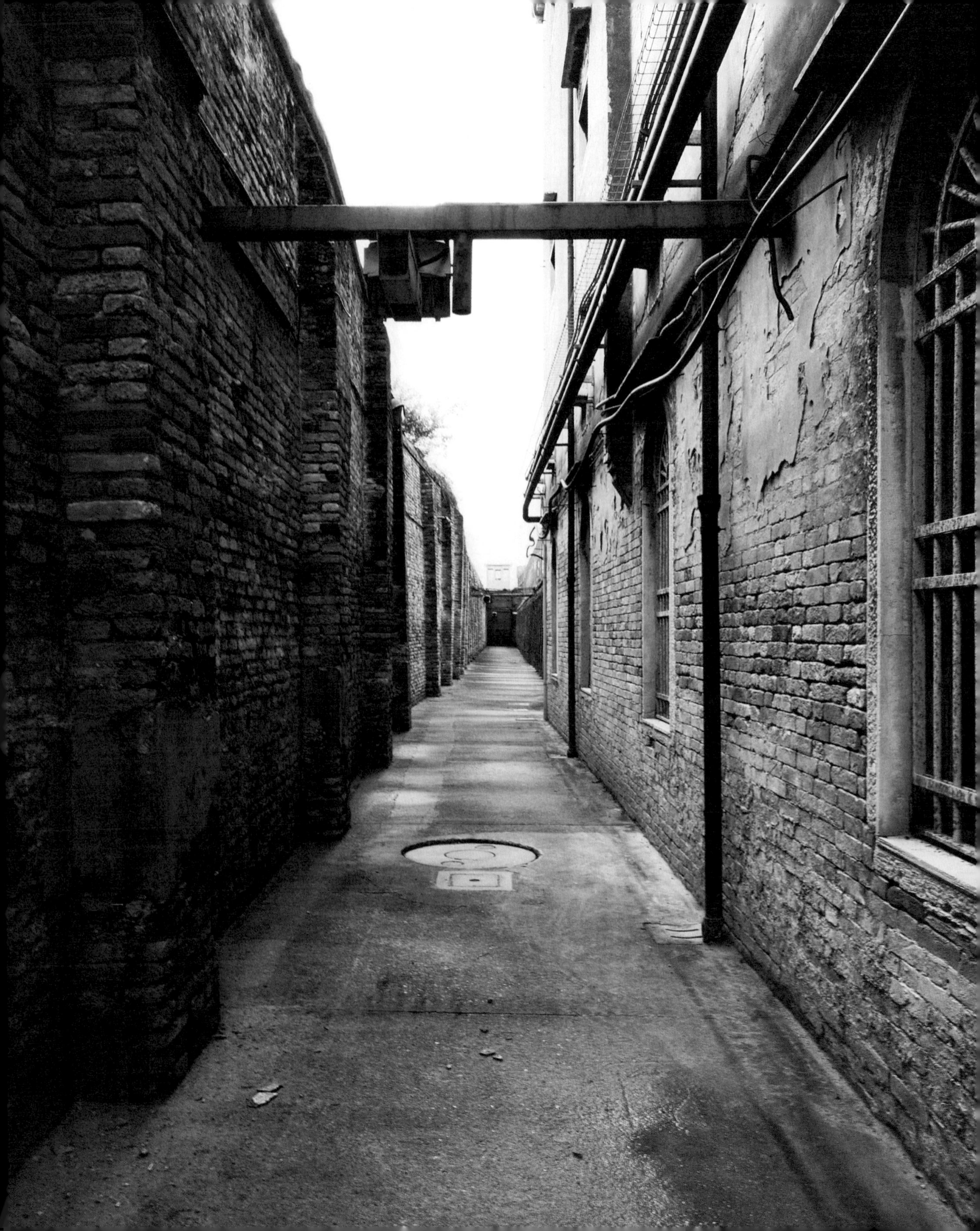

letters from giudecca

Chiara Parisi and Bruno Racine asked me back in November to be part of their curating the Holy See Pavilion for the 2024 Biennale in Venice. The Women's Prison in Giudecca was chosen to house the project. They asked whether I could make wall sculptures for the walls of a *calle* running within the prison walls. One could say the *calle* is running outside *and* inside the prison. My answer was yes. I would love to be in the project, but there was no time to have sculptures ready for the date. I had just written a Shakespeare poem on a block of lava stone, so I proposed to write poetry on such slabs to be hung in that space. But thinking a little further, I thought that although the idea of writing poetry sounded right, it needed to be more meaningful and artificial to write just any kind of poetry. I had read some twenty years ago a magnificent collection of poetry written by Afghan women refugees in Pakistan. They had been collected, translated, and published by Gallimard in France. I thought we could do the same and ask the prisoners to write their poems. I was sure the result would be spectacular, and when I received the poems translated for me, I cried. I was overwhelmed with joy. They are among the best poems I have ever read.

It was just the right thing to do, not only because the poems were going to be great – which they are – but that it would have been unethical to invade their space – for after all, the prison is their house – and not invite them to be part of what would be happening. The plight of women prisoners, or any prisoner, resonates tremendously in me because I consider having had a similar experience, *toutes proportions gardées*. I had gone to boarding school at age 11, and I had experienced imprisonment.

I was in a French boarding school. The discipline and regimen were implemented in the same way as in prison. When I read Michel Foucault years later, I recognized my school. It was structured in absolutely the same way. A prison is a place where not only you experience punishment in a profound and continuous way. You experience guilt also in a constant way. The punishment takes arbitrary forms. Arbitrary rules, unexplained, can result in torture, moral or otherwise. And therefore, imprisonment is, and its implications have always been with me. A problem I thought about. I salute an initiative like this one, giving the women an occasion to be part of the outside world. Another torture results also for the prisoner from the realization that there is a world out there to which one has no access. One has been separated. And I think that this feeling of separation is the essence of the concept of hell.

To give the prisoners the occasion to express themselves, automatically revalorize their experience as human beings. And draw them in. Now, I have visited the inmates in the prison on the occasion of hanging the show. They received me with tremendous joy and gratitude, and that meant the world to me. Any experience that is shared equally by the players is a great and worthwhile experience. I loved this work more than anything I had done recently. The Giudecca prison is a place where there is a real desire to give women in distress a humane and interesting way of life.

Simone Fattal

corita kent

Nessuna ruota può torturarmi,

la mia anima in libertà,

dietro questa ossatura mortale,

ne è saldata una più forte.

Non la puoi forare con niente,
e tanto meno trafiggere,

due corpi perciò ci sono,

legane uno e l'altro vola...

Anonima

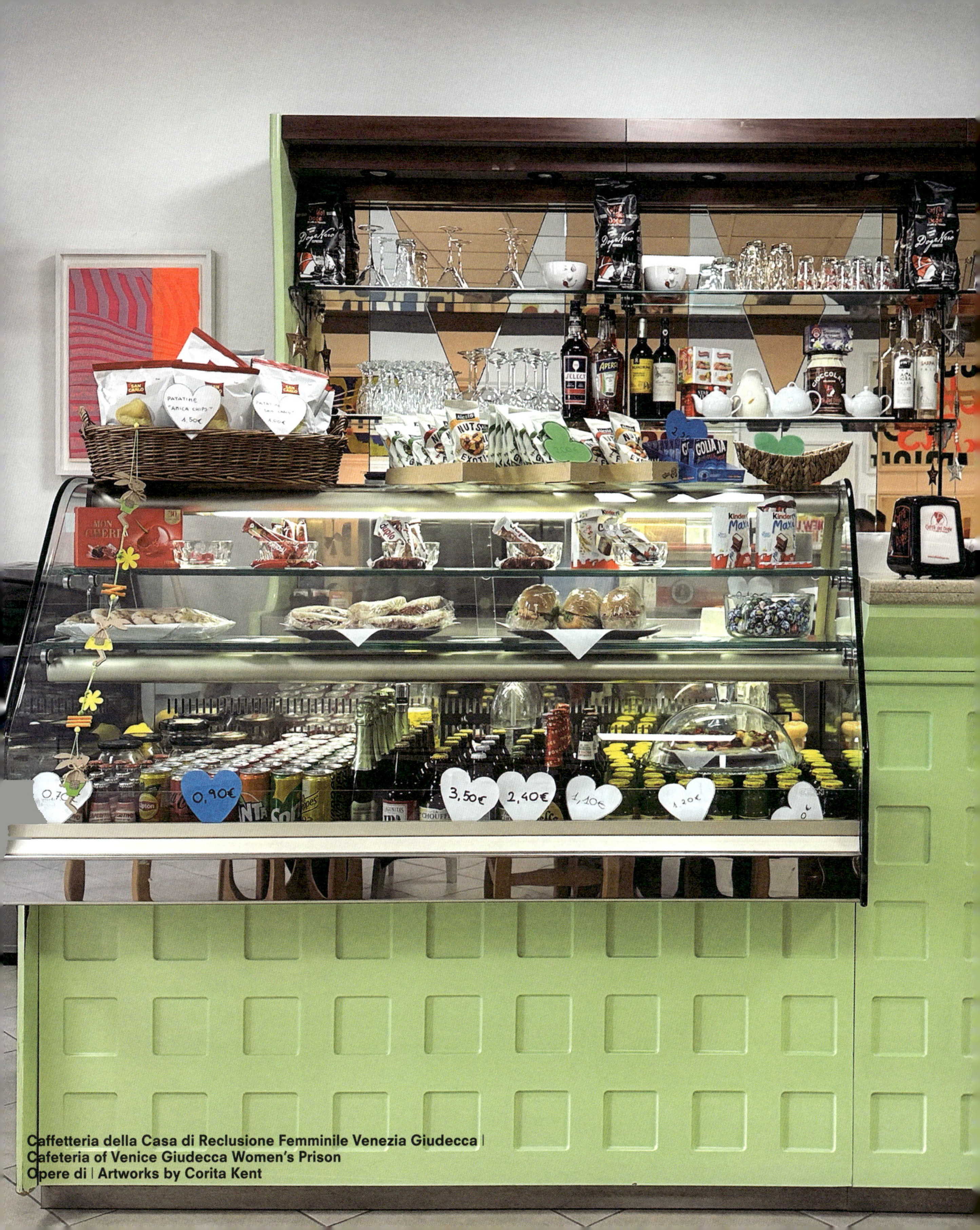

Caffetteria della Casa di Reclusione Femminile Venezia Giudecca |
Cafeteria of Venice Giudecca Women's Prison
Opere di | Artworks by Corita Kent

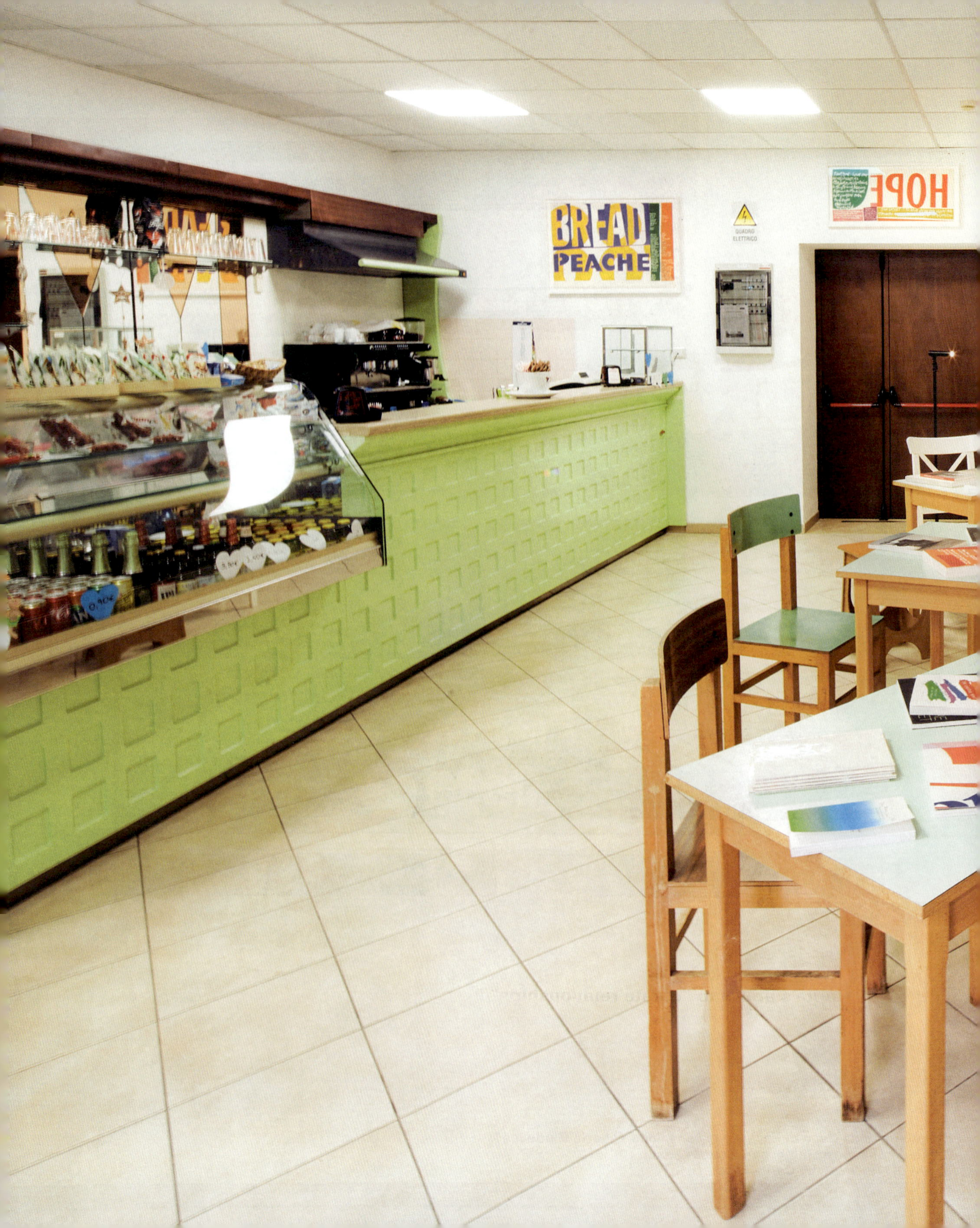
BREAD
PEACHE
HOPE

thinking of corita

Corita refused to separate art as an aesthetic form from art as a political statement. During her lifetime, she championed civil rights and social activism through her art and pedagogy. The selection of works and programming aims to highlight her ethos while also bringing attention to how her work continues to resonate with the current global landscape. Corita deeply believed that everyone is an artist; she writes in footnotes and headlines:

> To create is to relate/we trust in the artist in everybody/
> to make his own connections/his own juxtapositions
> It seems that perhaps there is nothing unholy/nothing unrelated/
> and that as we fit things together/synthesize rather than analyze
> We might be coming closer to god's view/from which all must somehow fit together/and we must be more careful about stamping out evil or hating anything/because we know that in the past/and in the present/many people and things/have been tragically destroyed in the name of good.

Corita also believed that art should be accessible. She made hundreds of public and private commissions (posters, serigraphs, billboards, postage stamps) for human rights and anti-war causes that emphasized love and compassion but also an urgency for change. Throughout her life, art was a vehicle for social advocacy. Collaboration, community, and the promotion of dialogue are foundational to Corita's approach to life, art, and teaching. In her 1966 essay, *Doors Are Like Letters Are Like Love,* she wrote, "The basic at the bottom of art or the creativity that starts art is the ability to make relationships. When two or more things are put together, the result is sometimes greater than a simple sum of parts." This ethos manifests in both her art and pedagogy. In her serigraphs, you see this in the multitude of voices she incorporates into her compositions. Corita's exuberant prints quote language from a vast range of personal and public sources (from pop musicians to poets to politicians to friends and mentors), bringing many diverse voices and life experiences into a single image. These voices often included those from her immediate community: her students, college faculty, friends, and sisters of the Immaculate Heart of Mary order. The selected works highlight these relationships. Her time as a teacher often involved having her students actively contribute to exhibition and publication projects under her mentorship. She empowered them as artists and leaders. The Immaculate Heart College's annual Mary's Day celebrations were conceived as an experiment in social practice. Inviting the entire community – students, teachers, school administrators, and the public – to participate in processions, breaking bread, and mass. These events centered on human rights issues (and *Pacem in terris*) while also employing joy and social awareness as an act of resistance. We selected works that reflect Corita's ability to "create relationships" in both the language and compositions that are featured within individual works but we also chose several diptychs and series' that have a direct formal relationship and will be displayed together as groups (see: *tender be, be of love, solw/but there is only one thing that has power*). Many of the works selected for the Holy See Pavilion presentation were produced in the wake of Vatican II and the 1963 papal encyclical *Pacem in terris* [*Peace on Earth*] which was central to her teaching while at the Immaculate Heart College. *Pacem in terris* (and the right to life and a moral standard of living regardless of sex, race, religion, or national origin) was a theme that appeared consistently on the college campus in events like

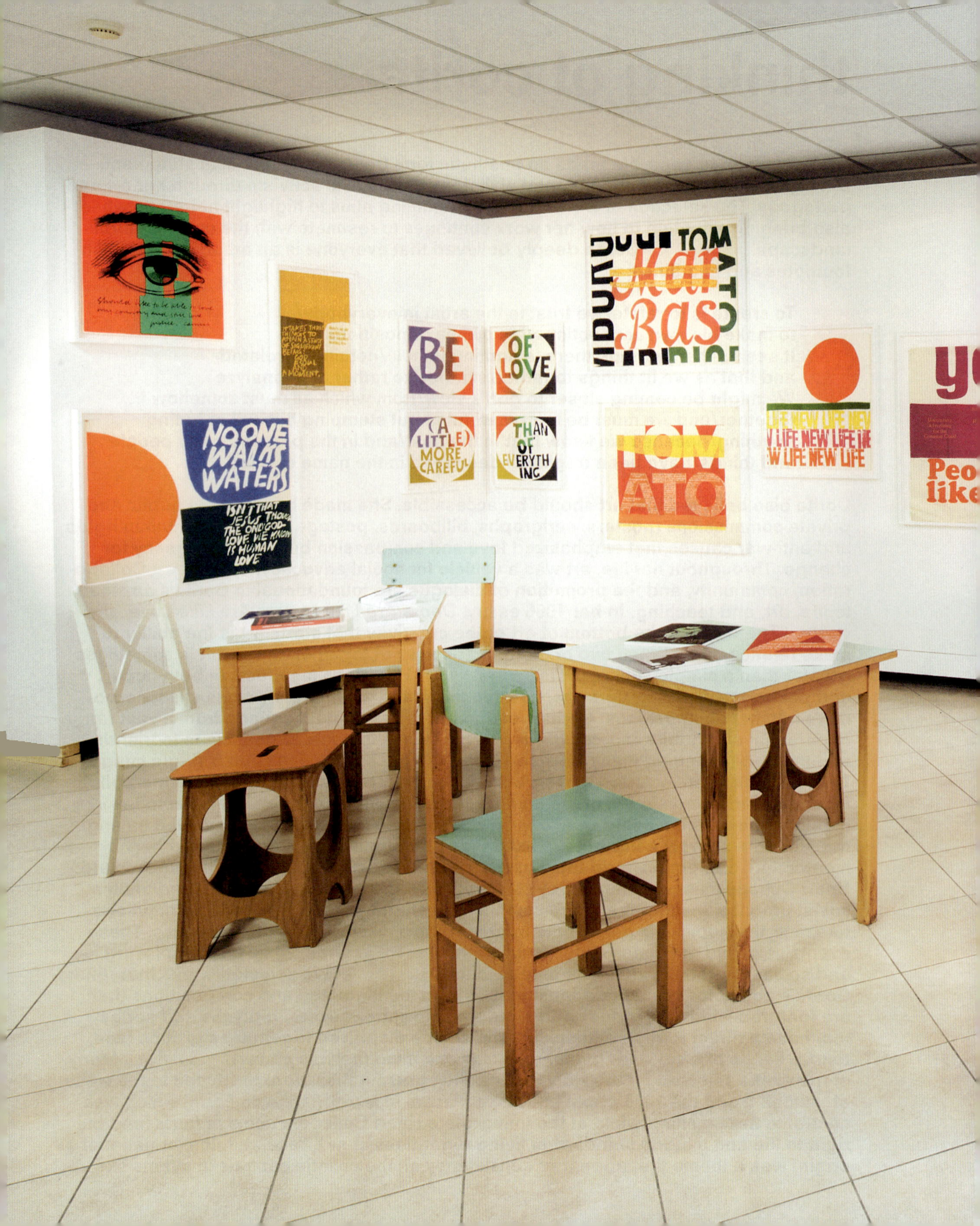
BE
OF LOVE
(A LITTLE) MORE CAREFUL
THAN OF EVERYTHING
NO ONE WALKS WATERS
ISN'T THAT JESUS THOUGH THE ONLY GOD-LOVE WE KNOW IS HUMAN LOVE
TOM
Mar
Bas
TOM ATO
NEW LIFE NEW LIFE NEW LIFE

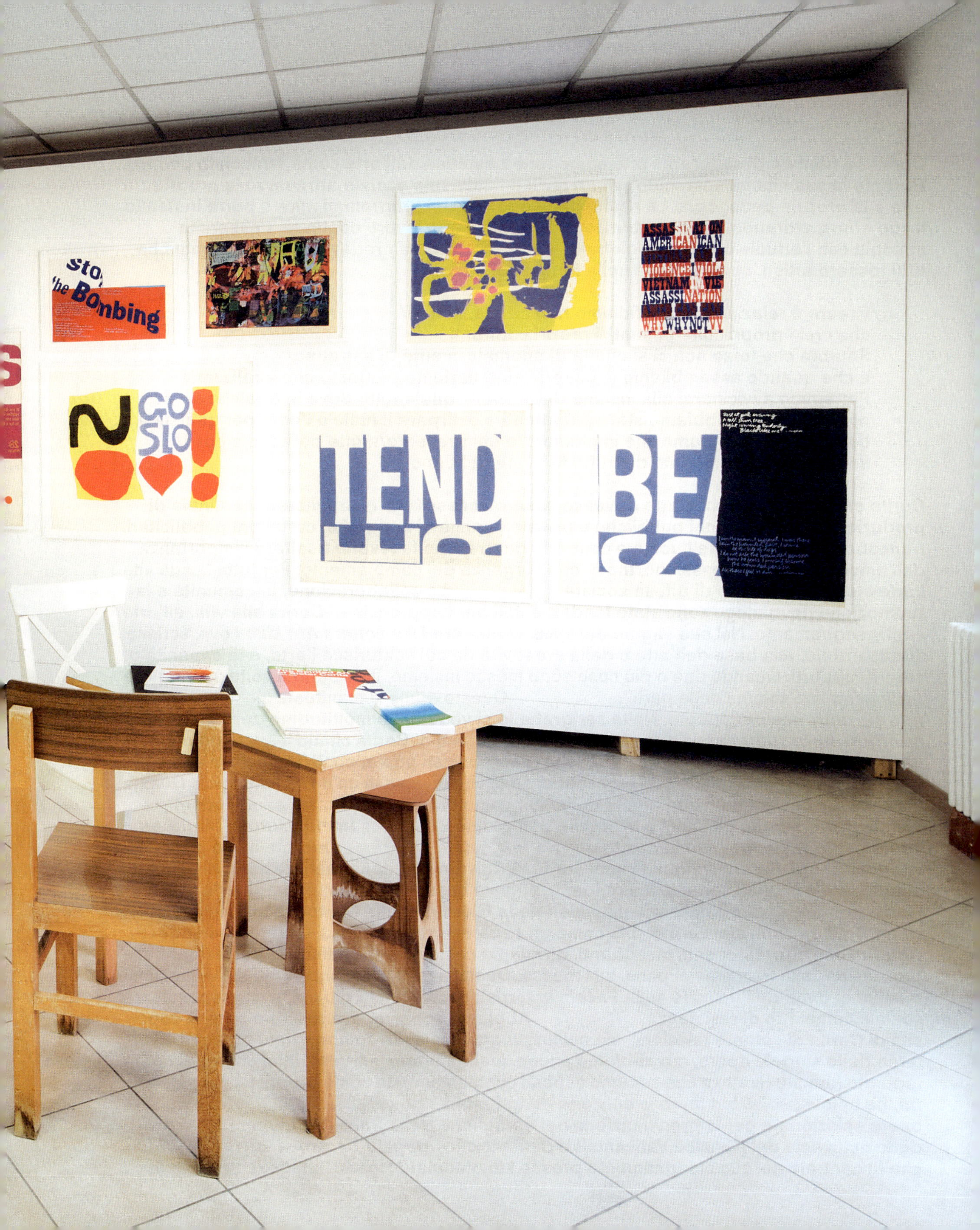
GO
SLO
TEND
BE
VIETNAM
WHYNOT

pensando a corita

Corita ha rifiutato di separare l'arte come forma estetica dall'arte come enunciato politico. Durante la sua vita ha sostenuto i diritti civili e l'attivismo sociale attraverso la propria arte e la propria pedagogia. La scelta delle opere e dei programmi mira a porre in risalto il suo *ethos*, attirando anche l'attenzione su come il suo lavoro continua a essere in sintonia con l'attuale panorama globale. Corita credeva profondamente che tutti fossero artisti, come scrisse nelle note e nei titoli:

> Creare è relazionarsi/confidiamo nell'artista, in tutti/
> che crei i propri collegamenti/i propri confronti
> Sembra che forse non ci sia nulla di anomalo/niente di estraneo/
> e che quando assembliamo le cose/le sintetizziamo piuttosto che analizzarle
> Potremmo avvicinarci alla visione di Dio/nella quale tutto deve in qualche modo combaciare/e dobbiamo stare più attenti a estirpare il male o l'odio per qualsiasi cosa/perché sappiamo che in passato/e nel presente/molte persone e cose/
> sono state tragicamente distrutte in nome del bene.

Corita credeva anche che l'arte dovesse essere accessibile. Ha realizzato centinaia di produzioni su commissioni pubbliche e private (manifesti serigrafie, cartelloni pubblicitari, francobolli) per i diritti dell'uomo e contro le guerre, che facevano risaltare l'importanza dell'amore e della compassione, ma anche l'urgenza del cambiamento. Per tutta la sua vita l'arte è stata un veicolo di difesa sociale. La collaborazione, la comunità e la promozione del dialogo sono state fondamentali per l'approccio di Corita alla vita, all'arte e all'insegnamento. Nel suo saggio del 1966, *Doors Are Like Letters Are Like Love*, scrisse: "L'essenziale, alla base dell'arte o della creatività da cui scaturisce l'arte, è la capacità di creare rapporti. Quando due o più cose sono messe insieme, il risultato a volte è maggiore della semplice somma delle parti". Questo *ethos* si manifesta sia nella sua arte sia nella sua pedagogia. Nelle serigrafie lo si vede dalla moltitudine delle voci che incorpora nelle sue composizioni. Le stampe esuberanti di Corita citano il linguaggio di una vasta gamma di fonti personali e pubbliche (dai musicisti pop ai poeti, dai politici agli amici e ai mentori), riunendo molte voci ed esperienze di vita diverse in un'unica immagine. Queste voci spesso comprendevano quelle della sua comunità più prossima: i suoi studenti, la facoltà universitaria, gli amici e le sorelle dell'ordine del Cuore Immacolato di Maria. Le opere selezionate mettono in risalto queste relazioni. Durante il suo periodo di docenza spesso coinvolgeva i suoi studenti attivamente nella realizzazione di progetti espositivi e editoriali sotto la sua guida. Li poneva così in condizione di agire da artisti e leader. Le celebrazioni annuali della Giornata della Madonna all'Immaculate Heart College sono state concepite come un esperimento di pratica sociale, invitando l'intera comunità – studenti, insegnanti, dirigenti scolastici e pubblico – a partecipare alle processioni, alla frazione del pane, alla messa. Questi eventi erano incentrati sulle questioni relative ai diritti dell'uomo (e sulla *Pacem in terris*), anche con la gioia e la consapevolezza sociale come atto di resistenza. Abbiamo scelto opere che riflettono la capacità di Corita di "creare relazioni" sia nel linguaggio sia nelle composizioni presenti all'interno delle singole opere, ma abbiamo anche scelto diverse serie e dittici collegati da un rapporto formale diretto e che saranno esposti congiuntamente come gruppi (si veda: *tender be, be of love, solw/but there is only one thing that has power*). Molte delle opere selezionate per la presentazione nel Padiglione della Santa Sede sono state prodotte nella scia del Concilio Vaticano II e dell'enciclica papale *Pacem in terris* del 1963, che fu centrale nel suo insegnamento presso l'Immaculate Heart College. La *Pacem in*

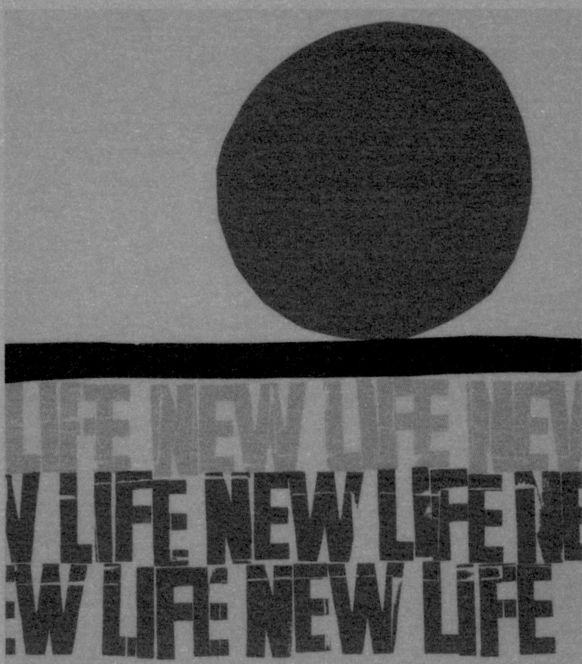

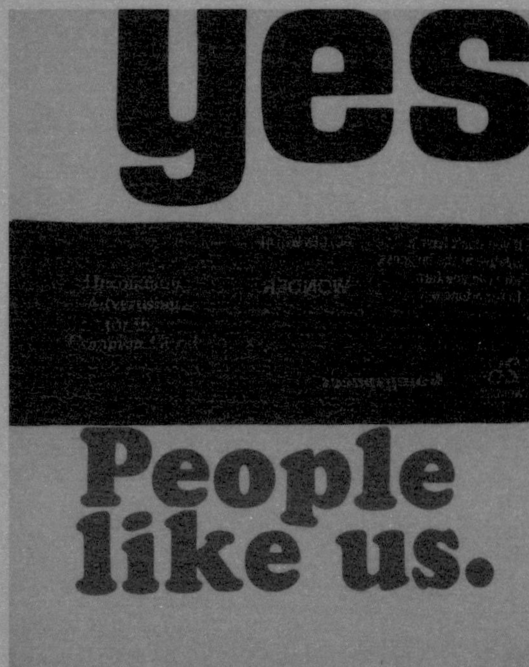

Corita Kent
life-new life
1966

Corita Kent
yes people like us
1965

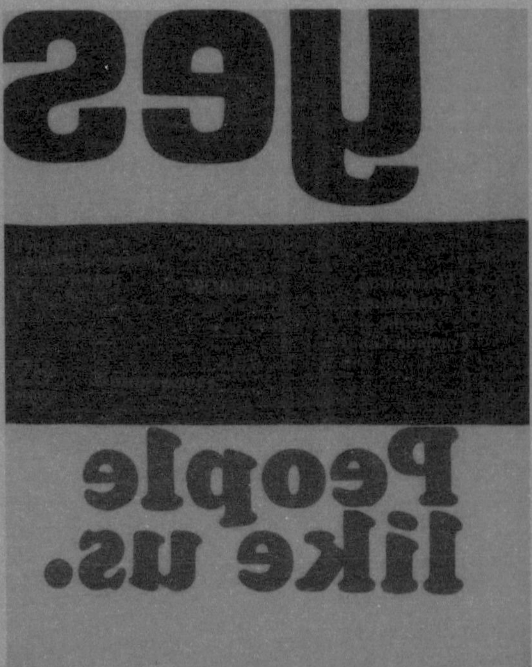

Corita Kent
yes people like us
1965

Corita Kent
life-new life
1966

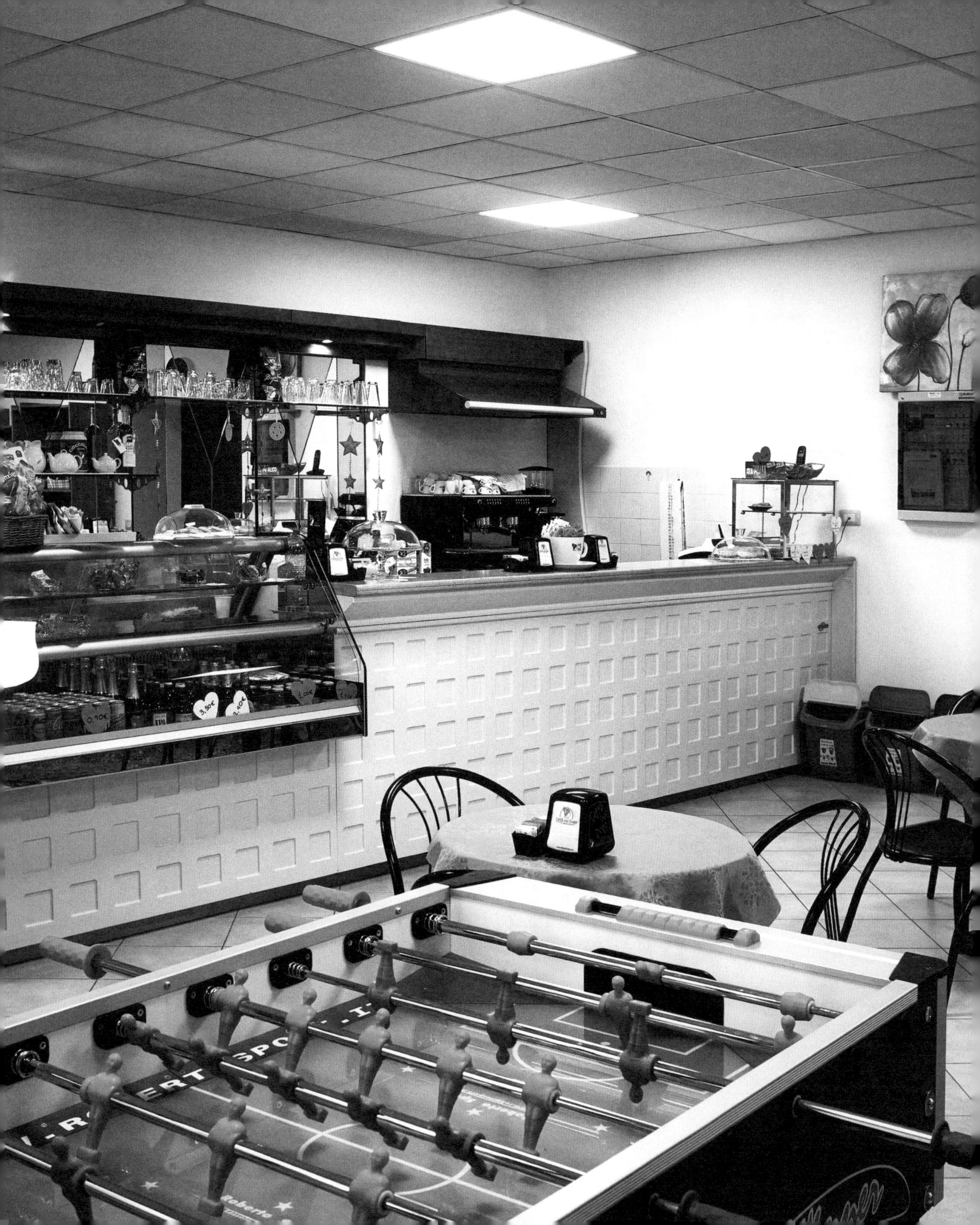
3,50€
0,90€
1,00€

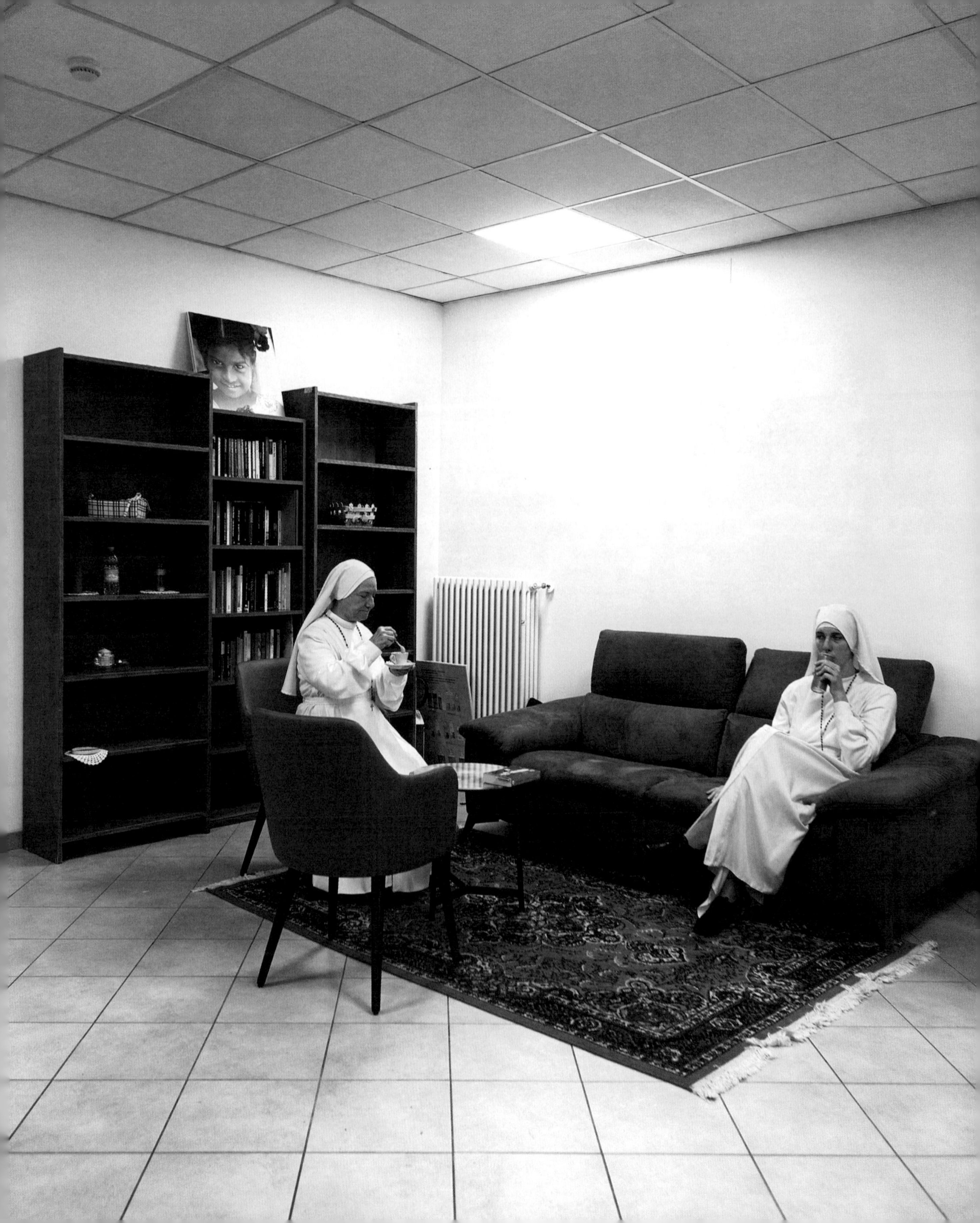

Mary's Day and in several exhibitions such as the 1965 IBM Christmas Display.

Not only do some of these works (see: *tender be-pt.1-sr.william*) directly reference *Pacem in terris* – speaking to the importance of basic socioeconomic rights for all – the works highlight the importance of hope and love more broadly, while also pointing to urgent social issues that continue to plague our contemporary moment.

Most of the works featured in this presentation are made in the decade of the 60s, a tumultuous social and political period in US history. It was also the decade that Corita turned to a more bold and graphic style that is associated with the Pop Art movement – incorporating advertisements, popular music, and other mass media into her work. Corita's turn to Pop was primarily for reasons of accessibility. As a teacher, she believed it was her duty to "infiltrate the masses" – something she thought was not quite possible through abstract expressionist forms. The selected works are meant to capture this transition, showing prints that exhibit her early interest in Ab-Ex (such as *butterfly*) and her initial experiments with more graphic and less painterly, letter-based forms (such as *luke 2.14*) to more iconic and recognizable works that emphasize language as both graphic form/motif and linguistic signifier. While these works directly incorporate more vernacular forms, Corita's Pop art strategies did not elevate the commodity object as much as locate joy and deeper meaning in the overlooked details of everyday life. In works such as *tender be (pt.1 and 2)*, she repurposes advertisement copy from a can of Campbell's pork and beans to create a moving diptych on notions of tenderness, human compassion, and *Pacem in terris*. In her mid to late 60's works, her civil rights and anti-war messages grew more urgent (see: *stop the bombing* and *american sampler*). This later body of work marks another critical transition: Corita's departure from the Immaculate Heart of Mary order, which she described as "an unjoining." In the most obvious way, many of the artworks chosen reference food – a favourite subject/theme of Corita's work. Her work often sought to draw out how visual iconography and literary symbols/texts can have layered meanings. She emphasized the multiplicity of language, of symbols and signs that spoke to both biblical texts and popular culture. She actively and skilfully sought motifs that highlighted this multiplicity: bread, tomatoes, apples. The Italian translation of the texts on her work is also a critical part of the project as are the inclusion of the viewfinders. The selection of artworks illuminates Corita's pedagogical ethos of looking deeply and slowly at the world around her. The inclusion of viewfinders in the space further encourages visitors to select, isolate, and examine details within a larger visual field, rather than attempting to take in everything at once.

She writes in footnotes and headlines:

> evil may be not seeing well enough
> so perhaps to become less evil we need only to see more
> see what we didn't see before/and here everybody is in the game
> things look different to different people depending on where they stand
> and if we can share views/not convert others to our views
> we would get a larger vision
> no single group can do it alone/the job is too big
> and we can only make it if we work it out together.

Olivian Cha, Nellie Scott
Corita Art Center, Los Angeles

terris (e il diritto alla vita e a uno standard morale di vita indipendentemente dal sesso, dalla razza, dalla religione o dall'origine nazionale) era un tema che appariva coerentemente nel campus universitario in eventi come il Giorno della Madonna e in diverse mostre, come quella dell'Esposizione natalizia IBM del 1965. Alcuni di questi lavori (si veda: *tender be-pt.1-sr.william*) non fanno solo direttamente riferimento alla *Pacem in terris* – sottolineando l'importanza dei diritti socioeconomici fondamentali per tutti – ma esaltano anche l'importanza della speranza e dell'amore in senso più ampio, affrontando le questioni sociali urgenti che continuano ad affliggere il nostro presente contemporaneo.

La maggior parte delle opere esibite in questa presentazione è stata realizzata negli anni sessanta, un periodo tumultuoso a livello sociale e politico nella storia degli Stati Uniti. È stato anche il decennio in cui Corita ha adottato uno stile più ardito e di tipo grafico, associato al movimento della Pop Art, incorporando nelle proprie opere avvisi pubblicitari, musica leggera e altri mezzi. La svolta di Corita verso la Pop Art è avvenuta principalmente per ragioni di accessibilità. Come insegnante credeva che fosse suo dovere "infiltrarsi nelle masse", cosa che pensava non fosse affatto possibile attraverso le forme dell'espressionismo astratto. Le opere selezionate dovrebbero cogliere questo momento di transizione, trattandosi in particolare di stampe che mostrano il suo precoce interesse per Ab-Ex (come *butterfly*) e i suoi primi esperimenti con forme più grafiche e meno pittoriche, ma letterarie (come *luke 2.14*) e in seguito opere più iconiche e riconoscibili che tematizzano il linguaggio sia come forma/motivo grafico sia come significante linguistico. Sebbene queste opere incorporino direttamente forme più vernacolari, le strategie da Pop Art di Corita non rivalutavano tanto l'oggetto merceologico quanto piuttosto individuavano la gioia e il significato più profondo nei dettagli trascurati della vita quotidiana. In opere come *tender be (pt.1 e 2)*, ripropone il testo pubblicitario tratto da una lattina di carne di maiale e di fagioli Campbell per creare un commovente dittico sulle nozioni di tenerezza, di compassione umana e di *Pacem in terris*. Tra la metà e la fine degli anni sessanta i suoi messaggi in tema di diritti civili e contro le guerre divennero più pressanti (si veda: *stop the bombing* e *american sampler*). Quest'ultimo corpus di lavori segna un'altra transizione critica: l'uscita di Corita dall'ordine del Cuore Immacolato di Maria, da lei definita come "scollegamento". Ovviamente molte delle opere d'arte scelte fanno riferimento al cibo, un soggetto/tema preferito nel lavoro di Corita. Il suo lavoro spesso cercava di evidenziare come l'iconografia visiva e i simboli/testi letterari possano avere una stratificazione di significati. Ha sottolineato la molteplicità del linguaggio, dei simboli e dei segni che facevano riferimento sia ai testi biblici sia alla cultura popolare. Ha cercato attivamente e sapientemente motivi che evidenziassero questa molteplicità: pane, pomodori, mele. Anche la traduzione italiana dei testi relativi al suo lavoro costituisce una parte fondamentale del progetto, così come l'inclusione dei mirini. La selezione di opere d'arte esplica l'*ethos* pedagogico di Corita di guardare in profondità e con lentezza il mondo che la circonda.

L'inclusione di mirini nello spazio incoraggia, inoltre, i visitatori a selezionare, isolare ed esaminare i dettagli all'interno di un campo visivo più ampio, piuttosto che tentare di cogliere tutto in una volta. Nelle note e nei titoli scrive:

> il male potrebbe non essere visto abbastanza bene
> quindi, forse per diventare meno malvagi, dobbiamo solo vedere di più
> vedere ciò che non vedevamo prima/ed eccoci tutti in gioco/
> le cose appaiono diverse a persone diverse a seconda di dove
> si trovano e se riusciamo a condividere visioni/non convertire gli altri
> al nostro modo di vedere/acquisiremmo una visione più ampia
> nessun gruppo può farlo da solo/il lavoro è troppo grande
> e possiamo riuscirci solo se lo facciamo insieme.

Olivian Cha, Nellie Scott
Corita Art Center, Los Angeles

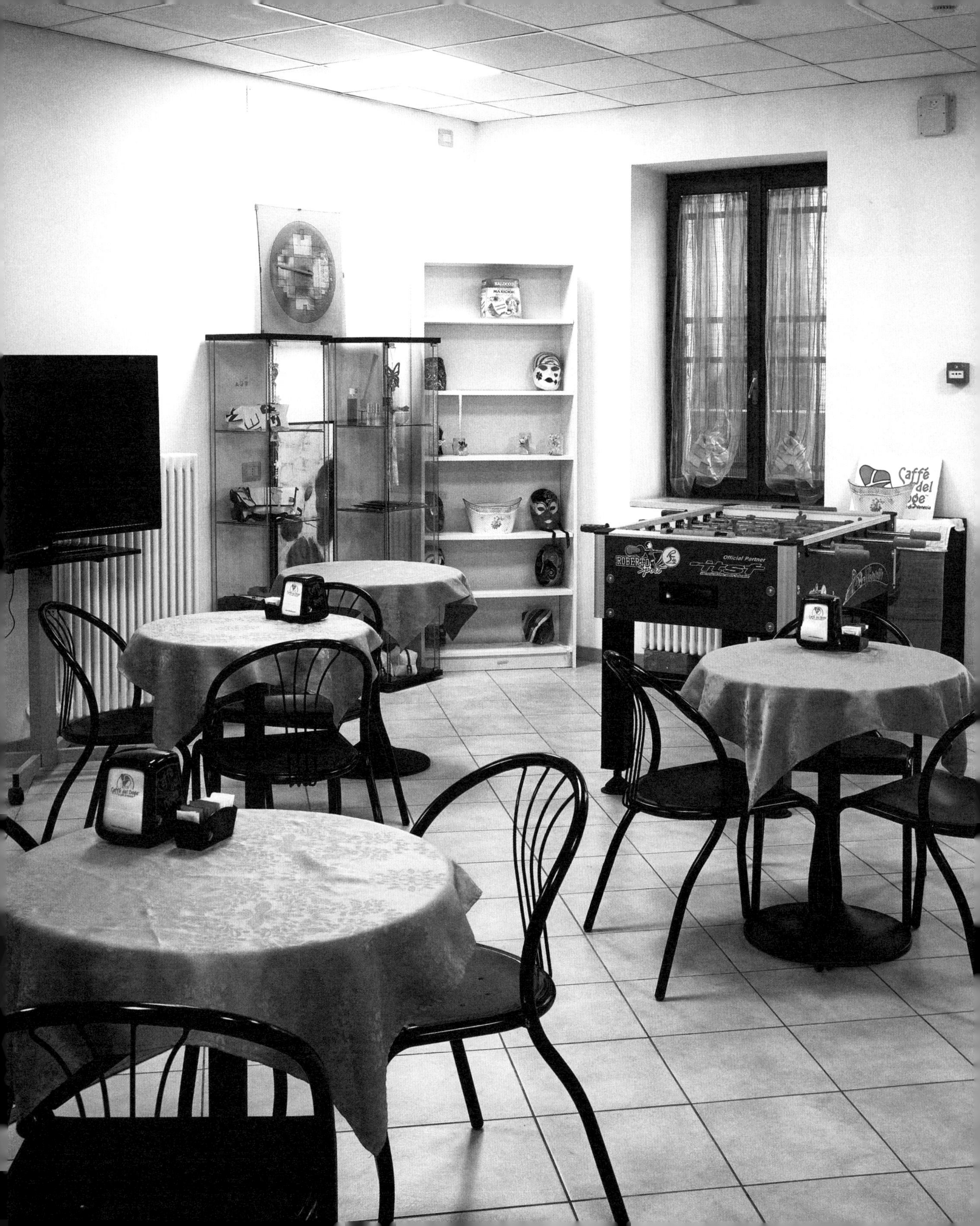
ROBERTO
Official Partner

claire fontaine

Sono in un posto che mai vorrei essere ma
ho imparato molto.
Vivo per mio figlio che è la cosa più cara della mia vita –
la vita è preziosa, va vissuta nel bene e nel male

un pensiero bello per tutti

Miriana

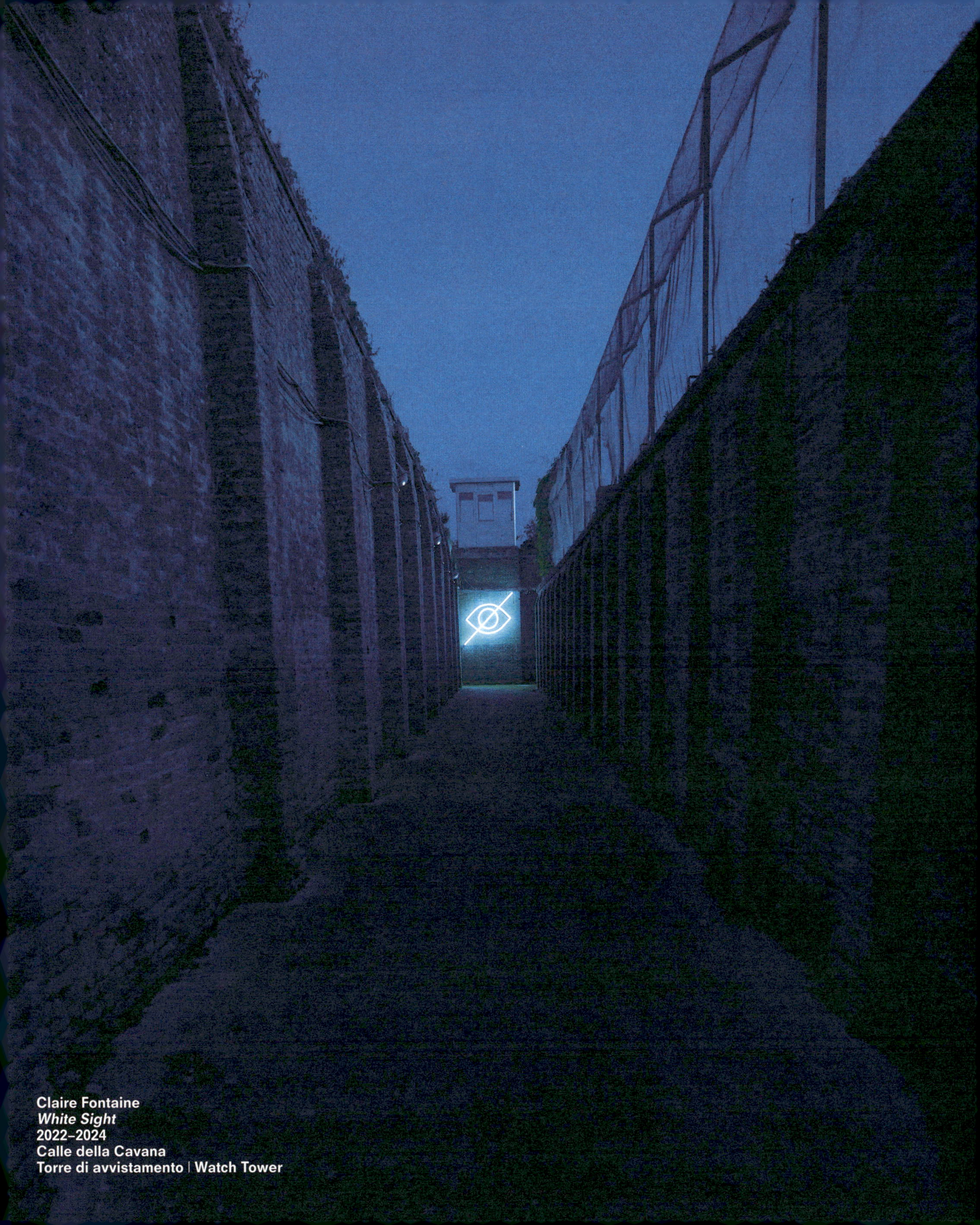

Claire Fontaine
White Sight
2022–2024
Calle della Cavana
Torre di avvistamento | Watch Tower

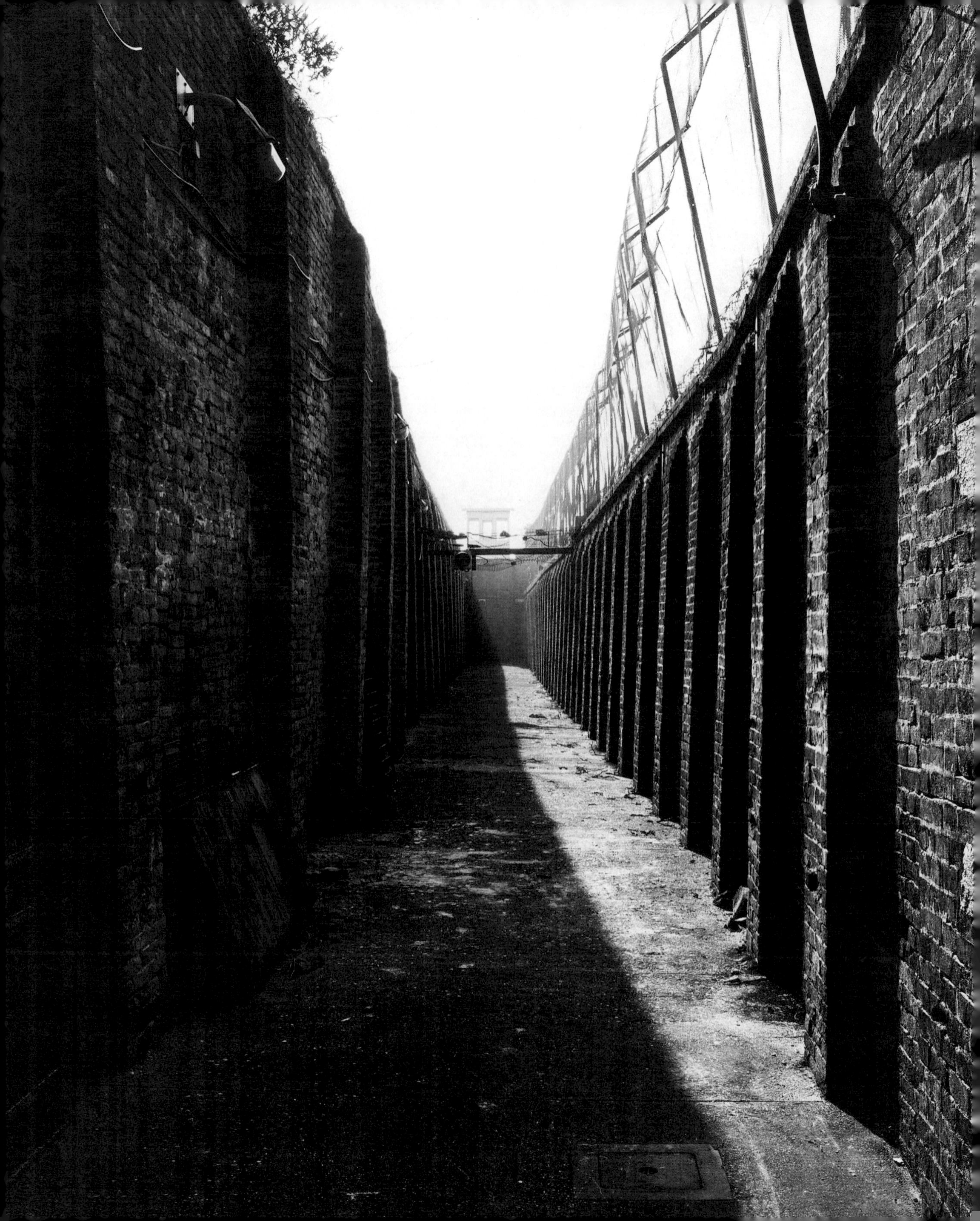

we are with you in the night

The general theme of the Biennale International Art Exhibition is structured around the idea that the gaze we point to those around us is often already full of prejudices and bad habits since there is a real difficulty in making ourselves understood and understanding those around us in many circumstances. *Foreigners Everywhere* also suggest a multitude of solitudes and lack of communication perceived as interior confinement. Or a crowd of people who are unfamiliar to us and appear "strange" to our eyes. Seeing the title of a series of Claire Fontaine's works that are already twenty years old, still activating so many different contexts and inspiring such varied interpretations, helped us to detach ourselves from a work that we literally felt was part of us (the first neon *Foreigners Everywhere* that we created, is in the entrance of our home, our first catalogue bore this title, our e-mail address is "foreigners everywhere..."). *With my Eyes* made us think about how others perceive us, how to share what seems to be obvious, but in the presence of new encounters becomes totally new and unexpected.

The theme resonates strongly in both of our proposals. The works existed before the invitation came, but *White Sight* – of 2022 – was radically transformed to adapt to the watchtower of the Giudecca Women's Prison in Venice, and is a work that has acquired further depth through this presentation context. The crossed-out eye logo that appears on blurry photographs or videos and that Google or Instagram warn us better not to watch is, for us, the symbol of a privilege and not a form of protection of the public's sensitivity. Those who can choose not to see things that could disturb their peace – obviously, we are not talking about pornography created specifically for this purpose, but about shocking images linked to current events – are privileged and consciously choose to remain in ignorance, so as not to take on any responsibility for their own present. This work, installed on the watchtower, also signals that those who monitor do not really see the souls of the people and also that the imprisoned persons are removed from society so that the rest of the population can no longer see them, neither physically nor, nowadays, on social media. The title of this work was borrowed from the wonderful book by Nicholas Mirzoeff, whose cover we created by reproducing an image of the work. In this essay, Mirzoeff explains that a certain way of perceiving reality in a productive way, according to processes of control and extraction normalized for us and functional to society, is a "white gaze" (historically and ethnically determined by the colonial paradigm), which is dangerously blind to many fundamental human complexities and incapable of feeling empathy. It is of this darkness, which the eye of control cannot penetrate, that the other work we present, speaks: *We are with you in the night* (2007–2020). Here, the night certainly evokes detention, but there is a nocturnal mood, a solitude that we all believe is unfathomable and which this work can help us to illuminate. "We" and "you", used in the verbal forms, already reduce isolation and suggest a possible communion of feelings.

Our collaboration with the inmates is still ongoing so that we may talk about the thought that led us to propose this type of experience. We invited Caterina Forte and Marina Belli to hold a workshop, based on the Feldenkrais method, for the inmates who would decide to join. The idea is to be able to create, in a place where one is physically confined, a freedom within one's own body by way of Awareness Through Movement (ATM) sessions. What, for us, unites the creative process proper to contemporary art with the Feldenkrais method is the experimental, exploratory approach. We always use our body in a utilitarian way or try to obtain sporting or acrobatic performances from it, we never have the opportunity to experiment with listening to this part of ourselves, to learn things about ourselves through refusing to use the body for a specific purpose. In a certain sense, not only the

siamo con voi nella notte

Il tema generale della Biennale è strutturato attorno all'idea che lo sguardo che portiamo su chi ci circonda è già spesso carico di pregiudizi, di cattive abitudini poiché esiste una vera difficoltà a farsi comprendere e a comprendere chi ci circonda in molte circostanze. *Stranieri Ovunque* suggerisce anche una moltitudine di solitudini, un'incomunicabilità percepita come una reclusione interiore. Oppure una folla di persone che non ci sono familiari e appaiono "strane" ai nostri occhi. Vedere il titolo di una serie di opere di Claire Fontaine di vent'anni fa attivare ancora tanti contesti diversi e ispirare delle interpretazioni così varie, ci ha aiutato a staccarci da un'opera che sentivamo letteralmente come parte di noi (il primo neon *Stranieri Ovunque* che abbiamo realizzato è nell'entrata di casa nostra, il nostro primo catalogo portava questo titolo, il nostro indirizzo mail è "foreigners everywhere…"). *Con i miei occhi* ci ha fatto pensare a come ci percepiscono gli altri, a come condividere ciò che sembra ovvio, ma in presenza di nuovi incontri diventa totalmente nuovo e inaspettato.

Il tema risuona fortemente in tutte e due le nostre proposte. Le opere preesistevano all'invito ma *White Sight* – del 2022 – è stata radicalmente trasformata per adattarsi alla torre di guardia della Casa di Reclusione Femminile di Venezia Giudecca ed è un lavoro che ha acquisito un'ulteriore profondità tramite questo contesto di presentazione. Il logo dell'occhio barrato che compare sulle fotografie sfocate o i video che Google o Instagram ci avvertono che sarebbe meglio non guardare, è per noi il simbolo di un privilegio e non una forma di tutela della sensibilità del pubblico. Chi può *scegliere* di non vedere cose che potrebbero disturbare la sua pace – ovviamente non parliamo di pornografia creata apposta per lo scopo, ma di immagini scioccanti legate all'attualità – è privilegiato e sceglie consciamente di restare nell'ignoranza per non assumersi nessuna responsabilità del proprio presente.

Installata sulla torre di guardia, quest'opera segnala anche che chi sorveglia non vede realmente l'animo delle persone, e anche che le persone recluse sono portate fuori dalla società in modo che il resto della popolazione non possa più vederle, né fisicamente, né oggigiorno sui social. Il titolo di quest'opera è stato preso in prestito dal meraviglioso libro di Nicholas Mirzoeff, di cui abbiamo realizzato la copertina riproducendo un'immagine del lavoro. In questo saggio, Mirzoeff spiega che un certo modo di percepire la realtà, in modo produttivo, secondo processi di controllo e di estrazione per noi normalizzati e funzionali alla società, è uno "sguardo bianco" (storicamente e etnicamente determinato dal paradigma coloniale) che è pericolosamente cieco a tante complessità umane fondamentali e incapace di empatia.

È di questo buio, che l'occhio del controllo non riesce a penetrare, che parla l'altro lavoro che noi presentiamo: *Siamo con voi nella notte* (2007–2020). La notte qui di certo evoca la detenzione, ma esiste un umore notturno, una solitudine che tutti crediamo insondabile che quest'opera può aiutarci a rischiarare. Il "noi" e il "voi" usati nelle forme verbali riducono già l'isolamento e suggeriscono una possibile comunione di sentimenti.

La nostra collaborazione con le detenute è ancora in corso, quindi possiamo parlare del pensiero che ci ha portato a proporre loro questo tipo di esperienza. Abbiamo invitato Caterina Forte e Marina Belli a tenere un workshop di metodo Feldenkrais per le detenute che decideranno di aderire. L'idea è di poter creare, in un luogo in cui ci si trova fisicamente recluse, una libertà all'interno del proprio corpo tramite le sessioni di Conoscenza attraverso il movimento (CAM). Quello che per noi accomuna il processo creativo proprio all'arte contemporanea con il metodo Feldenkrais è l'approccio sperimentale, esplorativo. Noi utilizziamo sempre il nostro corpo in modo utilitario o tentiamo di ottenerne delle performance sportive o acrobatiche; non abbiamo mai occasione di sperimentare l'ascolto di questa parte di noi stessi, di apprendere

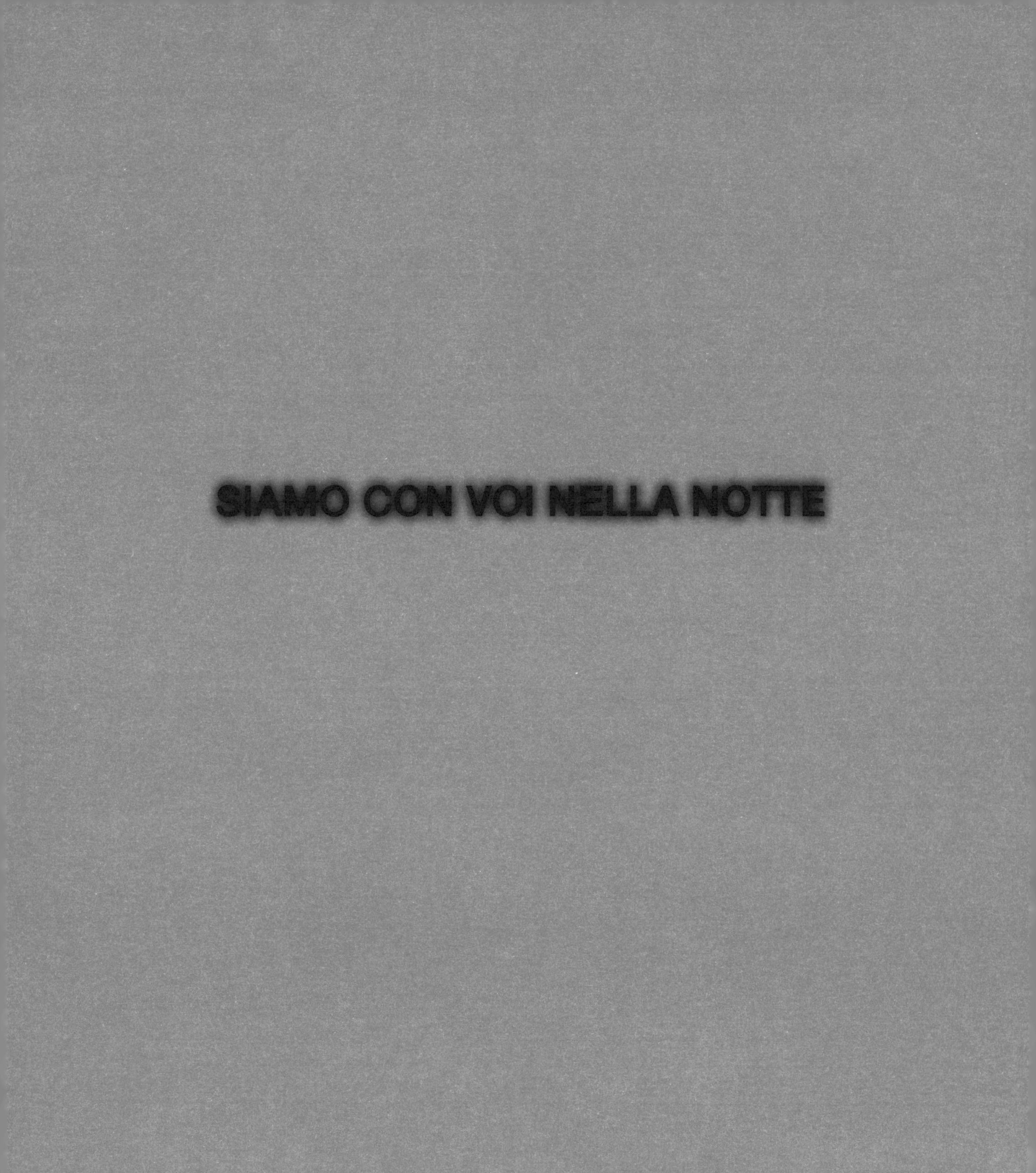

Claire Fontaine
Siamo con voi nella notte
2007–2020

SIAMO CON VOI NELLA NOTTE

Claire Fontaine
Siamo con voi nella notte
2007–2020

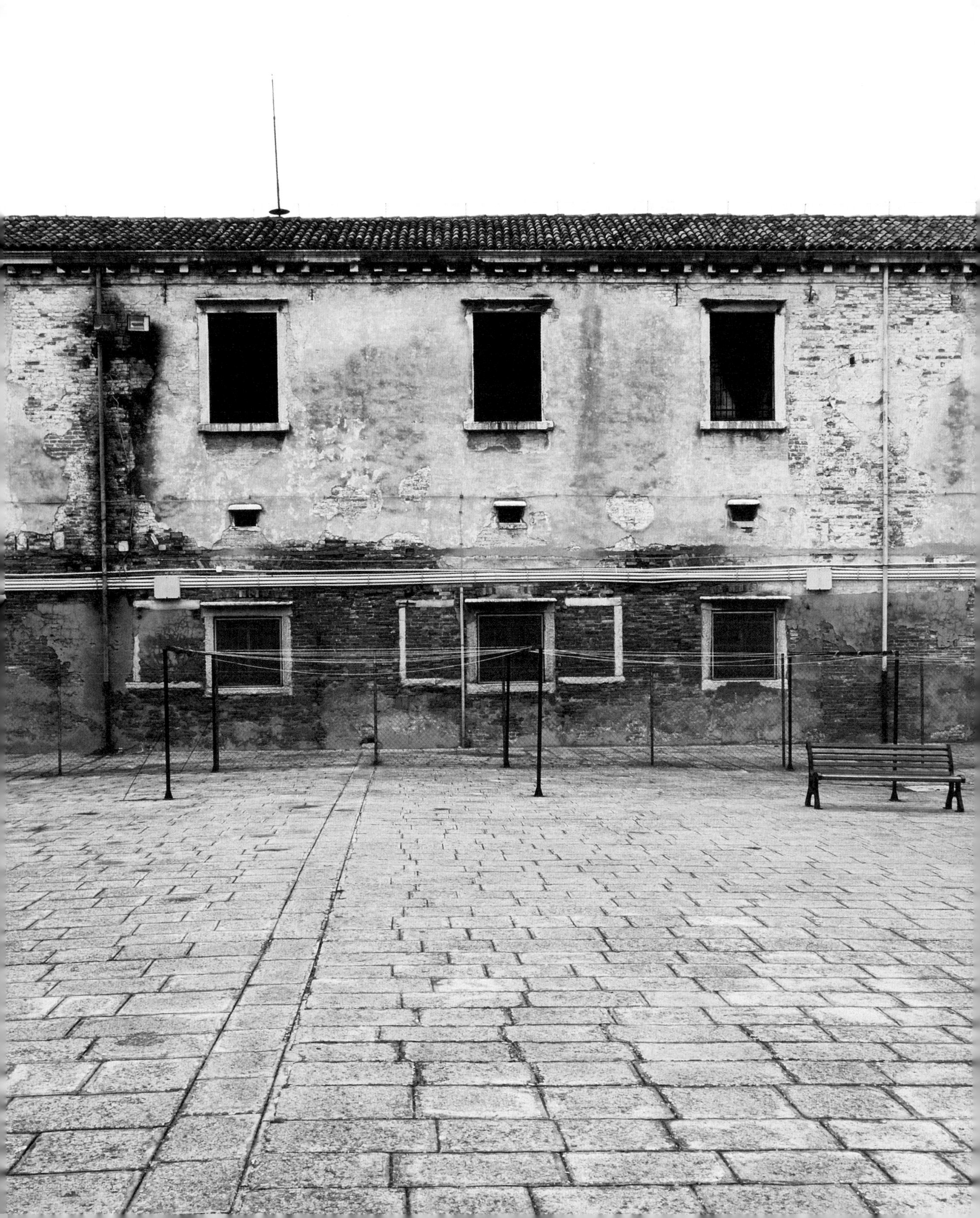

delle cose su noi stessi attraverso il rifiuto dell'utilizzo del corpo per un fine specifico. In un certo senso, non solo l'abbandono della rappresentazione nella pittura espressionista e del canone scultoreo nell'uso del volume, ma anche lo stesso *ready-made*, sono dei rifiuti del funzionalismo come dittatura sull'umano. La prigione pur non essendo un luogo strettamente produttivo (almeno in Italia: in America è una vera sacca di lavoro sottopagato e non regolato) rimane un luogo funzionale alla riproduzione identica della società e spesso, come provano i tassi di recidive, della vita di chi vi soggiorna. Con questo workshop speriamo di offrire, a chi ne prenderà parte, delle tecniche di autogestione del trauma che non si rivelino solo una "terapia", ma un'occasione per scoprire parti di sé cui non era stato mai dato un valore adeguato. L'idea della "rivoluzione dei valori" è importante per chiunque si senta devalorizzata, è un nuovo accesso a sé e al mondo. Speriamo che i visitatori e le visitatrici comprendano come i lavori prendono una forma diversa in questo contesto penitenziario. L'arte è diventata parte di un vasto progetto mondiale di *entertainment* e distrazione, è ormai molto dipendente dal mercato. In un contesto come quello di una prigione femminile speriamo che le possa essere restituito un potere trasformativo. Gli artisti non mandano messaggi attraverso le loro opere: ogni opera può essere interpretata in modi infiniti e ci auguriamo che le nostre lo siano. Se possiamo mandare un pensiero a chi entrerà nella prigione – magari per la prima volta nella sua vita – per vedere delle opere d'arte, è che ci auguriamo che questa esperienza porti con sé il desiderio di tornare per fare visita o proporre delle attività alle persone che in prigione sono costrette a vivere.

Claire Fontaine

Questi tempi duri mi fanno

capire il bello della libertà.
Non sono solo momenti persi
anzi, ci fanno riflettere sul futuro.
Ho trovato persone che senza
conoscere il mio passato
mi hanno regalato un presente vero

con una fermezza di volere un futuro

diverso.

Colpevole o no, quello non è rilevante.
Sapere essere capaci di ricominciare,

questo è lo scopo.
Non perdersi, anzi la vittoria è già di per sé

essersi perso ed essersi ritrovato,
con la forza di essere nuovo.

Luz

abandonment of representation in Expressionist painting and of the sculptural canon in using volume but also the ready-made itself, all result in refusals of functionalism as a dictatorship over the humane. The prison, even though it is not a strictly productive place (at least in Italy, whereas in America, it is a real pocket of underpaid and unregulated work), remains a place functional to the identical reproduction of society and often, as the rates of recidivism prove, of the life of those who stays there. With this workshop, we hope to offer, to those who will take part, techniques for self-management of one's trauma that do not only reveal "therapy" but also an opportunity to discover parts of oneself that had never been properly valued. The idea of the "revolution of values" is important for anyone who feels devalued, it is a new access to oneself and the world. We hope that visitors understand how the works take a different form in this penitentiary context. Art has become part of a vast global project of entertainment and distraction; it is now highly dependent on the marketplace. In a context like the one of a women's prison, we hope that its transformative power can be returned to it. Artists do not send messages through their works: each work can be interpreted in infinite ways and we hope that ours will be. If we can send a thought to those who will enter the prison – perhaps for the first time in their lives – to see works of art, it is that we hope that this experience will give them the desire to return there to visit or propose activities to the people who have to stay in prison as well.

Claire Fontaine

Prima di dormire chiediti se sei
Soddisfatta della tua vita.
Se la risposta è no, domani alzati
e cambiala senza scuse.

Coraggio non significa
avere la forza

di andare avanti, ma è andare avanti
quando non se ne ha la forza

Noemi

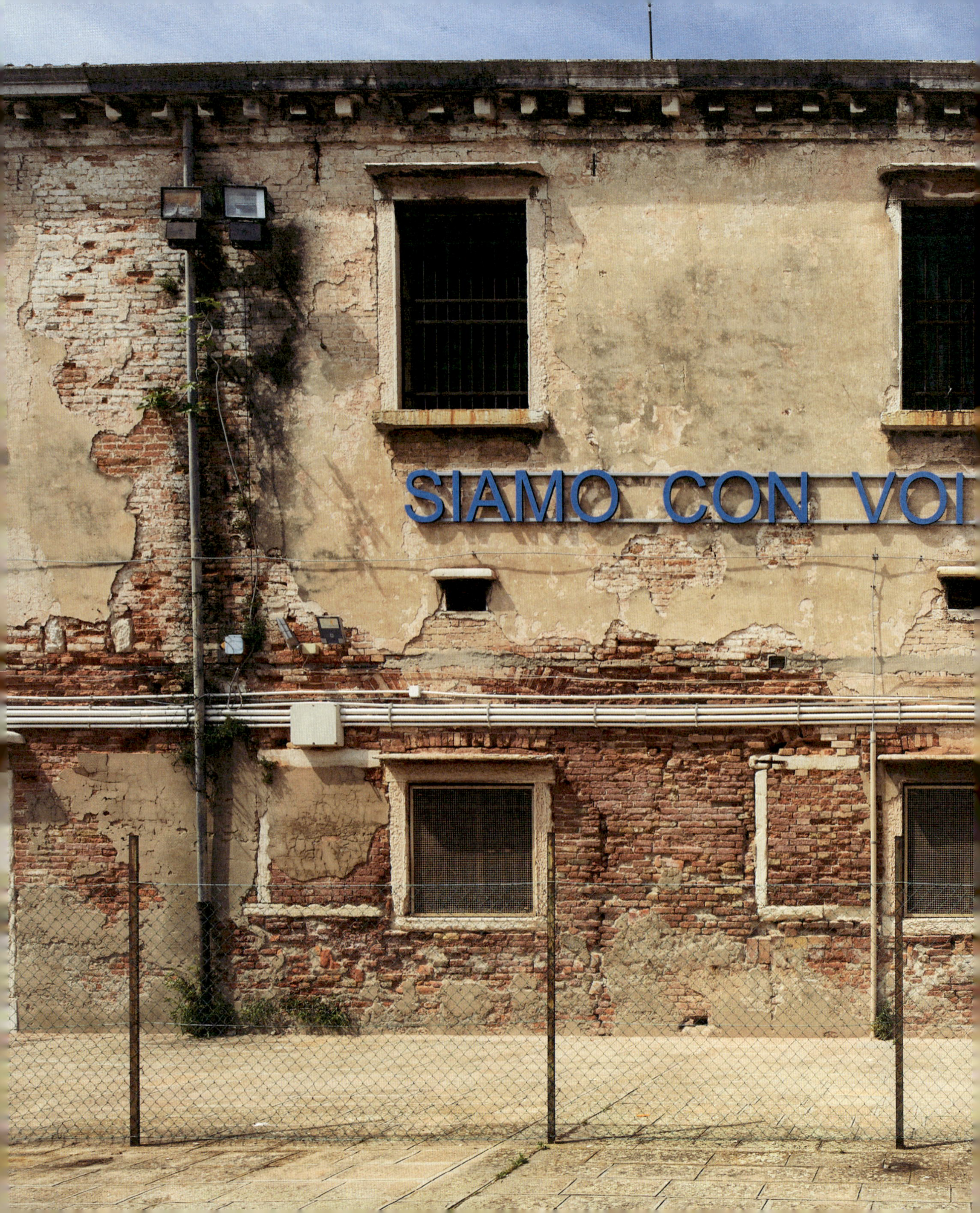
SIAMO CON VOI

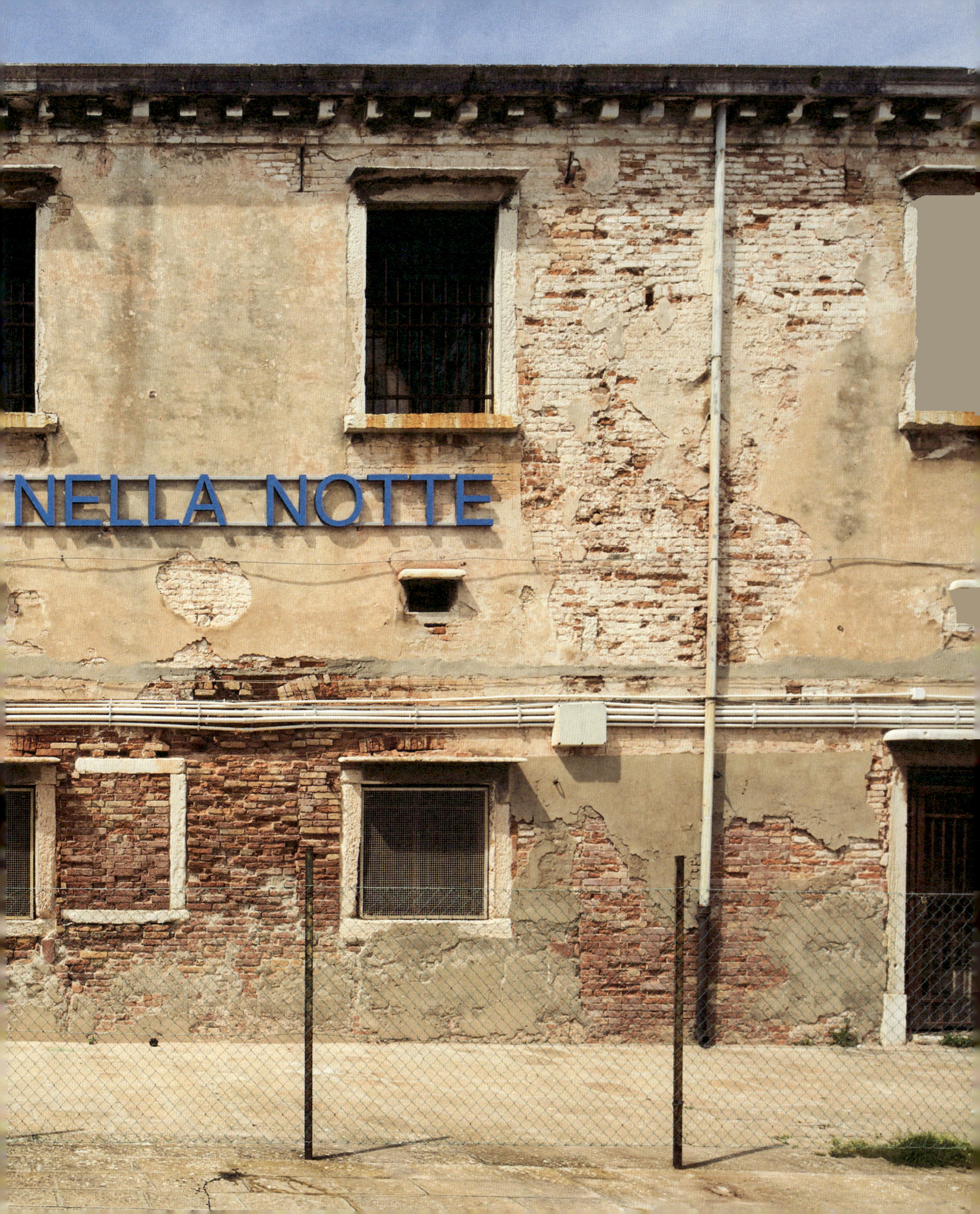
NELLA NOTTE

juergen teller

Oggi per me è una giornata speciale,
sto volando 30 metri sopra il cielo!
È venuto mio figlio a colloquio, non ci vedevamo da
circa 11 mesi (per via del suo lavoro) e quando l'ho
visto non mi sembrava vero, il mio cuore palpitava,

me lo sono abbracciato baciato, bellissimo.
Abbiamo parlato di tante cose,

del suo lavoro che gli dà soddisfazioni ed
anche economicamente ha fatto il salto
di qualità che gli permetterà finalmente di

acquistare una casa per lui e per la sua famiglia.
Abbiamo fatto una bella chiacchierata, la cosa più bella

che mi ha detto è che a distanza di 11 mesi mi
vede sempre meglio, sempre più serena e

determinata e per lui è un regalo e un
riscatto per tutto ciò che gli ho fatto passare,

mi ha fatto i complimenti e mi ha detto di
continuare così. La cosa più bella in assoluto è
stata quando mi ha detto "Mamma non ti voglio

illudere ma vedrai che prima o poi arriverà anche
Ylenia, ma non qui dentro". Non ha voluto dire altro,

ma io ho chiesto "sai vero che il mio fine pena è
tanto avanti?". Ma lui mi ha fatto capire che quando
inizierò con i permessi sarà probabile perché

(cosa che non sapevo) ogni volta che lei veniva a colloquio da me
arrivava a casa devastata, non sopportava di vedermi in questo
posto. Ora mi rendo conto perché era sempre così fredda, lontana.

Mi si spezza il cuore a sapere che non riesca
ancora ad accettare il fatto che sua mamma
sia qui dentro. Comunque, oggi per me è una

giornata che mi insegna che devo proseguire il mio
percorso sempre più in positivo, così avrò una vita serena e

il cuore colmo di amore per i miei figli
ed il prossimo (quando farò volontariato).

Grazie 31/1/24 giorno ok

Noemi

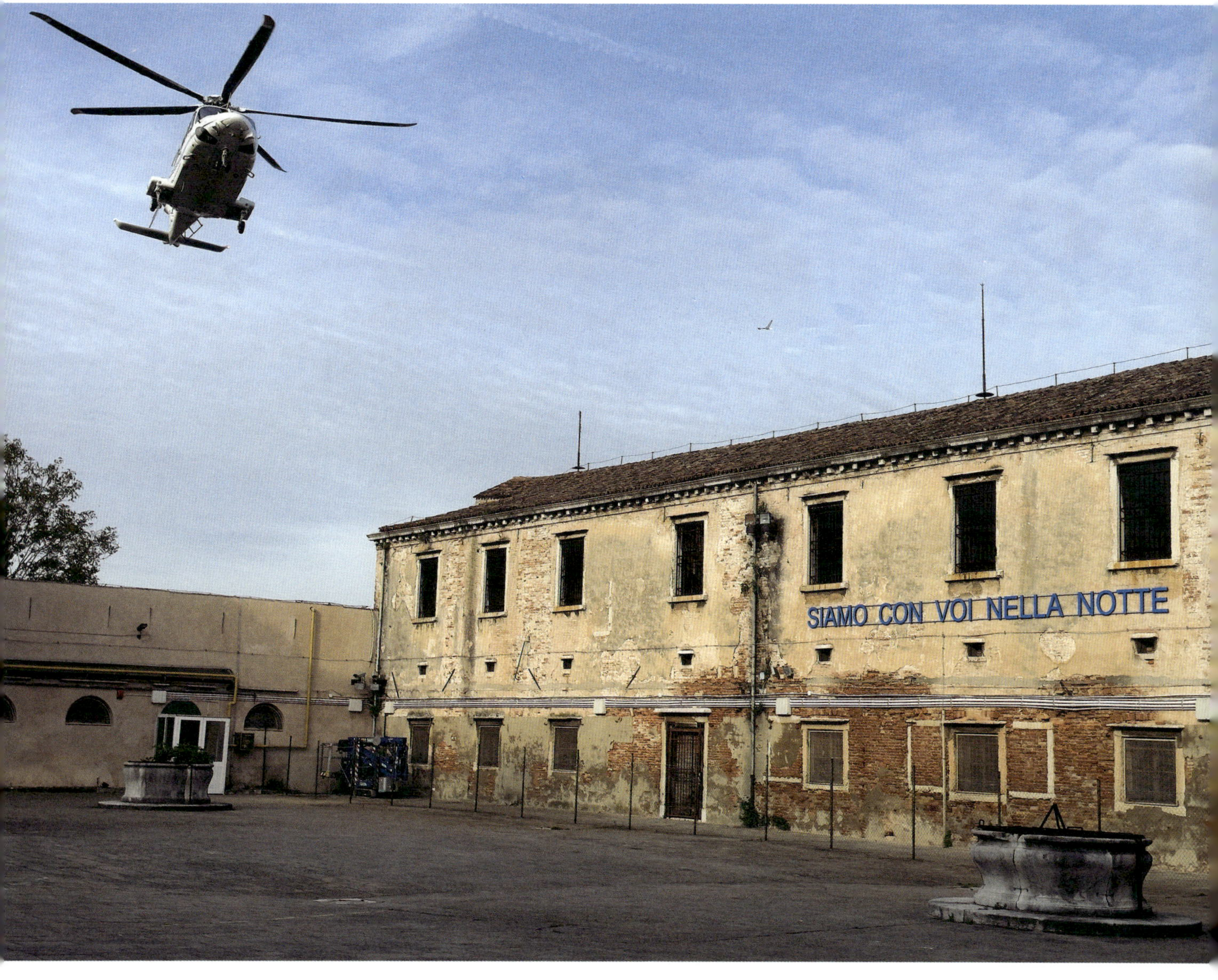

Visita di Papa Francesco al Padiglione della Santa Sede,
60. Biennale di Venezia, 28 aprile 2024 | Visit of Pope Francis
to the Holy See Pavilion, 60th Venice Biennale, 28th April 2024

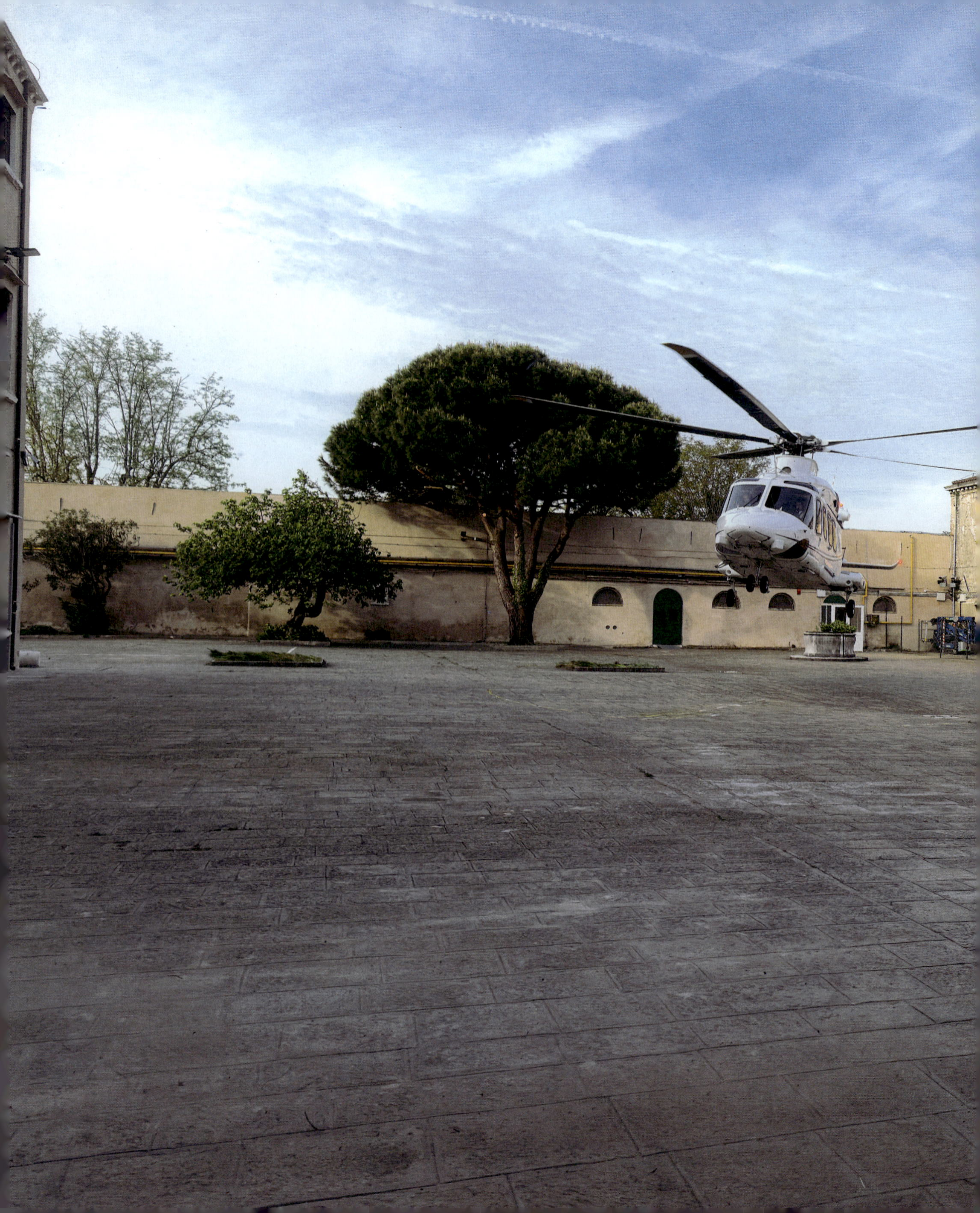

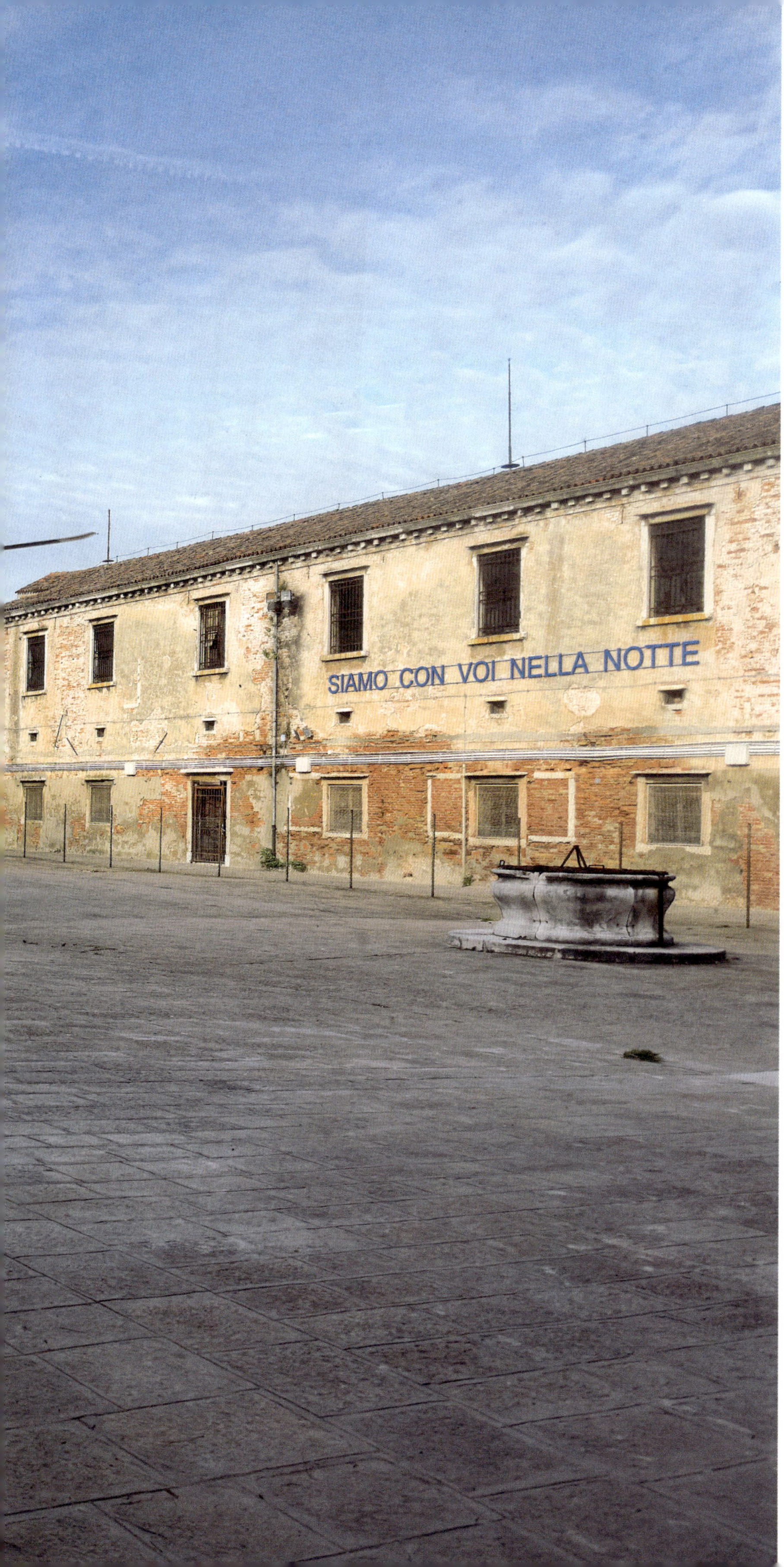
SIAMO CON VOI NELLA NOTTE

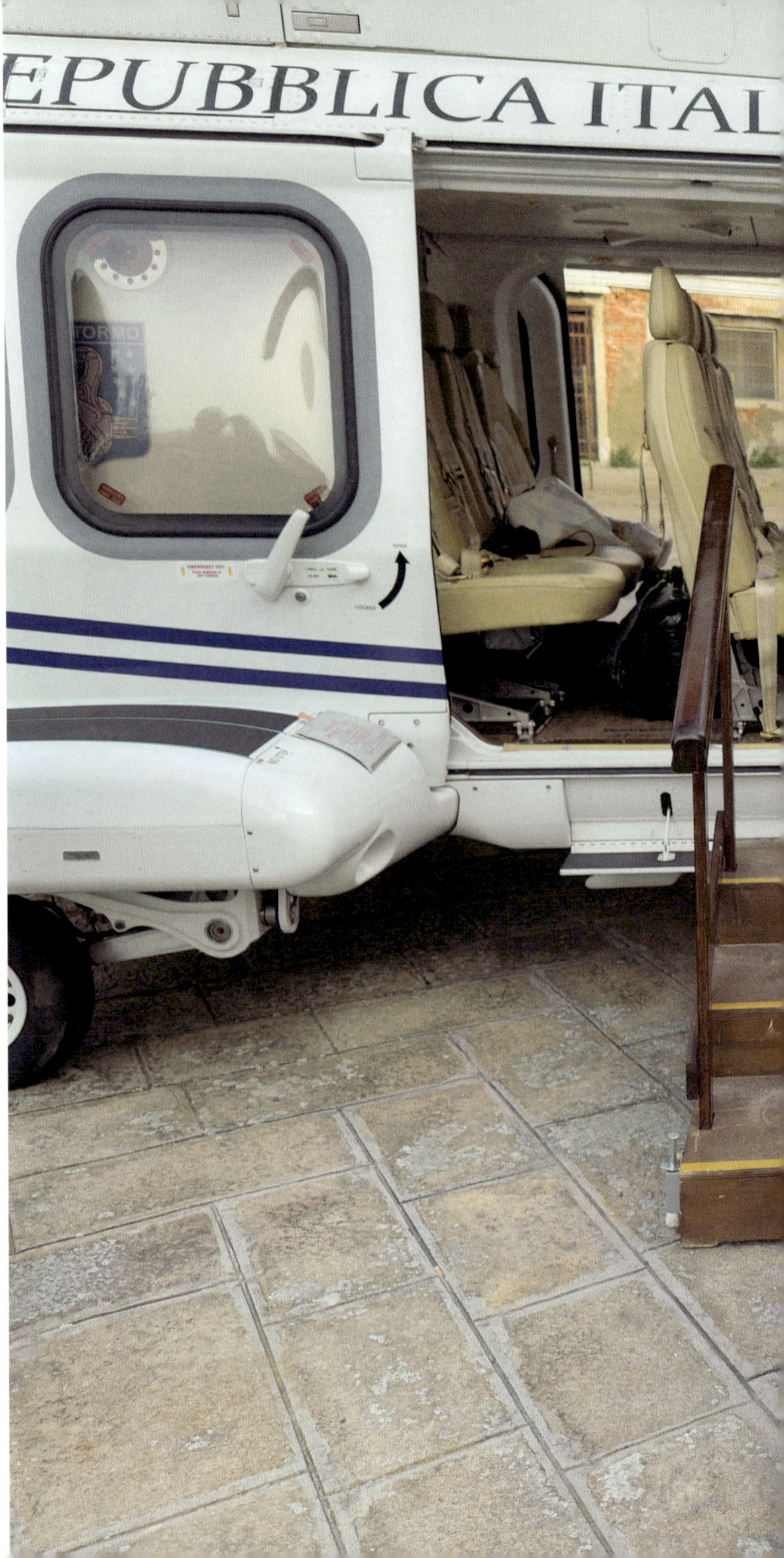
EPUBBLICA ITAL
TORMO

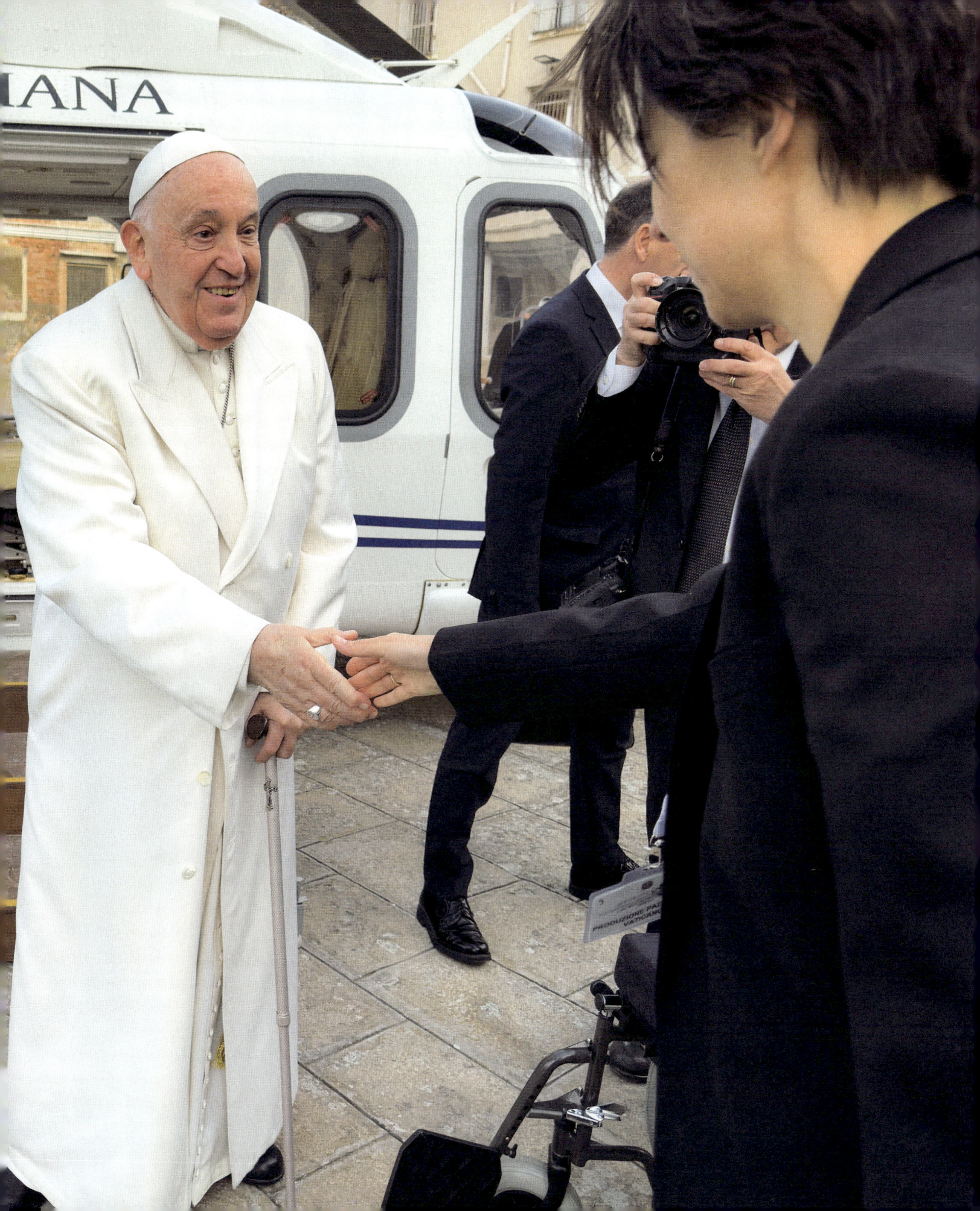

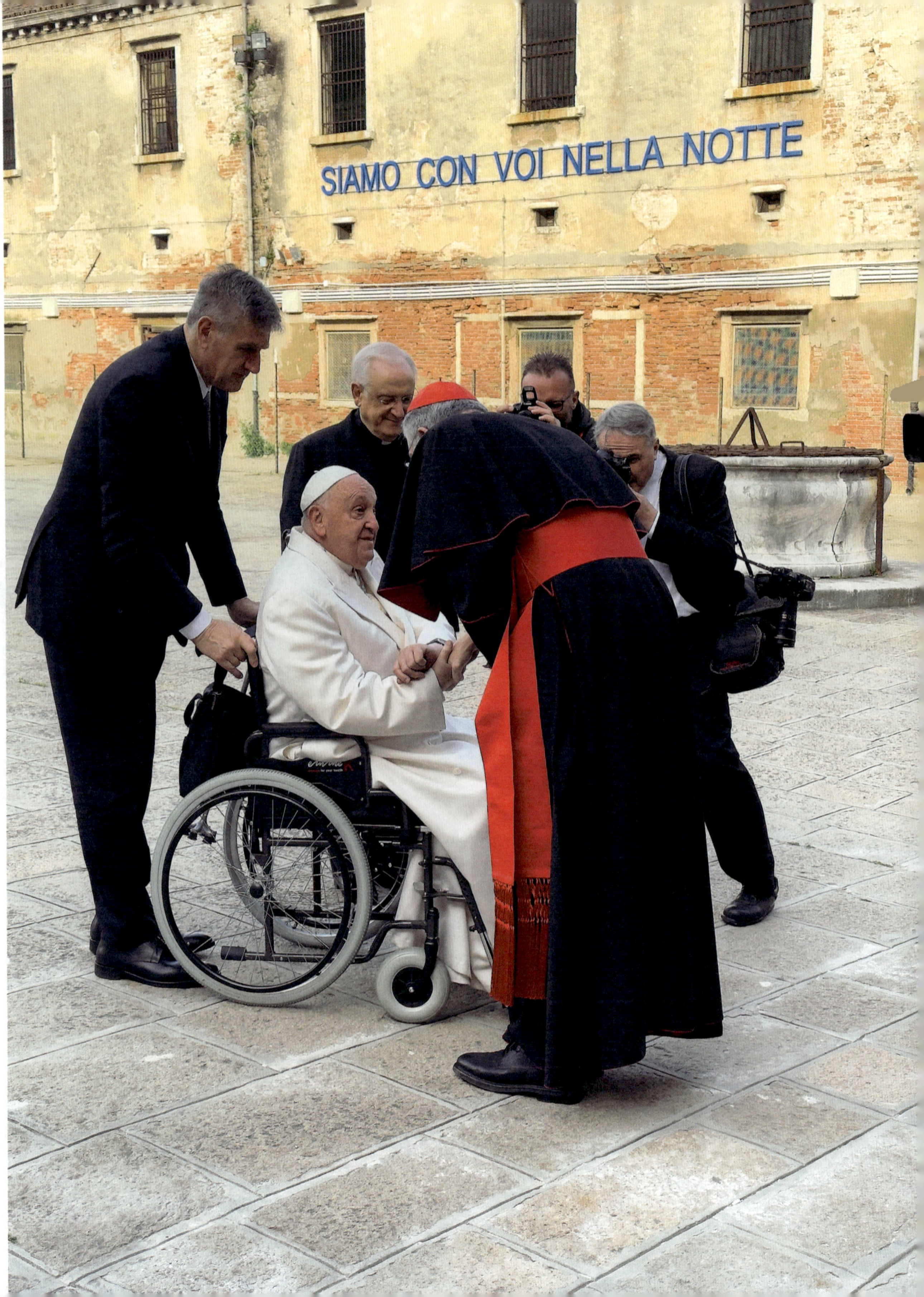
SIAMO CON VOI NELLA NOTTE

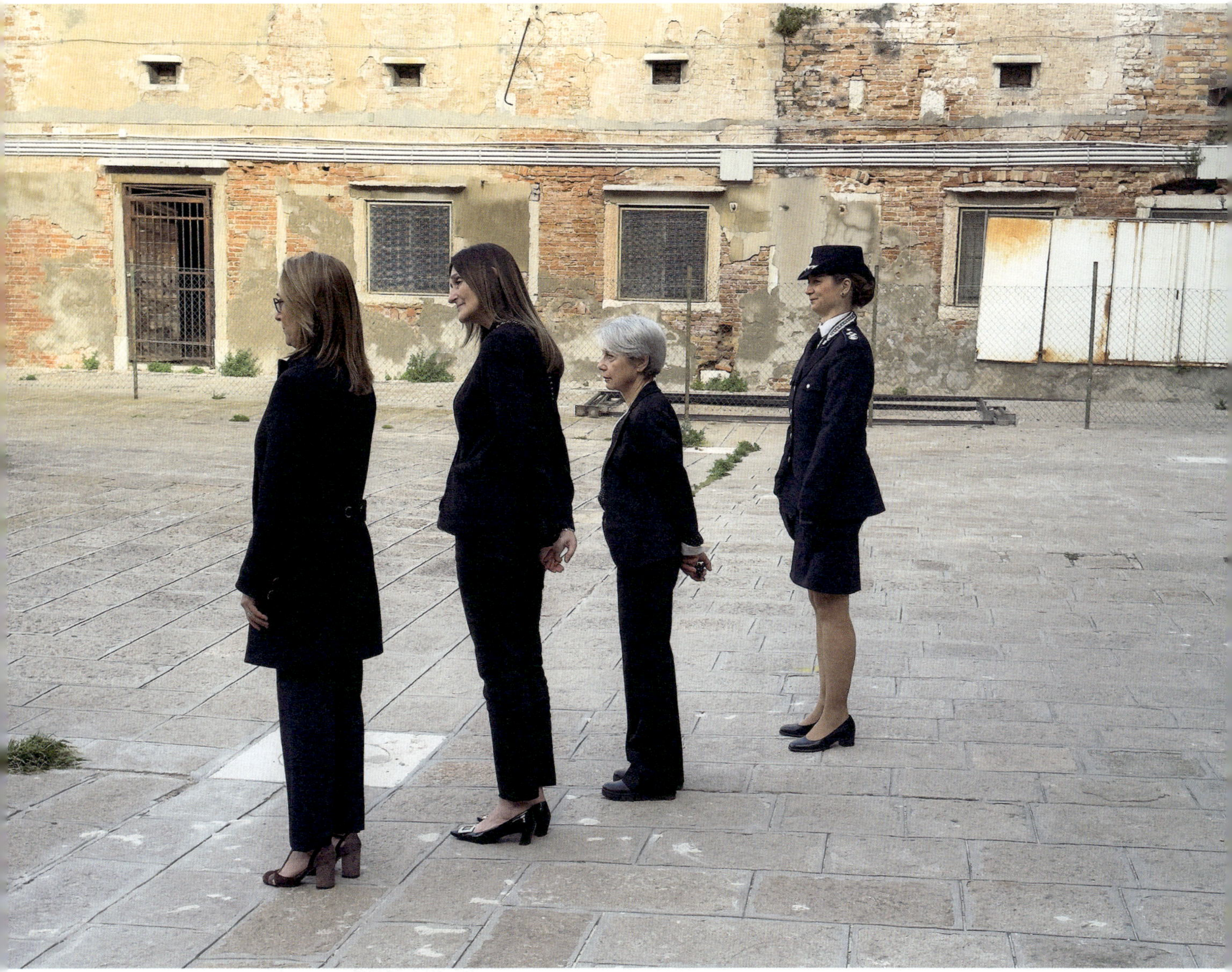

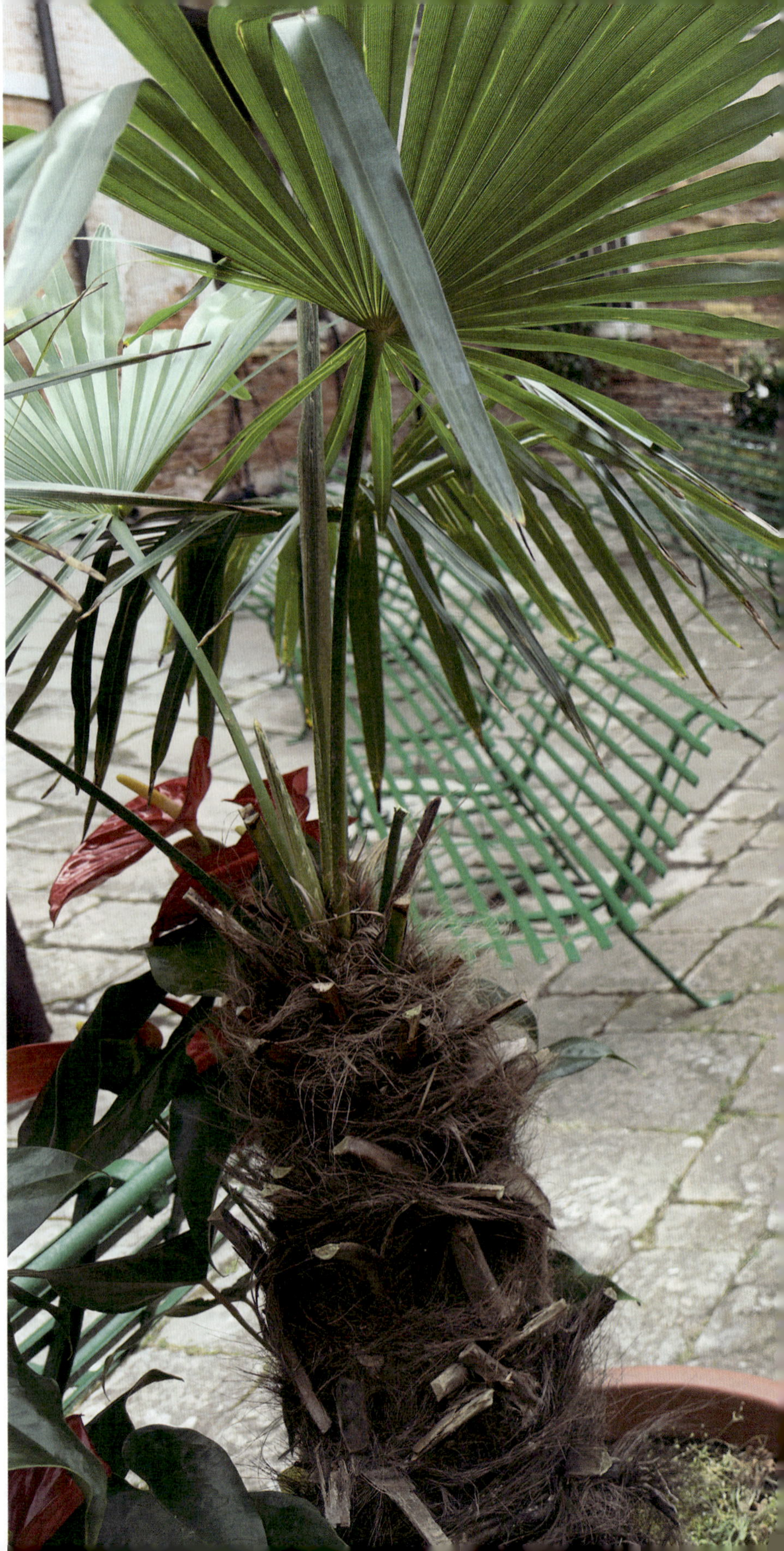

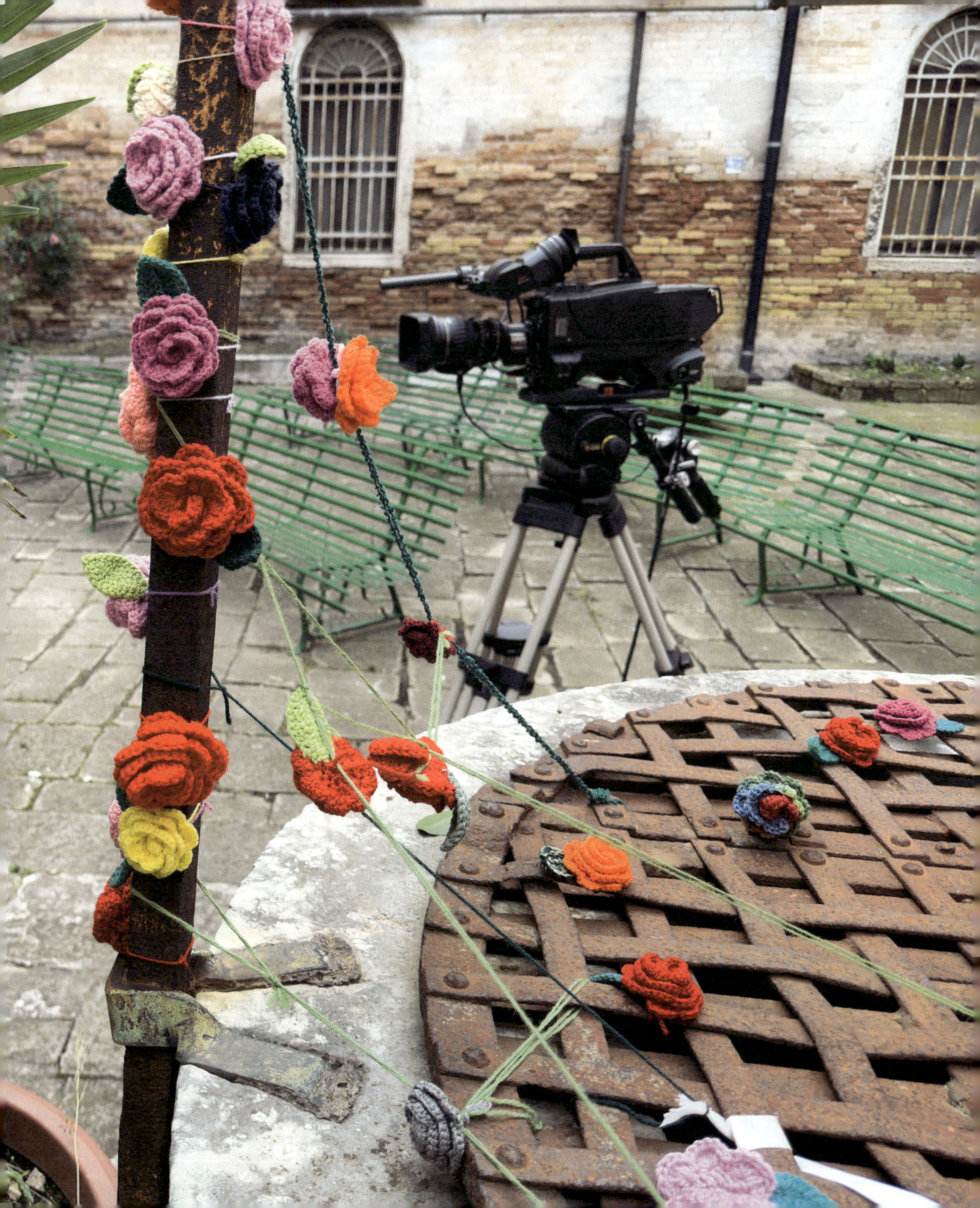

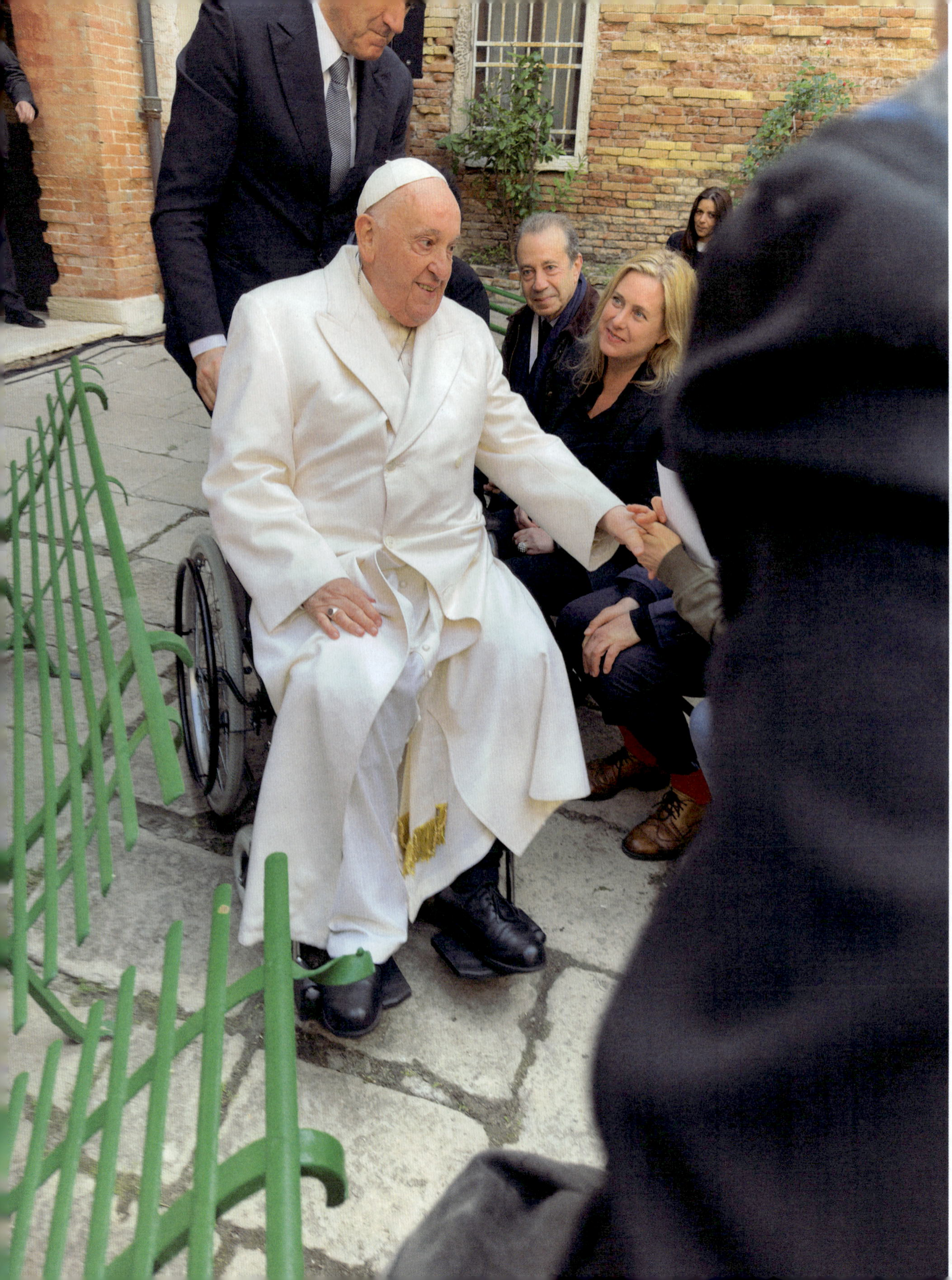

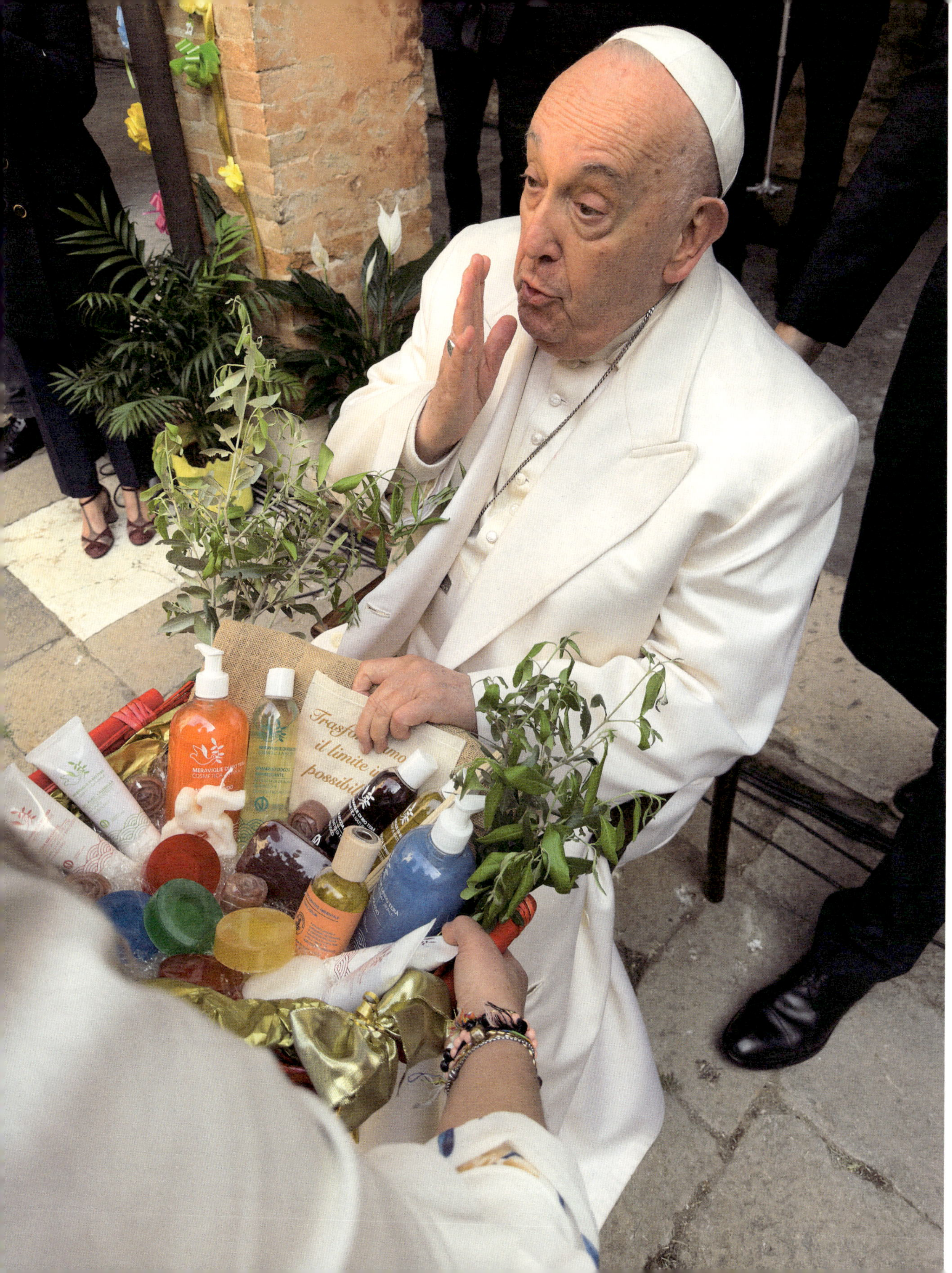
Trasfor amo
il limite i
possibil

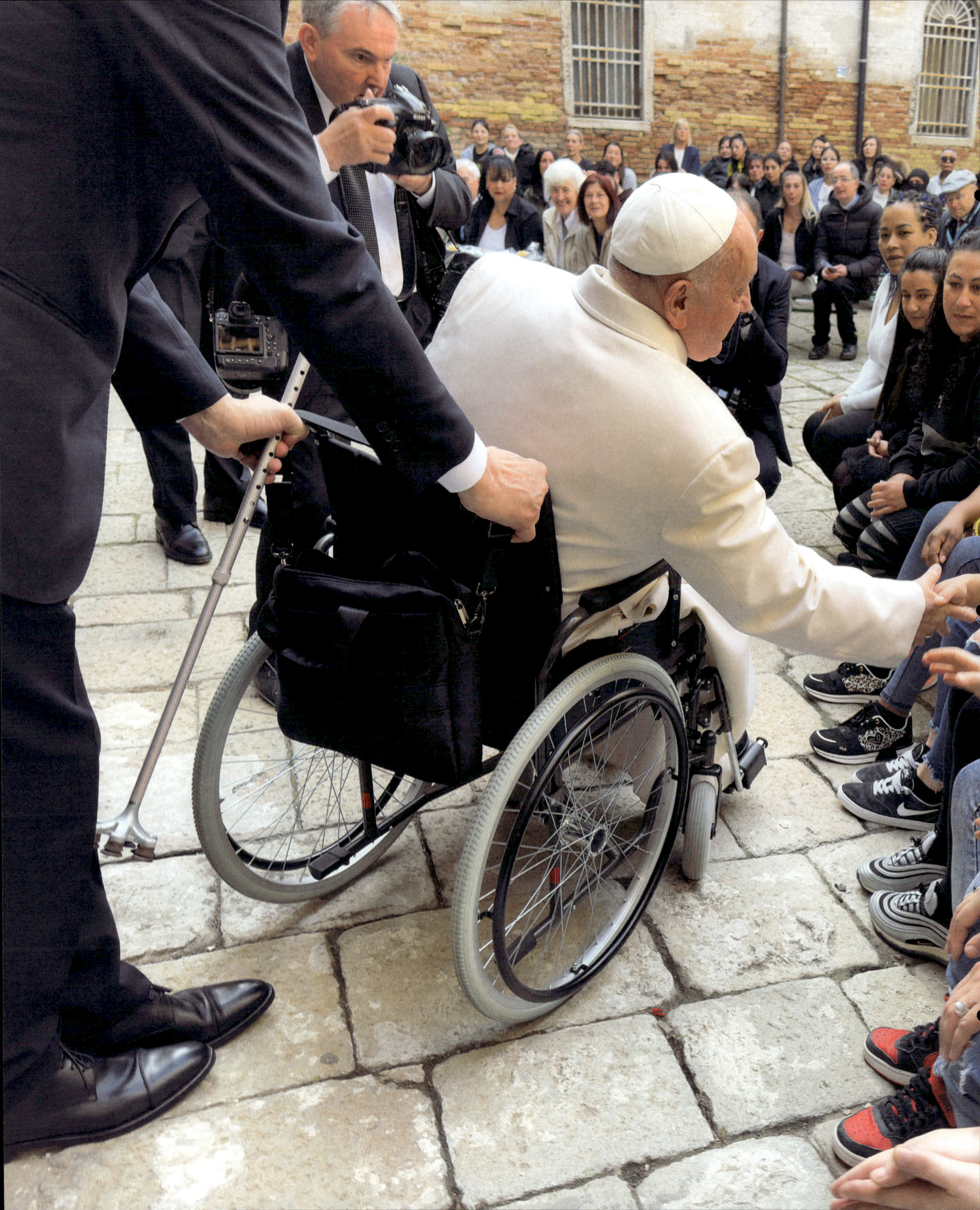

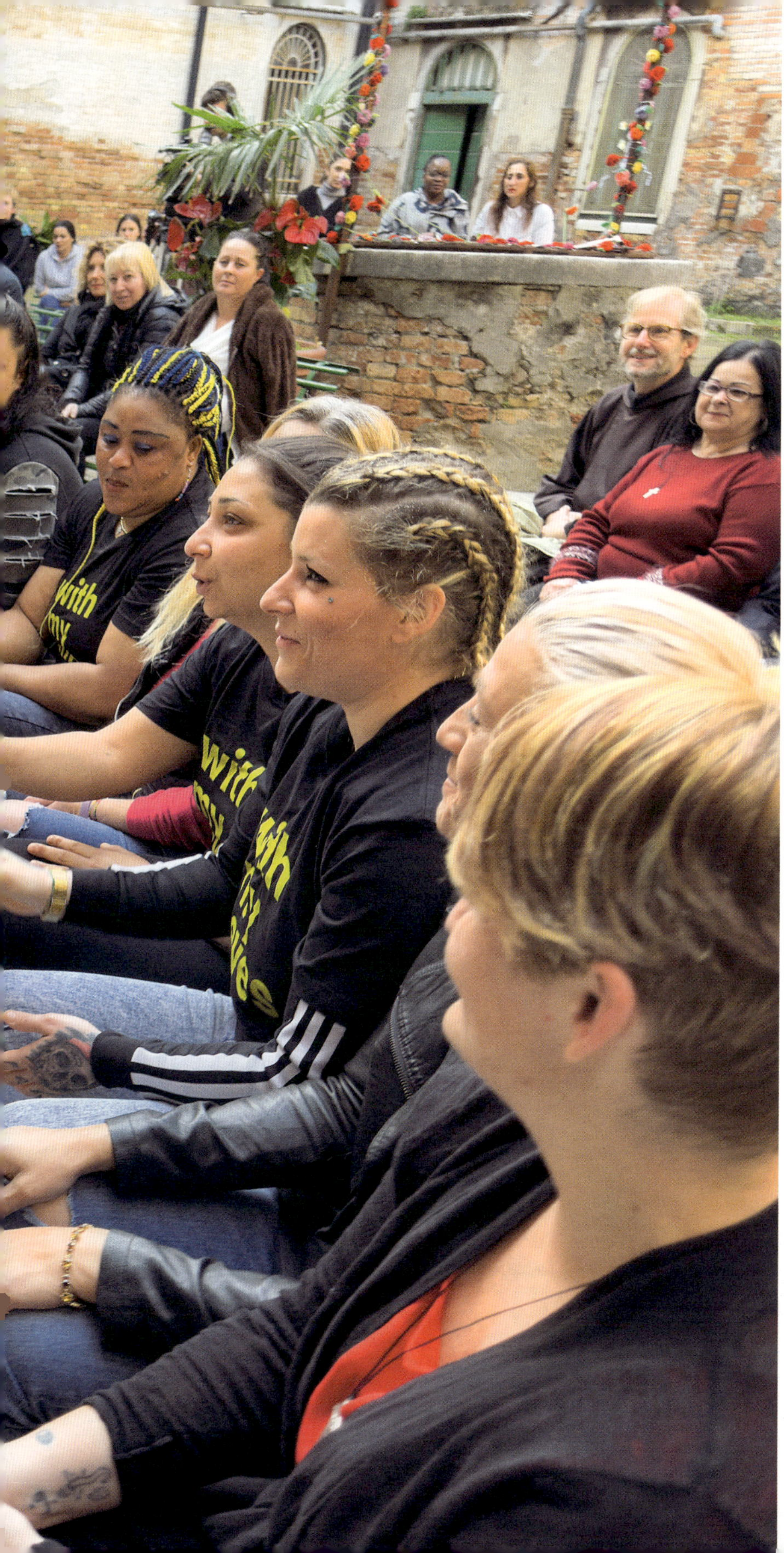
with
my

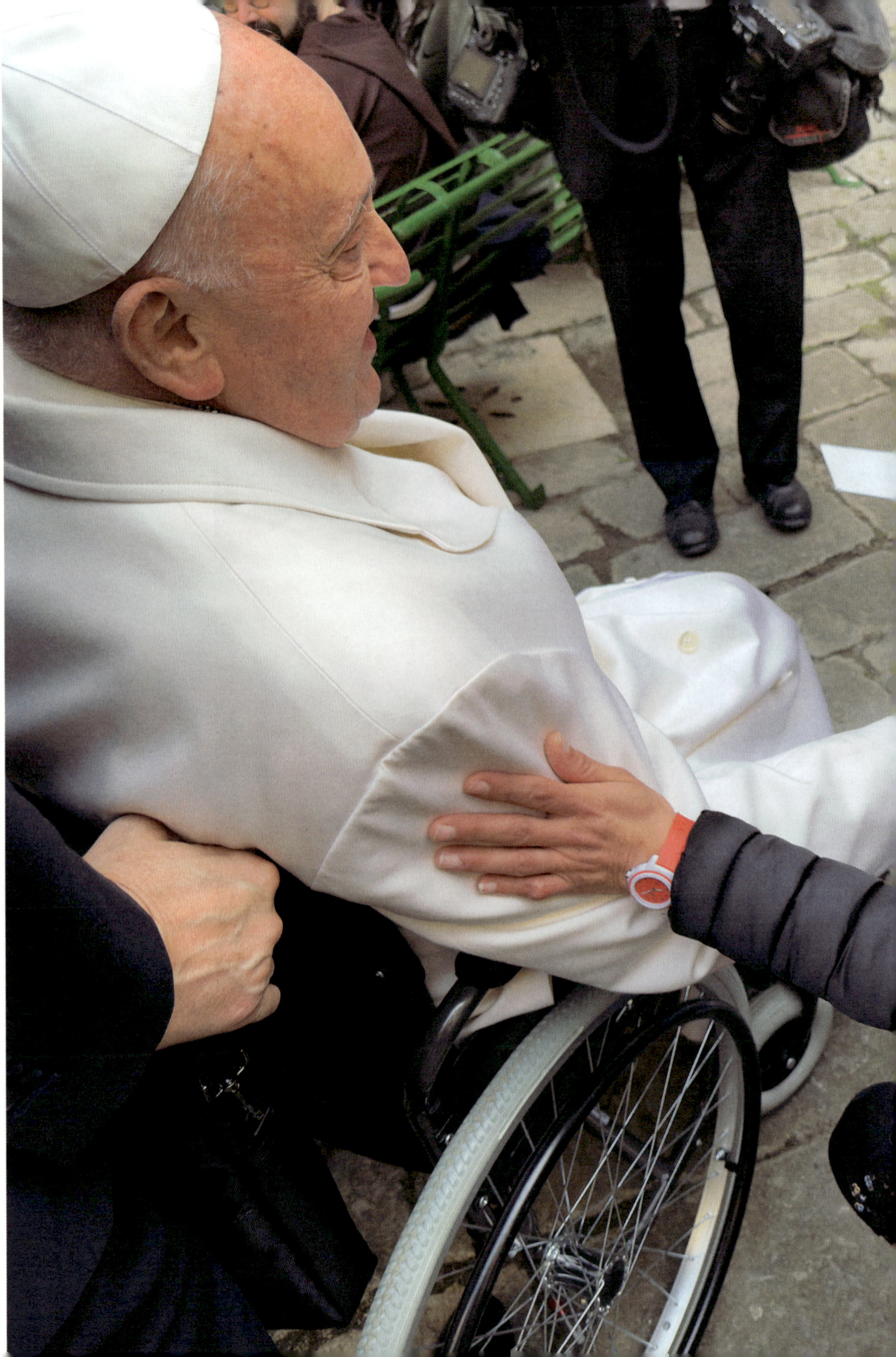

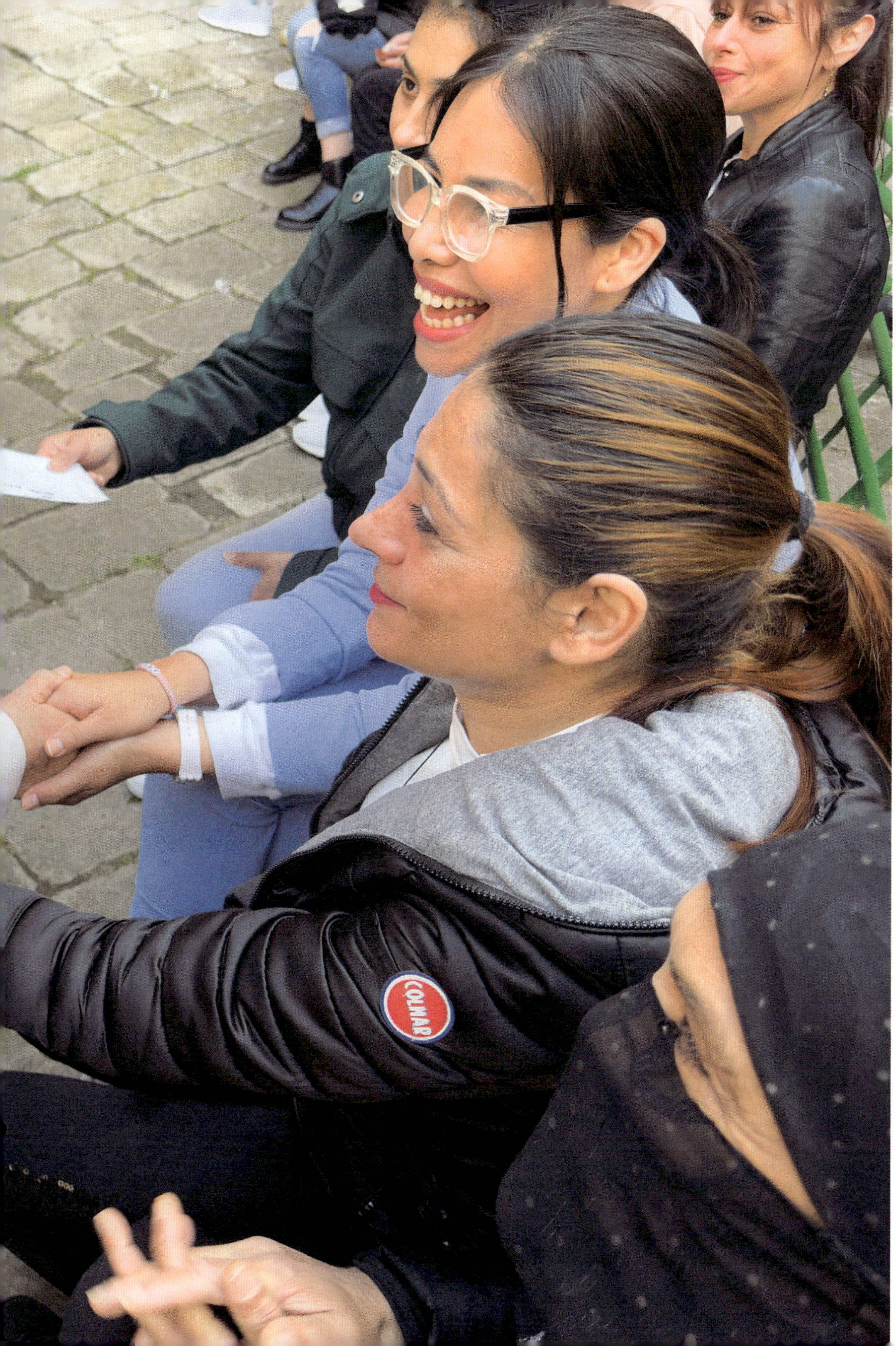
COLMAR

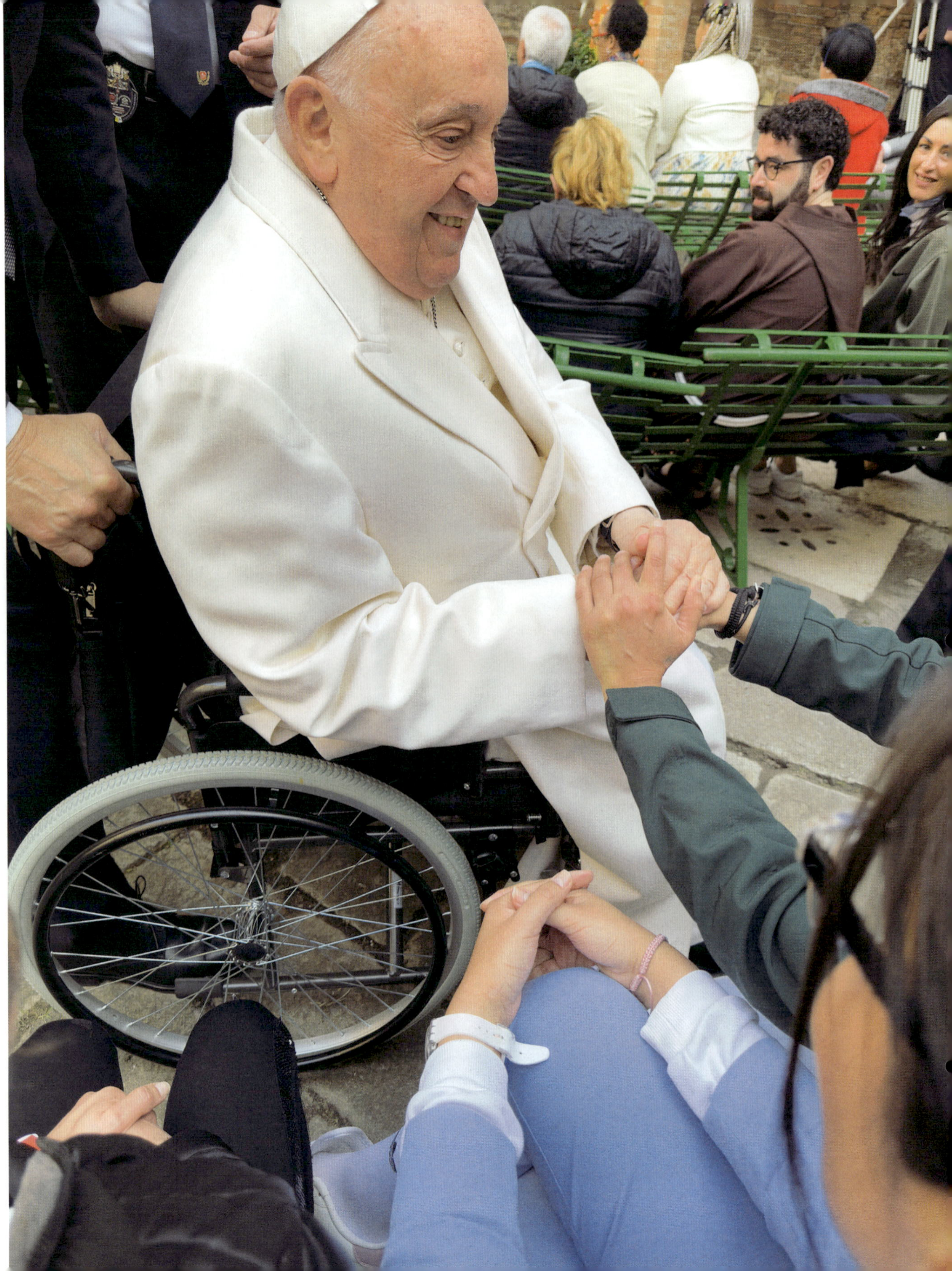

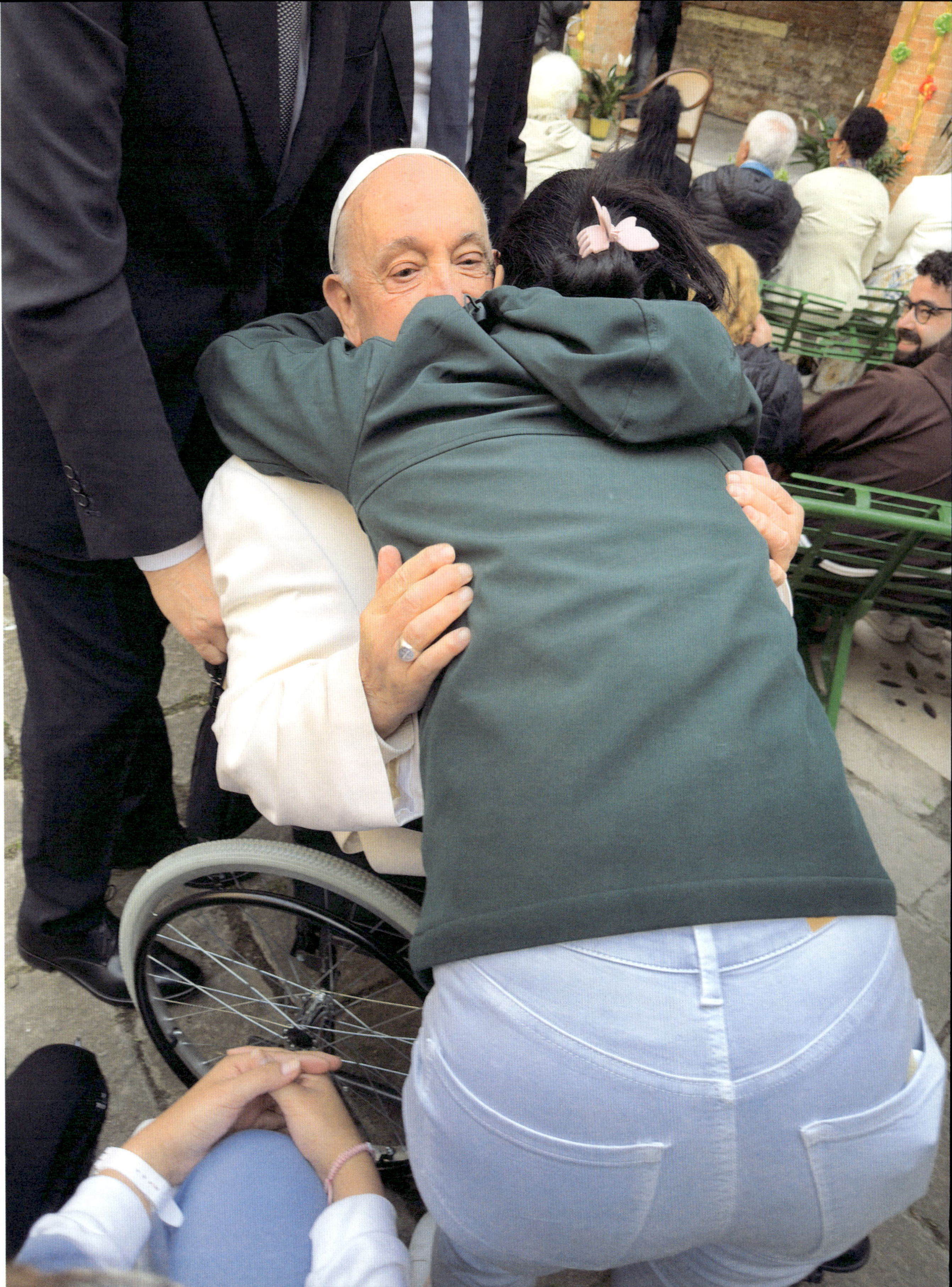

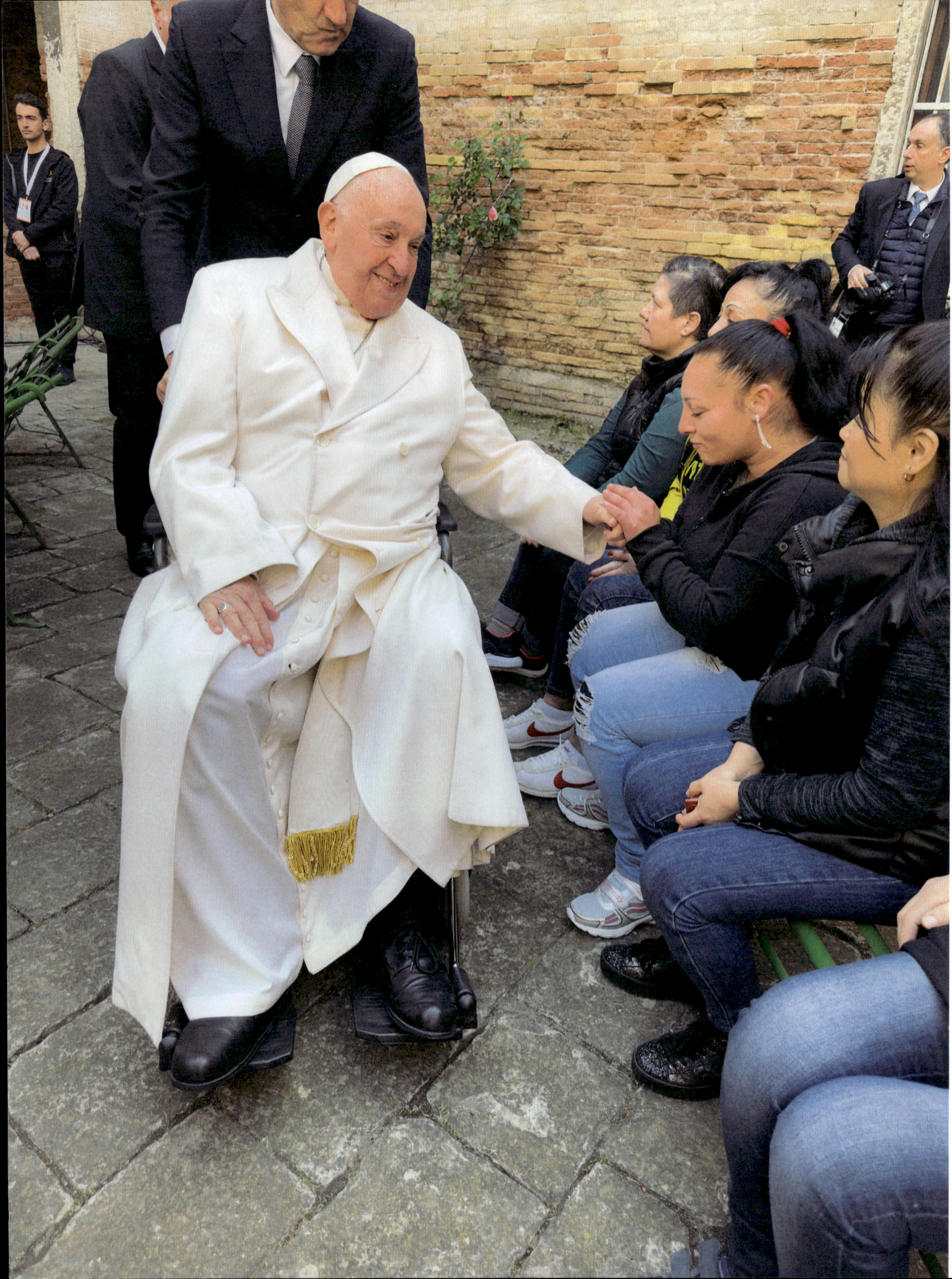

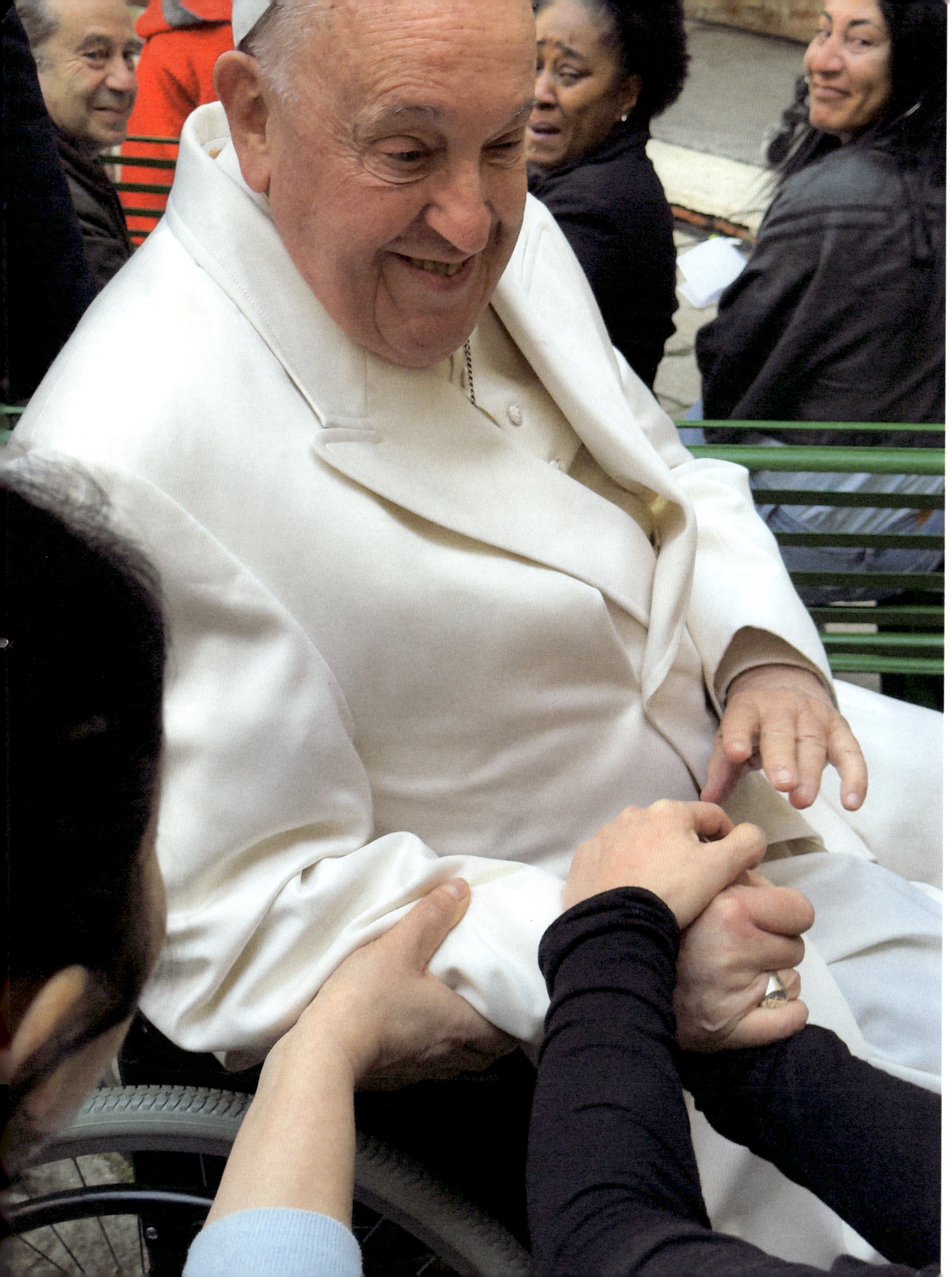

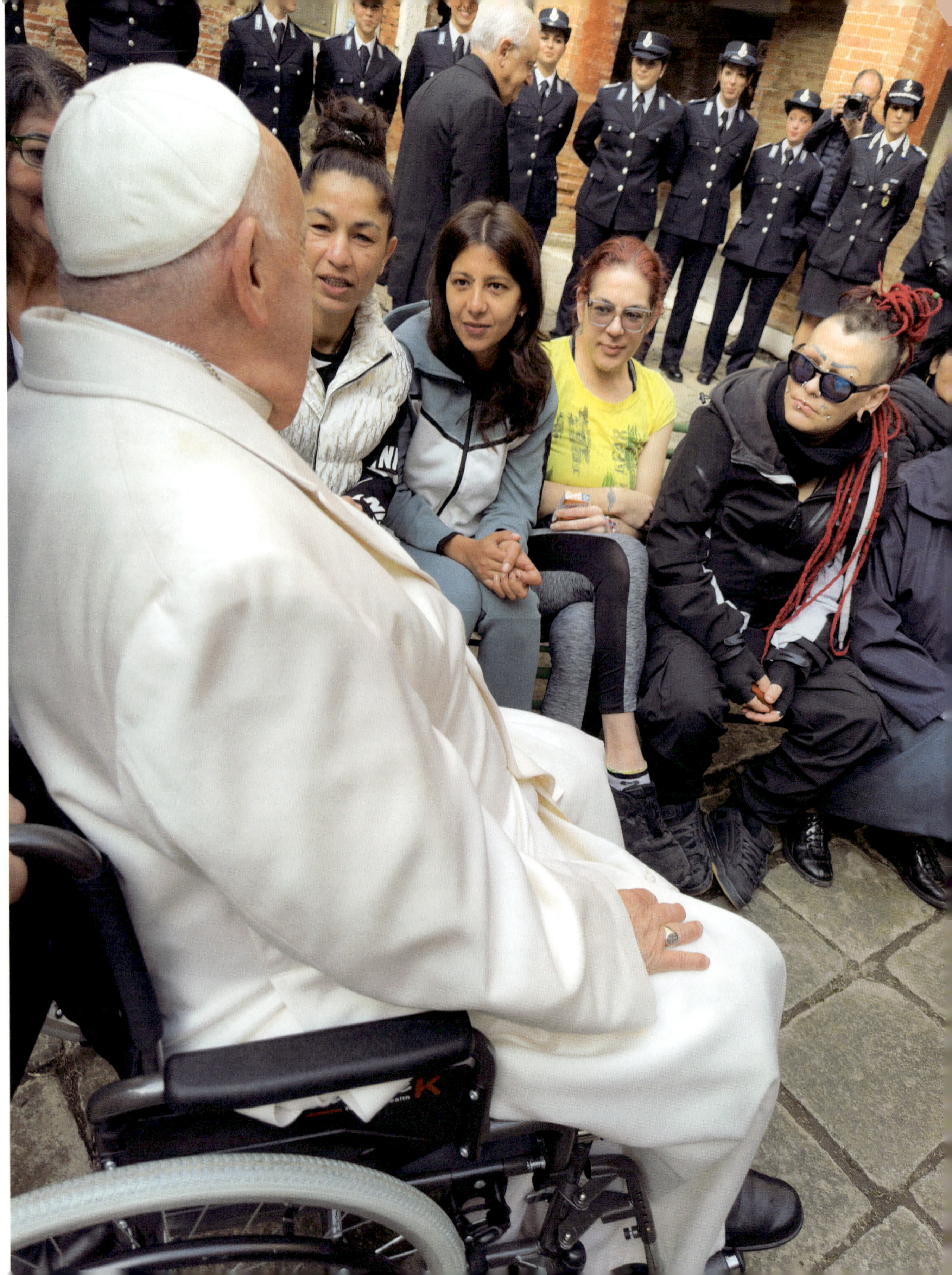

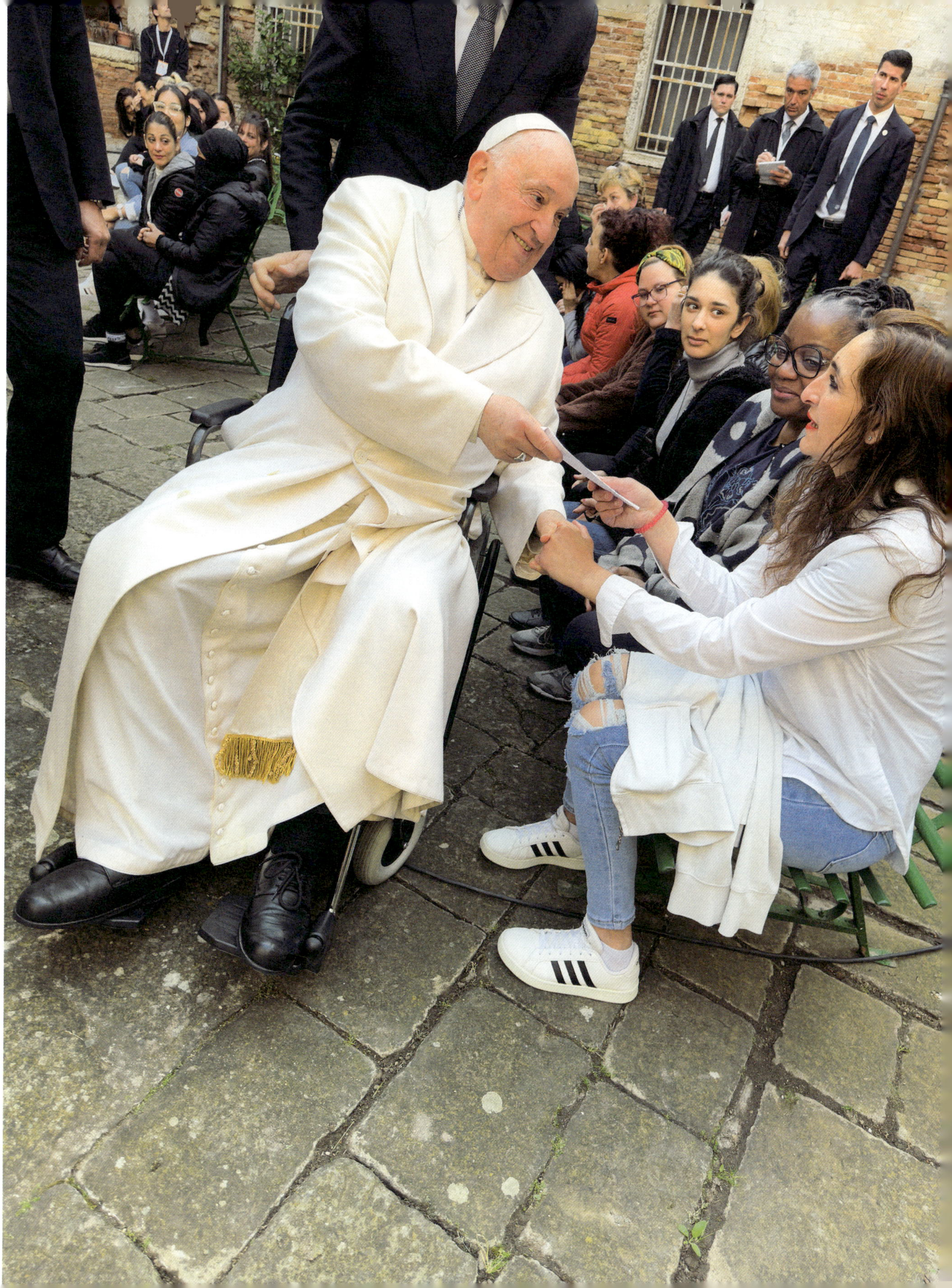

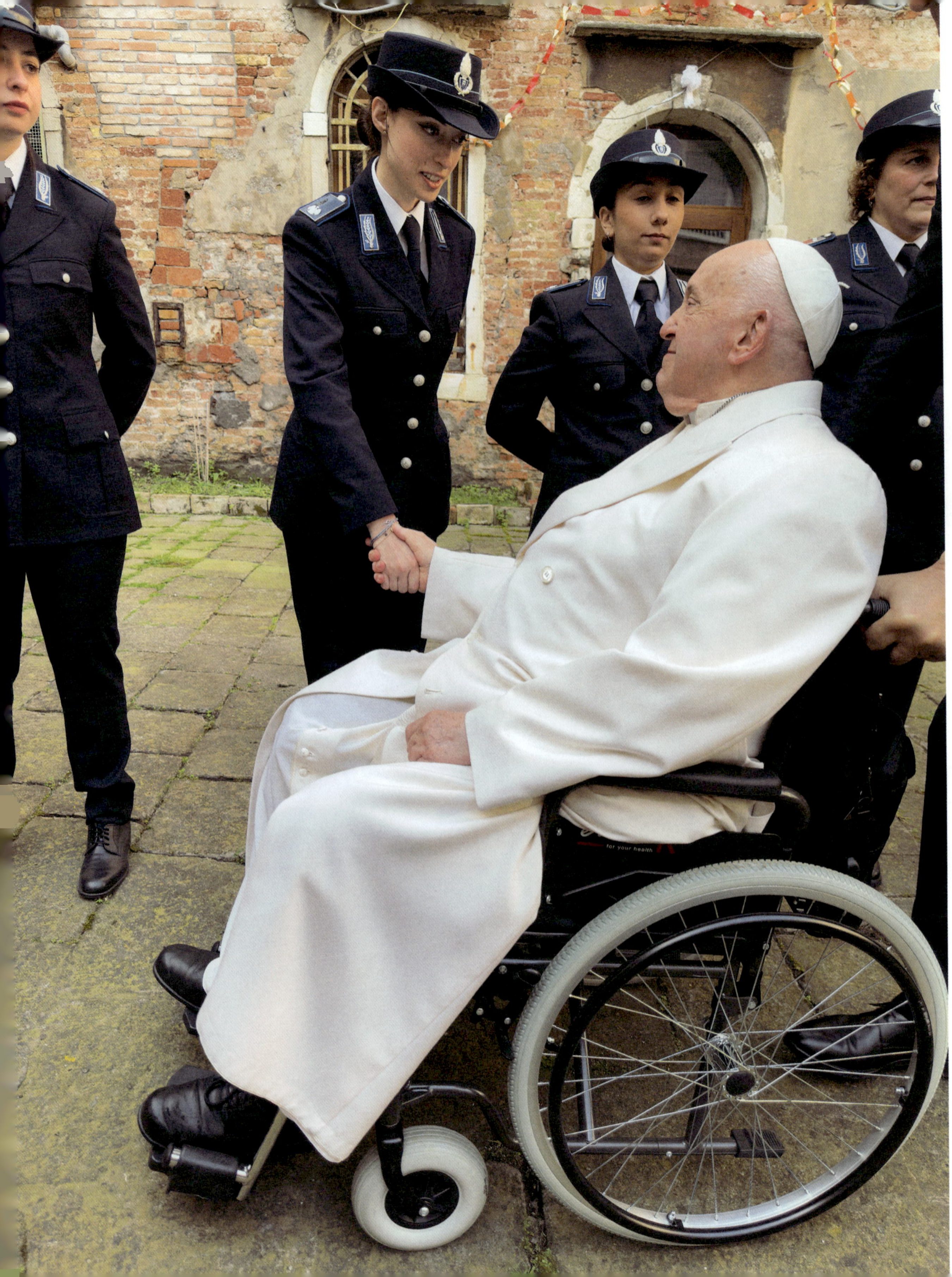
for your health

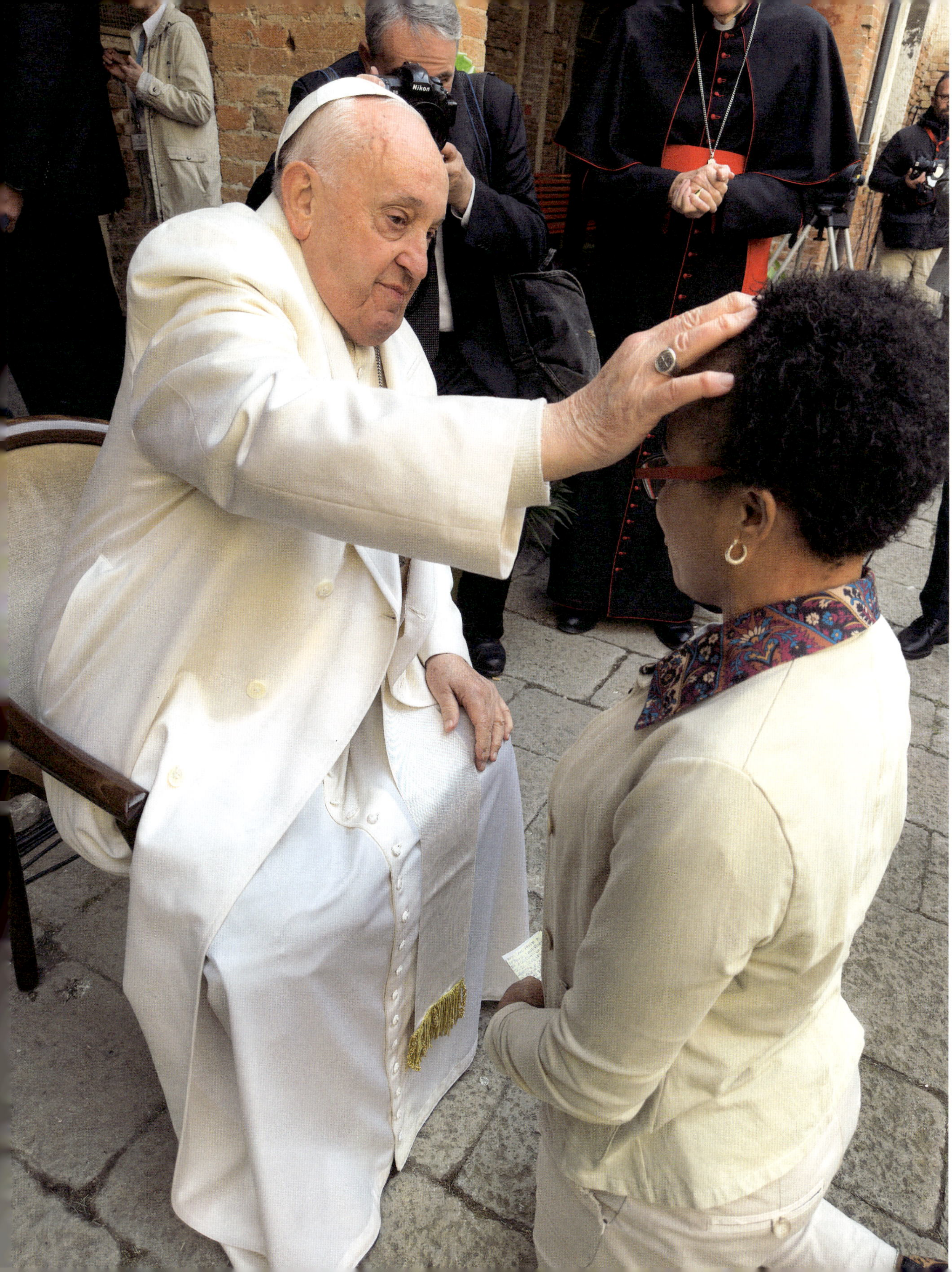

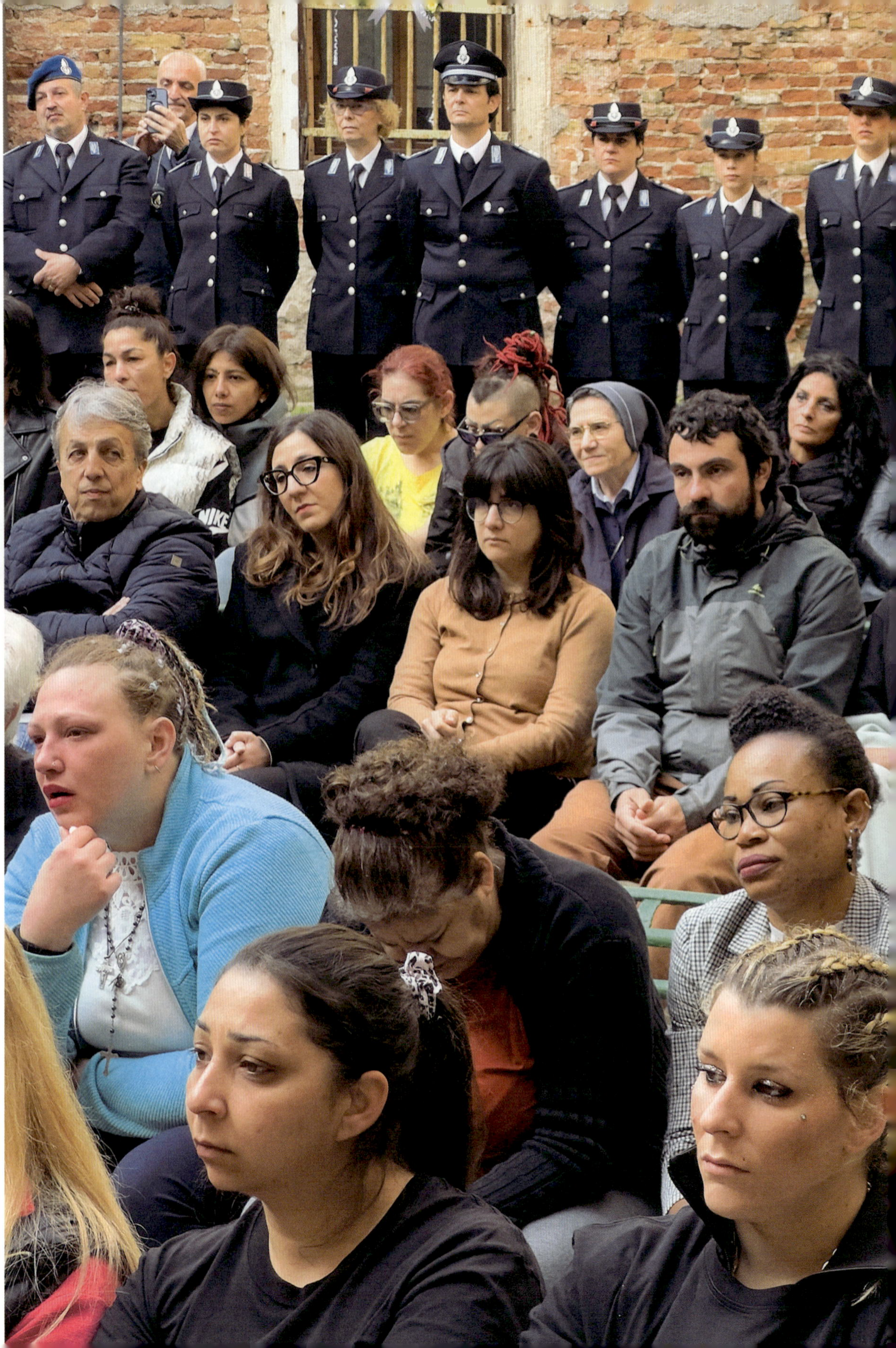

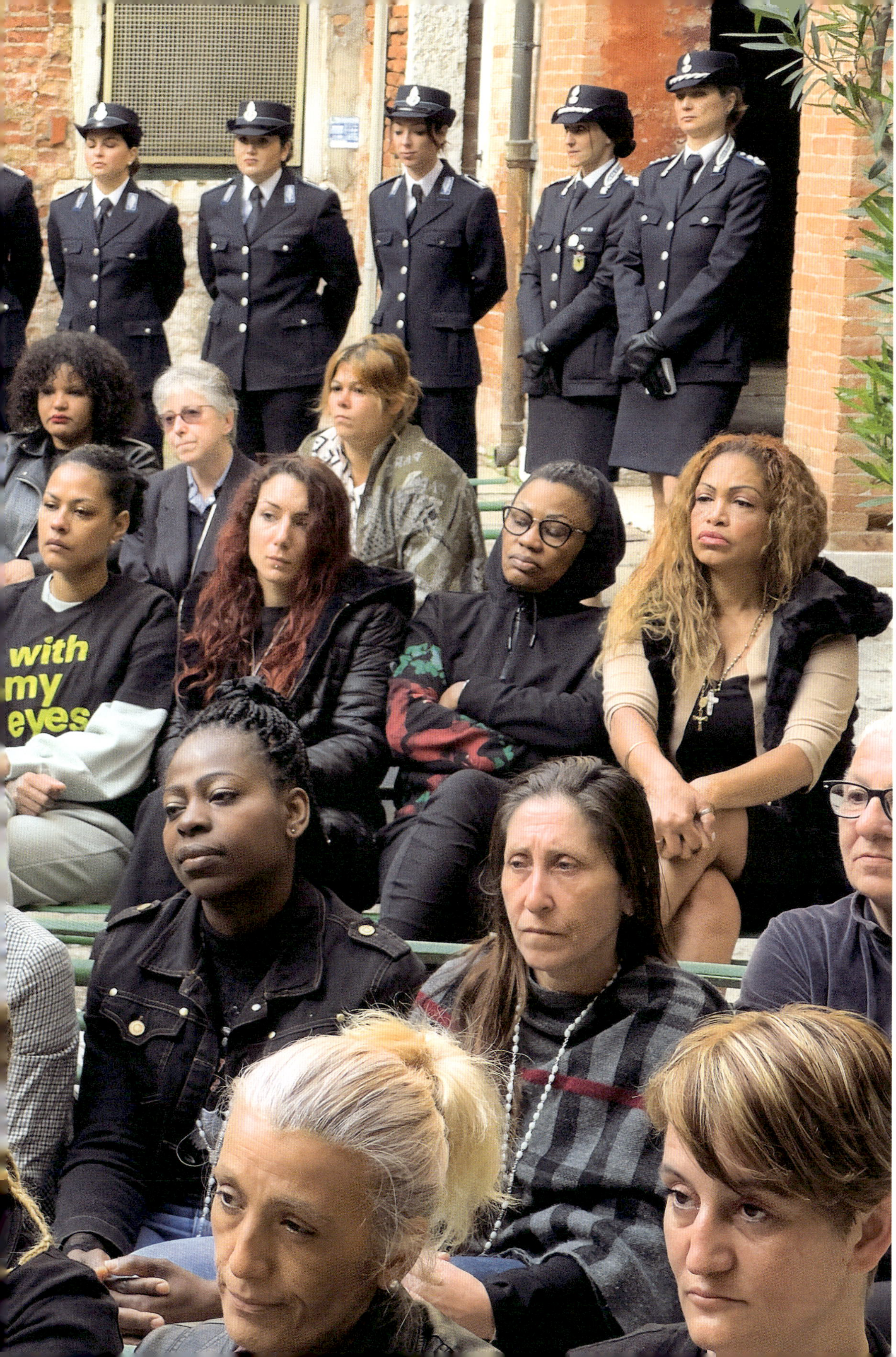
with
my
eyes

saluto al santo padre alla biennale d'arte

Beatissimo Padre
La Sua visita è la prima che un Papa dedica alla Biennale d'Arte, e come tale costituisce una tappa storica. Credo, tuttavia, che la vera portata storica della Sua scelta non sia determinata solo da questo fatto, ma dal desiderio che essa incarna di inaugurare una nuova era nei rapporti della Chiesa con il mondo delle arti. È vero, come ricordava San Paolo VI, alla fine del Concilio Vaticano II, che "da lungo tempo la Chiesa ha fatto alleanza con gli artisti", ma non dobbiamo dimenticare che nella storia del rapporto della Chiesa con le arti ci sono state anche ambiguità e dure tensioni, al punto che per decenni si è parlato di un persistente "divorzio", causato anche dalla difficoltà della Chiesa di comprendere e accettare l'autonomia dell'arte, che giustamente non accetta di fare da semplice cassa di risonanza. La sua visita, Santo Padre, rende evidente la volontà di mettere in atto uno stile nuovo, in cui le convergenze plurali siano intessute nella libertà e la porzione di cammino autentico che possiamo fare insieme sia più apprezzata. Questo padiglione ne è la testimonianza. Non abbiamo cercato gli artisti più comodi. Non abbiamo voluto costruire una trincea o isolarci in una visione. Al contrario, l'invito è che tutti vedano con i propri occhi. Naturalmente si tratta di un lavoro di squadra. A cominciare dalla comunità umana che abita e gestisce questo luogo, con la quale Vostra Santità ha appena avuto un incontro commovente. A tutti loro vogliamo attestare il nostro sentito ringraziamento, così come esso va alle alte autorità (del Ministero della Giustizia e della Biennale d'Arte) qui presenti. Esprimiamo poi la nostra gratitudine ai curatori del Padiglione della Santa Sede, Bruno Racine e Chiara Parisi, e agli artisti che hanno accettato questa sfida: Maurizio Cattelan, Claire Fontaine, Bintou Dembélé, Simone Fattal, Sonia Gomes, Corita Kent, Marco Perego & Zoe Saldana e Claire Tabouret. Gratitudine anche a tutta la squadra di produzione, nelle persone di Roberto Cremascoli, Flavia Chiavaroli e Cristiano Grisogoni. Al Comitato di Patrocinio, in particolare a Arnoldo Mosca Mondadori. Allo sponsor principale, Intesa Sanpaolo. E al Patriarcato di Venezia, nella persona del suo Patriarca, che oggi accoglie anche la Sua Visita Pastorale.
Grazie, Santo Padre.

Cardinale José Tolentino de Mendonça
Prefetto del Dicastero per la Cultura e l'Educazione
Commissario del Padiglione della Santa Sede

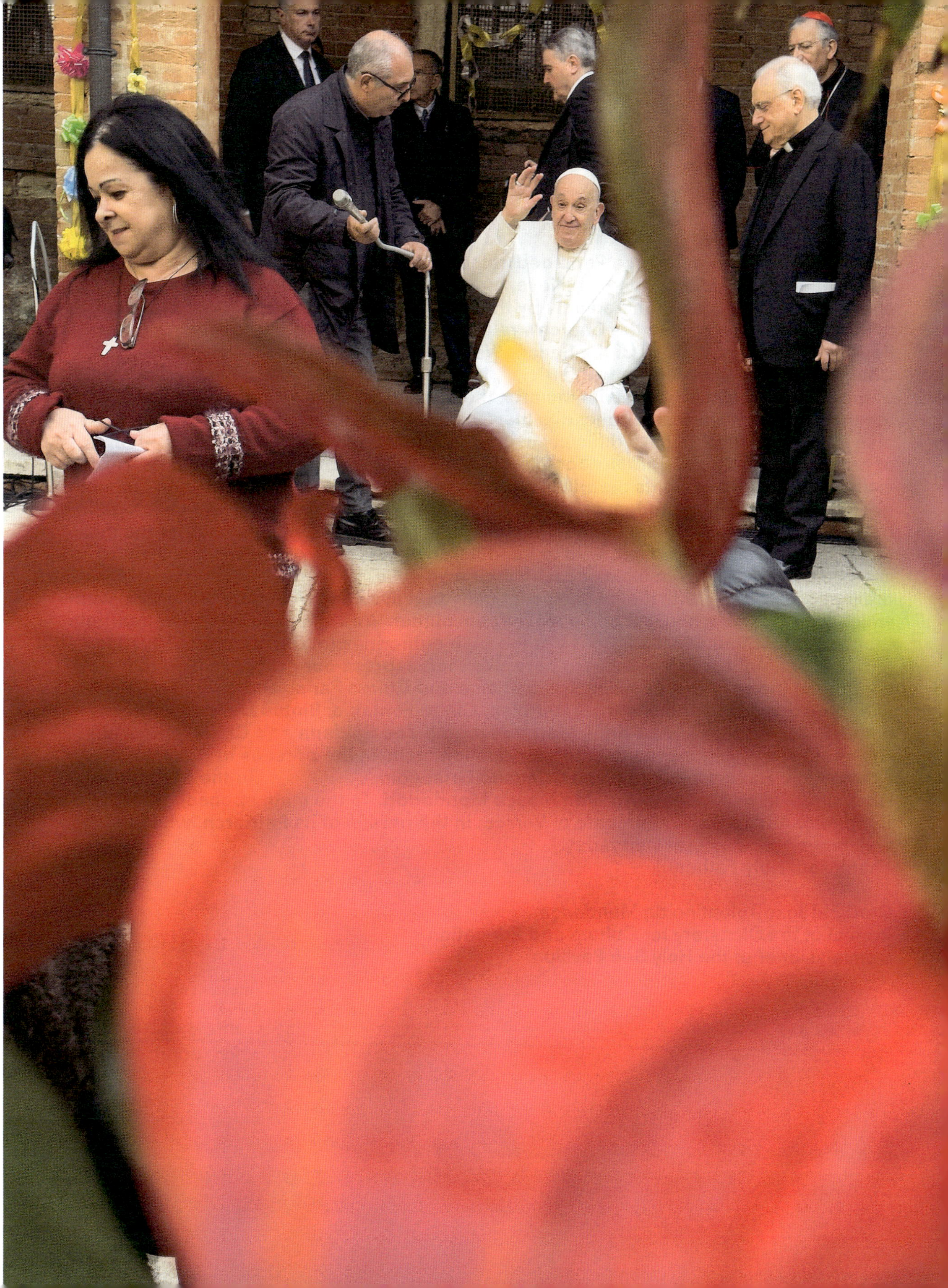

greeting to the holy father at the biennial art show

Most Blessed Father
Your visit is the first one that a Pope dedicates to the Biennial Art Show, and as such, it represents a historic milestone. I believe, however, that the actual historical significance of Your choice is not determined only by this fact but rather by the desire it embodies to inaugurate a new era in the Church's relations with the world of the arts. As Saint Paul VI recalled, at the end of the Second Vatican Council, that "for a long time the Church has made an alliance with artists", but we must not forget that in the history of the Church's relationships with the arts, there have also been ambiguities and harsh tensions, to the point that for decades there has been talked of a persistent "divorce", also caused by the Church's difficulty in understanding and accepting the autonomy of art, which rightly does not accept to act as a mere resonance box. Your visit, Holy Father, highlights the will to implement a new style, in which multiple convergences be woven into freedom and the stretch of genuine road that we can walk together be more appreciated. This pavilion is testimony to this. We did not look out for the most convenient artists. We did not want to build a trench or isolate ourselves in a vision. On the contrary, we invite all to see with their own eyes. Of course, this is a team effort. Starting with the human community that lives and manages this place, with which Your Holiness has just had a moving encounter. We want to express our heartfelt thanks to all of them, just as it goes to the high authorities (of the Ministry of Justice and the Biennial Art Show) present here. We then express our gratitude also to the curators of the Holy See Pavilion, Bruno Racine and Chiara Parisi, and to the artists who accepted this challenge: Maurizio Cattelan, Claire Fontaine, Bintou Dembélé, Simone Fattal, Sonia Gomes, Corita Kent, Marco Perego & Zoe Saldana and Claire Tabouret. Our gratitude also goes to the entire production team, in the persons of Roberto Cremascoli, Flavia Chiavaroli, and Cristiano Grisogoni. To the Patronage Committee, in particular to Arnoldo Mosca Mondadori. To the main sponsor, Intesa Sanpaolo. And to the Patriarchate of Venice, in the person of its Patriarch, who also welcomes Your Pastoral Visit today.
Thank you, Holy Father.

Cardinal José Tolentino de Mendonça
Prefect of the Dicastery for Culture and Education
Commissioner of the Holy See Pavilion

…il mio concetto di libertà
è quando non si è schiavo
di nessuno soprattutto di sé stessi,
le vere prigioni esistono dentro di noi,

e non sono le sbarre di un
carcere a incatenarci…

Anonima

incontro con gli artisti discorso del santo padre

Signor Cardinale, Eccellenze,
Signor Ministro,
Signor Presidente,
Illustri Curatori,
Care Artiste e cari Artisti!

Ho molto desiderato venire alla Biennale d'Arte di Venezia per contraccambiare una visita, com'è buona abitudine tra amici. Nel giugno scorso, infatti, ho avuto la gioia di accogliere un folto gruppo di artisti nella Cappella Sistina. Ora sono io a venire "a casa vostra" per incontrarvi personalmente, per sentirmi ancora più vicino a voi e, in questo modo, ringraziarvi di quello che siete e che fate. E nello stesso tempo da qui vorrei mandare a tutti questo messaggio: il mondo ha bisogno di artisti. Lo dimostra la moltitudine di persone di ogni età che frequentano luoghi ed eventi d'arte; mi piace ricordare tra questi le *Vatican Chapels*, primo Padiglione della Santa Sede realizzato sei anni fa sull'Isola di San Giorgio Maggiore, in collaborazione con la Fondazione Giorgio Cini, nell'ambito della Biennale di Architettura. Vi confesso che accanto a voi non mi sento un estraneo: mi sento a casa. E penso che in realtà questo valga per ogni essere umano, perché, a tutti gli effetti, l'arte riveste lo statuto di "città rifugio", un'entità che disobbedisce al regime di violenza e discriminazione per creare forme di appartenenza umana capaci di riconoscere, includere, proteggere, abbracciare tutti. Tutti, a cominciare dagli ultimi. Le città rifugio sono un'istituzione biblica, menzionata già nel *Codice deuteronomico* (cfr. *Dt* 4,41), destinata a prevenire lo spargimento di sangue innocente e a moderare il cieco desiderio di vendetta, per garantire la tutela dei diritti umani e cercare forme di riconciliazione. Sarebbe importante che le varie pratiche artistiche potessero costituirsi ovunque come una sorta di rete di città rifugio, collaborando per liberare il mondo da antinomie insensate e ormai svuotate, ma che cercano di prendere il sopravvento nel razzismo, nella xenofobia, nella disuguaglianza, nello squilibrio ecologico e dell'aporofobia, questo terribile neologismo che significa "fobia dei poveri". Dietro a queste antinomie c'è sempre il rifiuto dell'altro. C'è l'egoismo che ci fa funzionare come isole solitarie invece che come arcipelaghi collaborativi. Vi imploro, amici artisti, immaginate città che ancora non esistono sulla carta geografica: città in cui nessun essere umano è considerato un estraneo. È per questo che quando diciamo "stranieri ovunque", stiamo proponendo "fratelli ovunque". Il titolo del padiglione in cui ci troviamo è *Con i miei occhi*. Abbiamo tutti bisogno di essere guardati e osare di guardare noi stessi. In questo, Gesù è il Maestro perenne: Egli guarda tutti con l'intensità di un amore che non giudica, ma sa essere vicino e incoraggiare. E direi che l'arte ci educa a questo tipo di sguardo, non possessivo, non oggettivante, ma nemmeno indifferente, superficiale; ci educa a uno sguardo contemplativo. Gli artisti sono nel mondo, ma sono chiamati ad andare oltre. Per esempio, oggi più che mai è urgente che sappiano distinguere chiaramente l'arte dal mercato. Certo, il mercato promuove e canonizza, ma c'è sempre il rischio che "vampirizzi" la creatività, rubi l'innocenza e, infine, istruisca freddamente sul da farsi. Oggi abbiamo scelto di ritrovarci tutti insieme qui, nel carcere femminile della Giudecca. È vero che nessuno ha il monopolio del dolore umano. Ma ci sono una gioia e una sofferenza che si uniscono nel femminile in una forma unica e di cui dobbiamo metterci in ascolto, perché

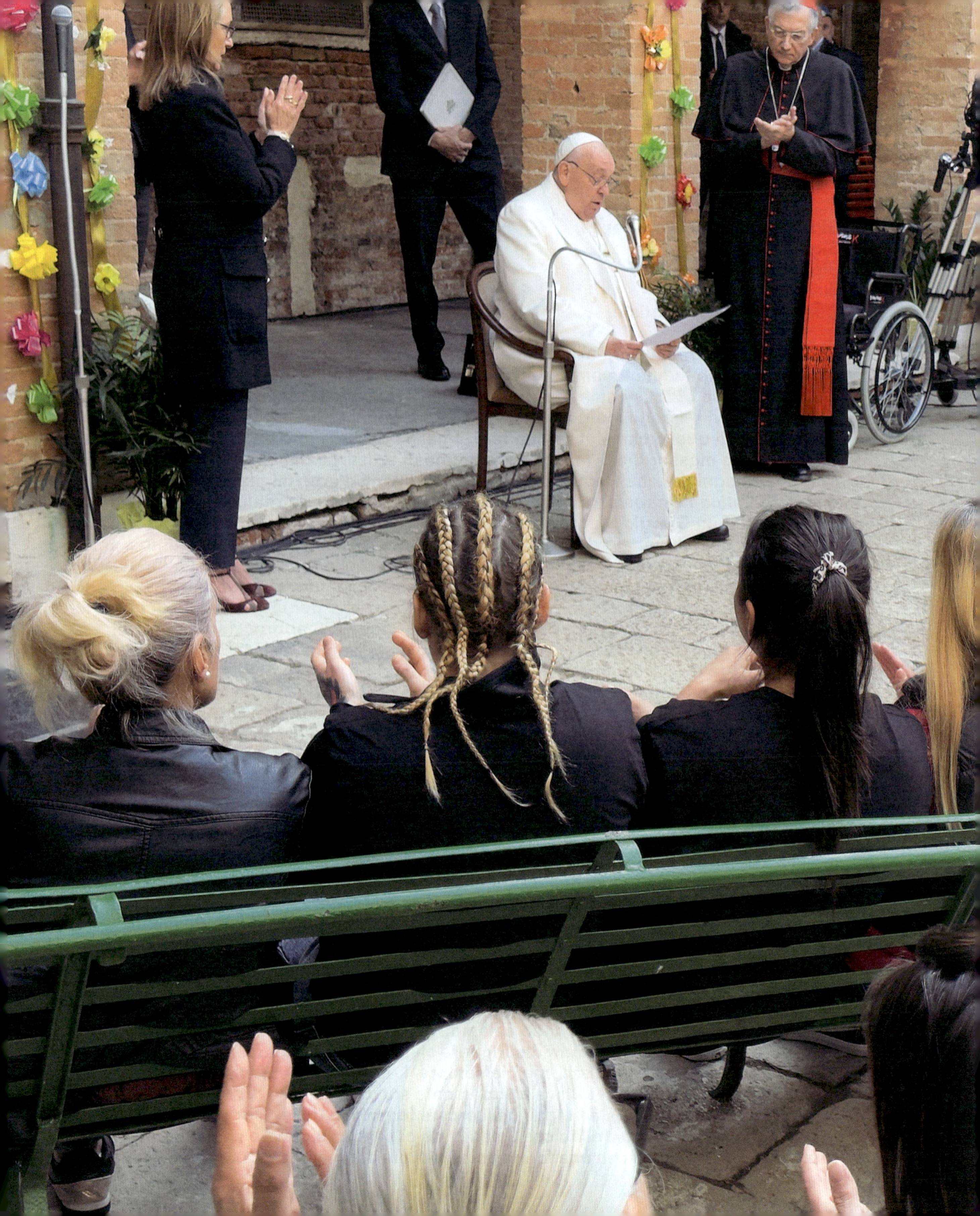

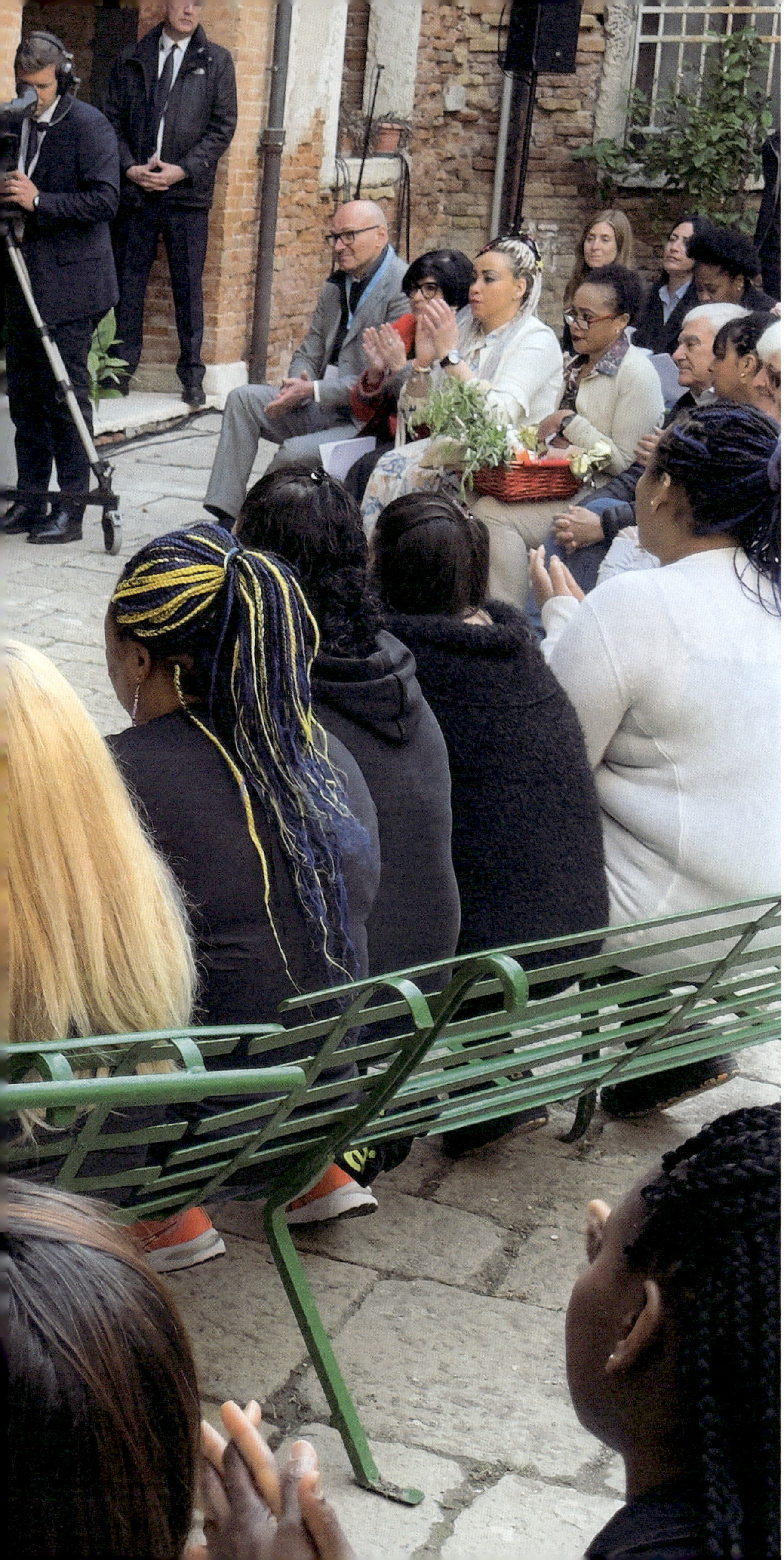

hanno qualcosa di importante da insegnarci. Penso ad artiste come Frida Kahlo, Corita Kent o Louise Bourgeois e tante altre. Mi auguro con tutto il cuore che l'arte contemporanea possa aprire il nostro sguardo, aiutandoci a valorizzare adeguatamente il contributo delle donne, come coprotagoniste dell'avventura umana. Care Artiste e cari Artisti, ricordo l'interrogativo indirizzato da Gesù alle folle, a proposito di Giovanni il Battista: "Che cosa siete andati a vedere nel deserto? Una canna sbattuta dal vento? Allora, che cosa siete andati a vedere?" (*Mt* 11,7-8). Conserviamo questa domanda nel cuore, nel nostro cuore. Essa ci spinge verso il futuro. Grazie! Vi porto nella preghiera. E per favore, pregate per me. Grazie.

Papa Francesco

Visita del Santo Padre Francesco a Venezia
Chiesa della Maddalena (Isola della Giudecca)
V Domenica del Tempo di Pasqua, 28 aprile 2024

meeting with artists address of his holiness

Mr. Cardinal, Your Excellencies,
Mr. Minister,
Mr. President,
Distinguished Curators,
Dear Artists!

I very much wanted to come to the Venice Biennial Art Show to return a visit, as is a good habit among friends. Last June, I had the joy of welcoming many artists to the Sistine Chapel. Now, I am the one to come "to your home" to meet you personally, feel even closer to you, and, in this way, thank you for what you are and do. And at the same time, from here, I would like to send everyone this message: the world needs artists. This is demonstrated by the multitude of people of all ages who attend art venues and events; I like to remember among them the *Vatican Chapels*, the first pavilion of the Holy See built six years ago on the Island of San Giorgio Maggiore, in collaboration with the Fondazione Giorgio Cini, in the framework of the Venice Biennale of Architecture. I confess that I do not feel like a stranger next to you: I feel at home. And I think that, in reality, this applies to every human being because, to all intents and purposes, art takes on the status of a "city of refuge," an entity that disobeys the regime of violence and discrimination to create forms of human belonging capable of recognising, including, protecting, and embracing everyone. Everyone, starting from the last. Cities of refuge are a biblical institution, already mentioned in the *Deuteronomic code* (cf. *Dt* 4:41), devoted to preventing the shedding of innocent blood, tempering the blind desire for revenge, guaranteeing the protection of human rights and seeking forms of reconciliation. It would be essential if the different artistic practices could constitute themselves everywhere as a sort of network of cities of refuge, co-

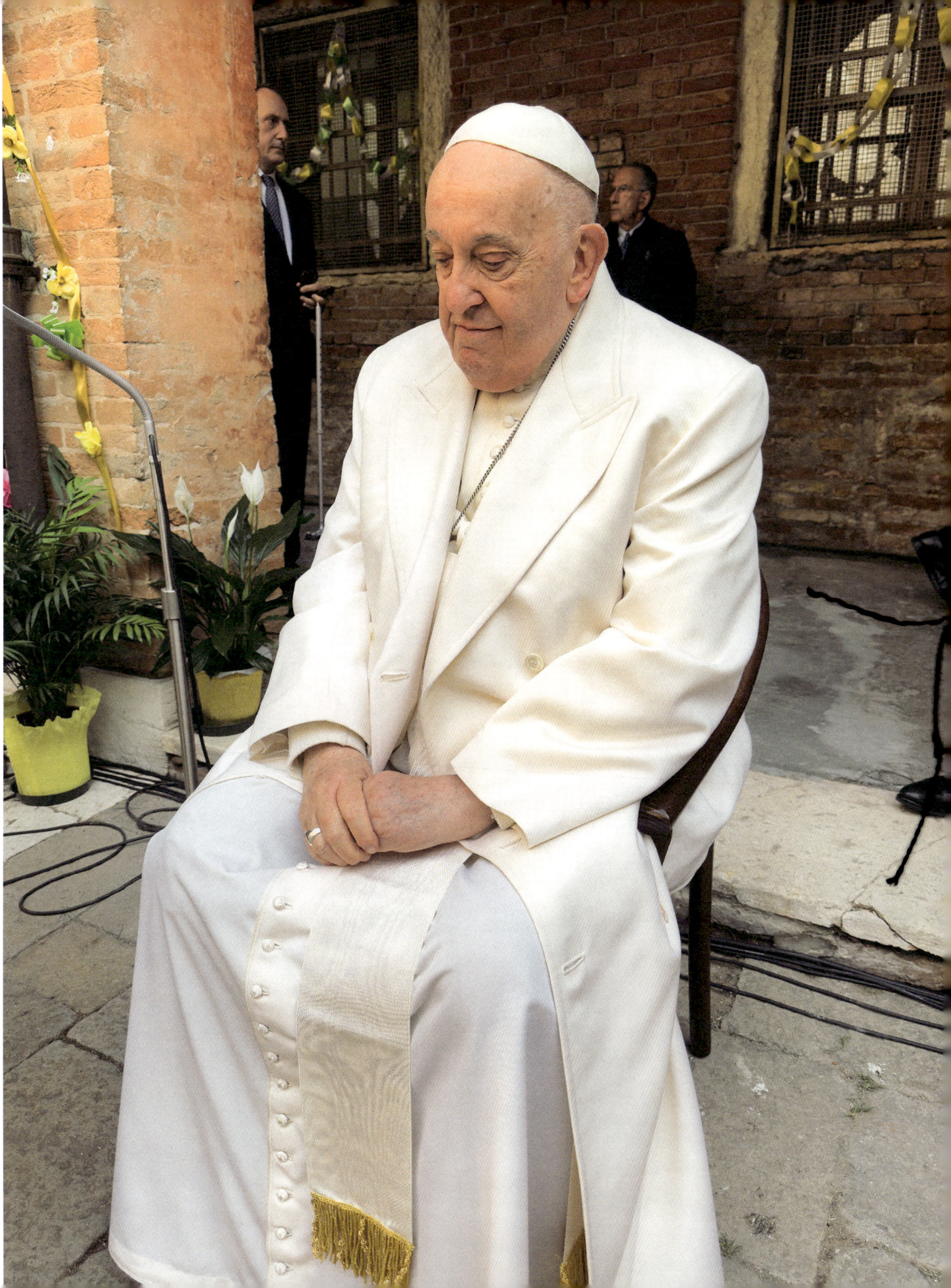

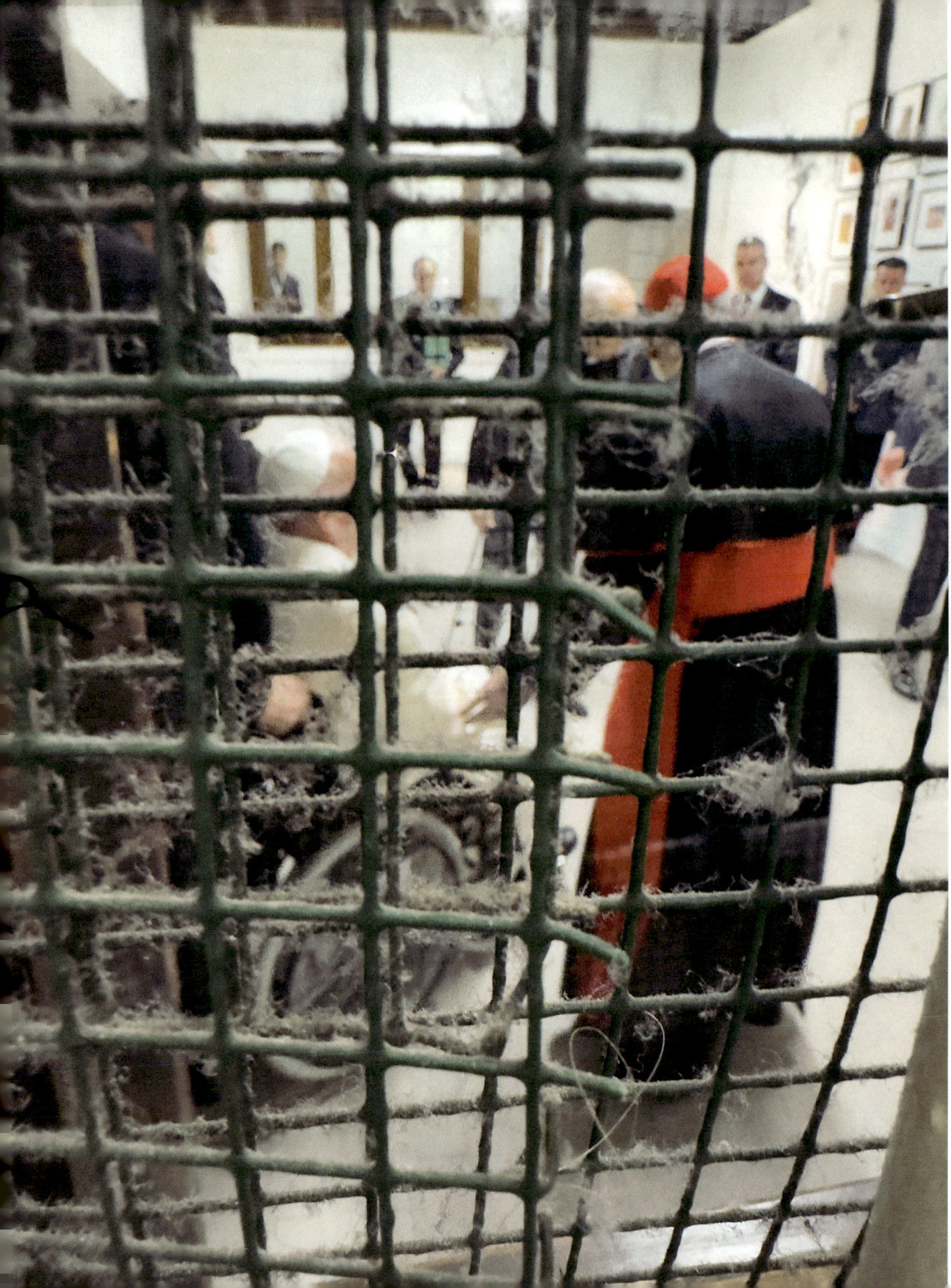

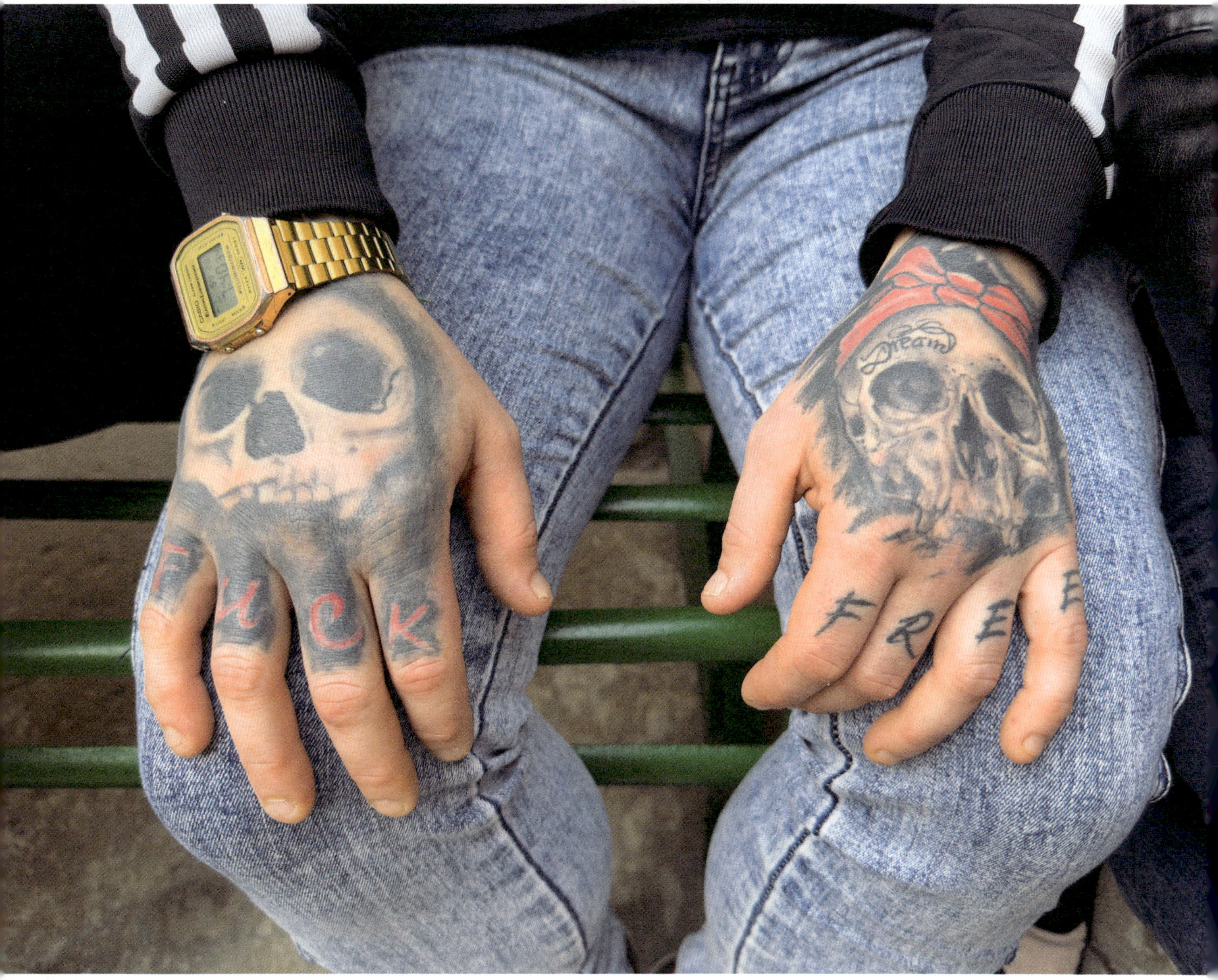
FUCK
Dream
FREE

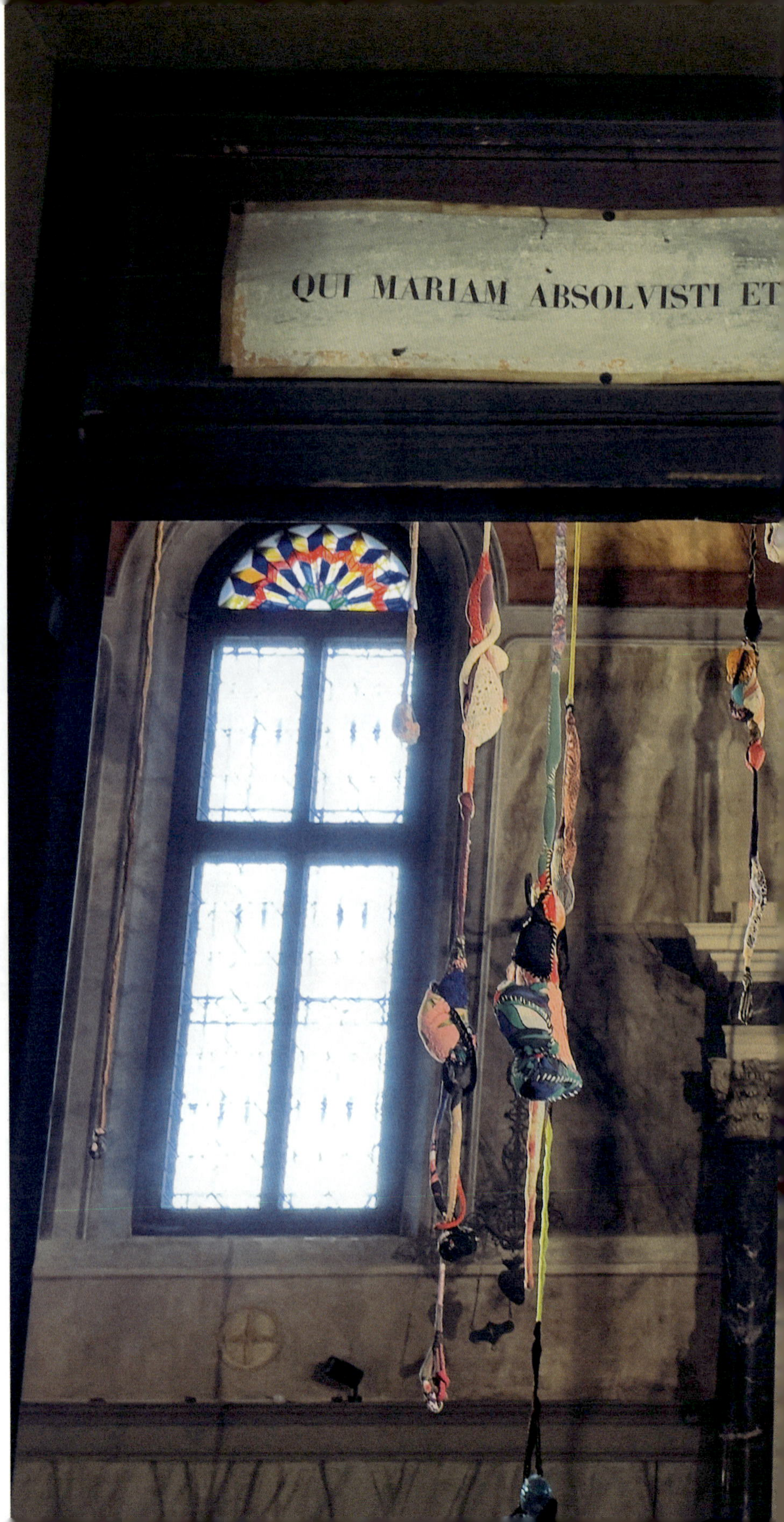
QUI MARIAM ABSOLVISTI ET

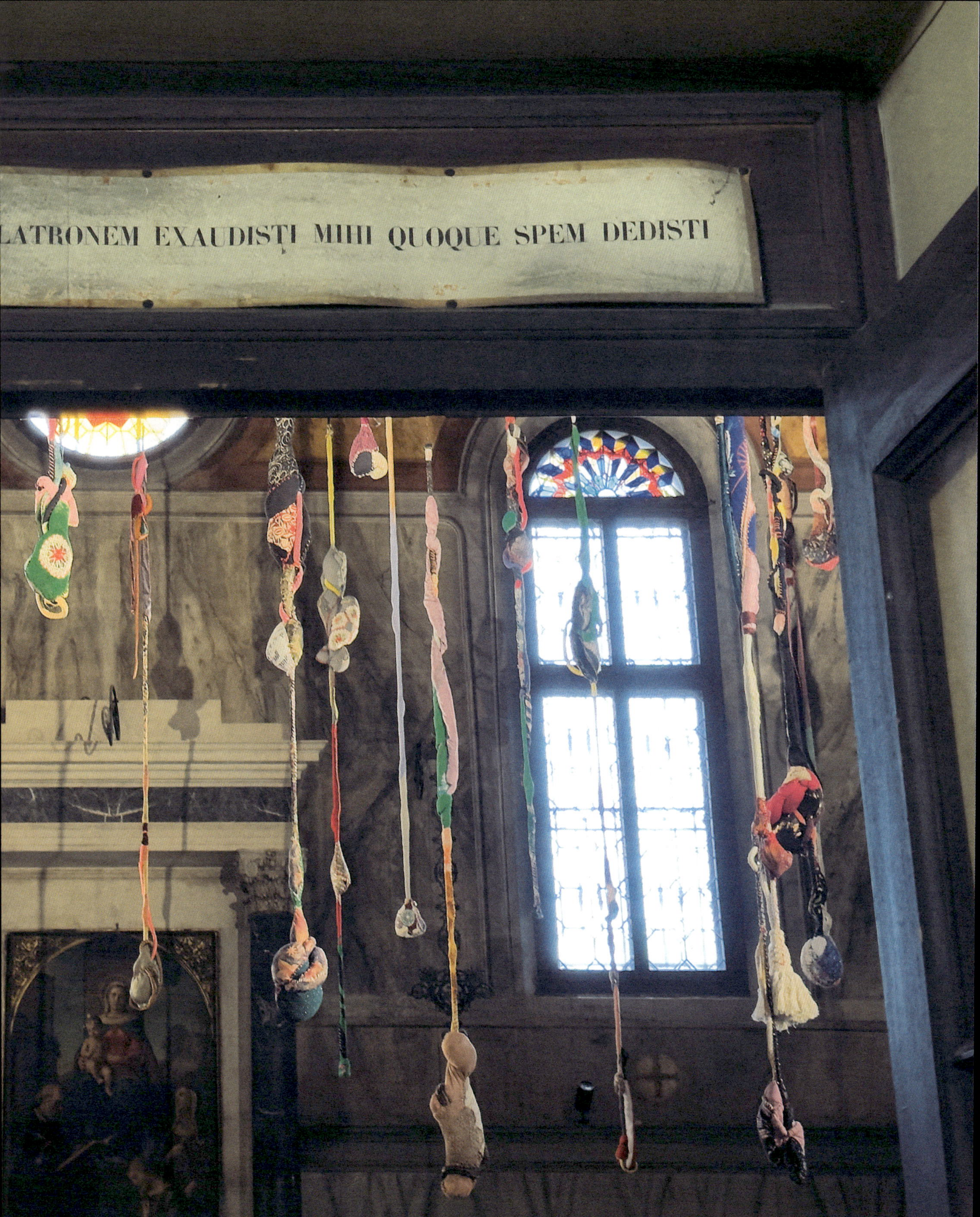
LATRONEM EXAUDISTI MIHI QUOQUE SPEM DEDISTI

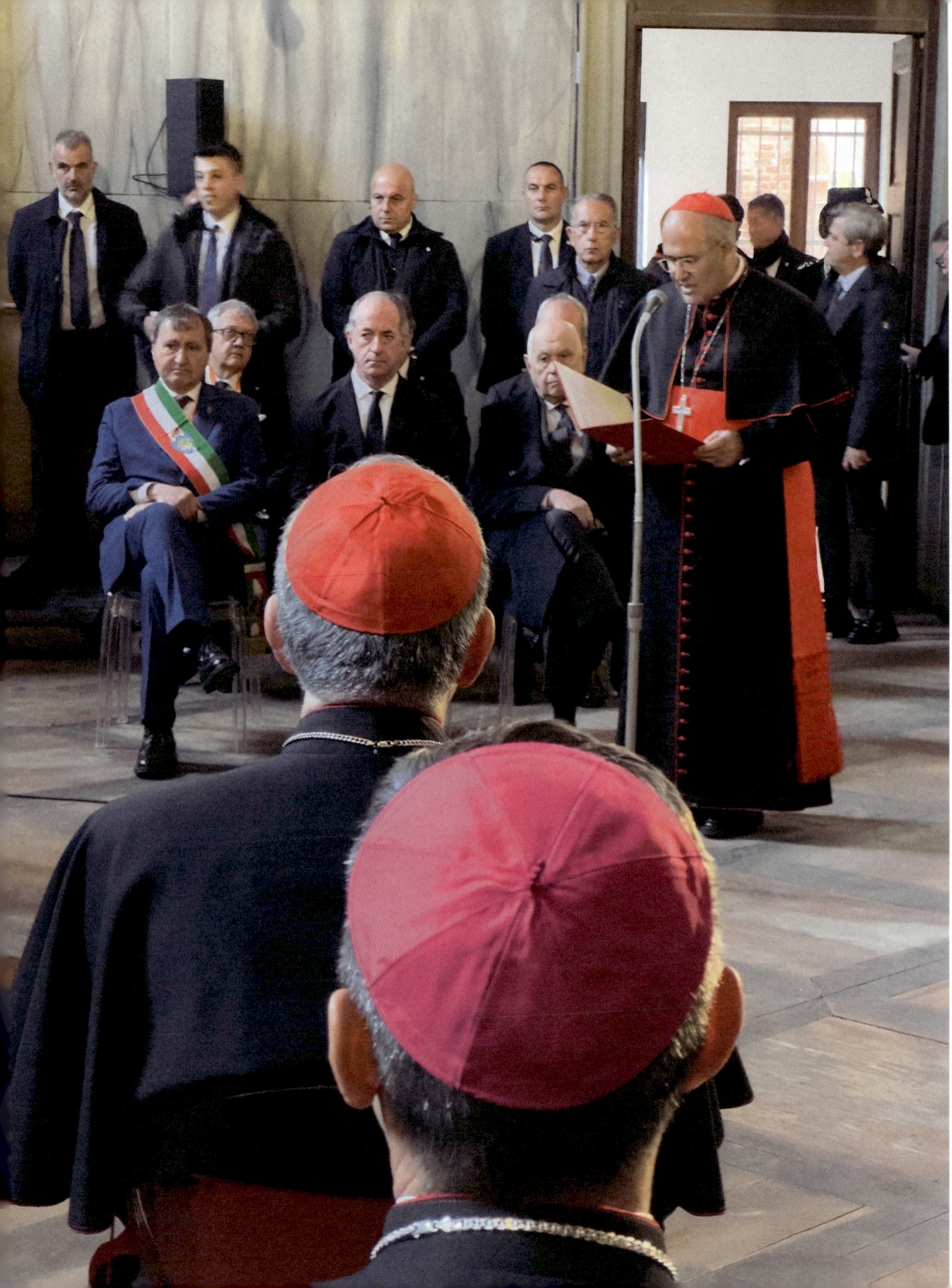

operating to free the world from senseless and by now empty antinomies but that seek to gain the upper hand in racism, xenophobia, inequality, ecological imbalance, and aporophobia, that terrible neologism that means "hostility to the poor". Behind these antinomies, there is always a rejection of the other. There is selfishness that makes us behave like lonely islands rather than co-operative archipelagos. I implore you, artist friends, to imagine cities that do not yet exist on the maps: cities where no human being is considered a stranger. This is why, when we say "foreigners everywhere", we propose "brothers everywhere". The title of the pavilion we are in is *With my Eyes*. We all need to be looked at and dare look at ourselves. In this, Jesus is the perennial Master: He looks at everyone with the intensity of a love that does not judge but knows how to be close and encourage. And I would say that art educates us to this type of gaze, not possessive, not reifying, yet not indifferent nor superficial; it educates us to a contemplative gaze. Artists are in the world but are called to go beyond it. For example, it is more urgent now than ever to know how to distinguish between art and the market clearly. Indeed, the market promotes and canonizes, but there is always the risk that it "vampirizes" creativity, steals innocence, and, finally, coldly directs what to do. Today we have chosen to meet all together here, in the Giudecca women's prison. No one indeed has a monopoly on human pain. But there are joy and suffering that unite in the feminine in a unique form, which we must listen to because they have something important to teach us. I am thinking of artists such as Frida Kahlo, Corita Kent, Louise Bourgeois, and many others. I hope with all my heart that contemporary art can open our gaze, helping us to adequately highlight women's contribution as co-protagonists of the human adventure. Dear artists, I remember the question Jesus addressed to the crowds about John the Baptist: "What did you go out into the desert to see? A blade of grass bending the wind? Why then did you go out?" (*Mt* 11:7-8). Let us keep this question in our hearts, in our hearts. It impels us towards the future. Thank you! I bring you in the prayer. And please, pray for me. Thank you.

Pope Francis

Visit of His Holiness Pope Francis to Venice
Church of Maddalena (Giudecca Island)
Fifth Sunday of Easter, 28th April 2024

Spesso penso alla mia famiglia tra
l'odore di limone e il profumo di vaniglia,

immagino quei momenti felici con i miei figli
ed i miei amici.

Ricordo la spensieratezza di quei giorni

lasciati della mia giovinezza,

sento l'emozione nel mio cuore di quando

ero con il mio primo amore.

Ascolto il casino che mi affonda,

prego Dio di lasciarmi tornare tra le braccia di mia madre,
sogno la libertà a occhi aperti,

perché se li chiudo
vedo solo serpi, ora capisco l'importanza
e la meraviglia di questa parola
che si chiama famiglia.

31/1/2024 Jenesi

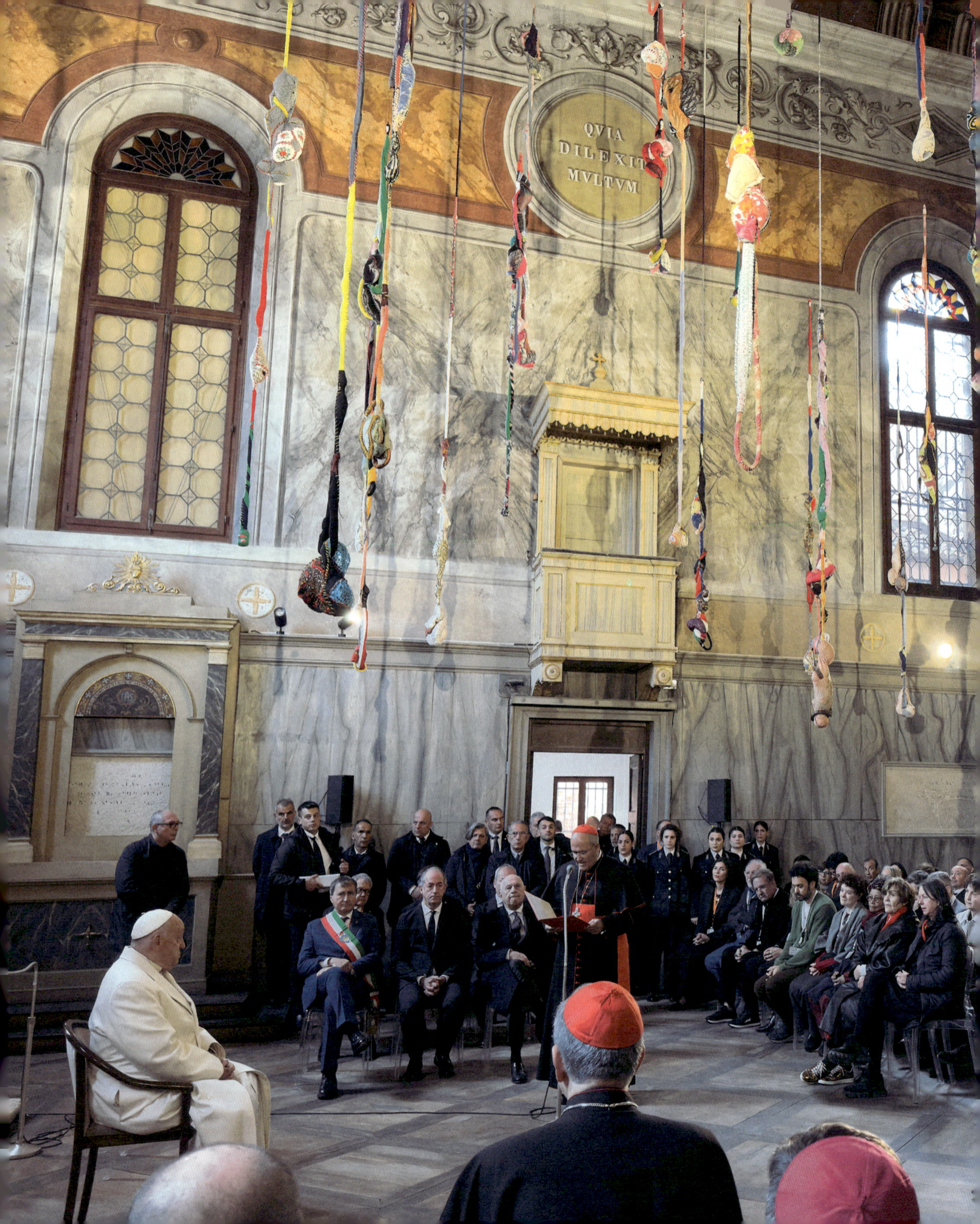
QVIA
DILEXIT
MVLTVM

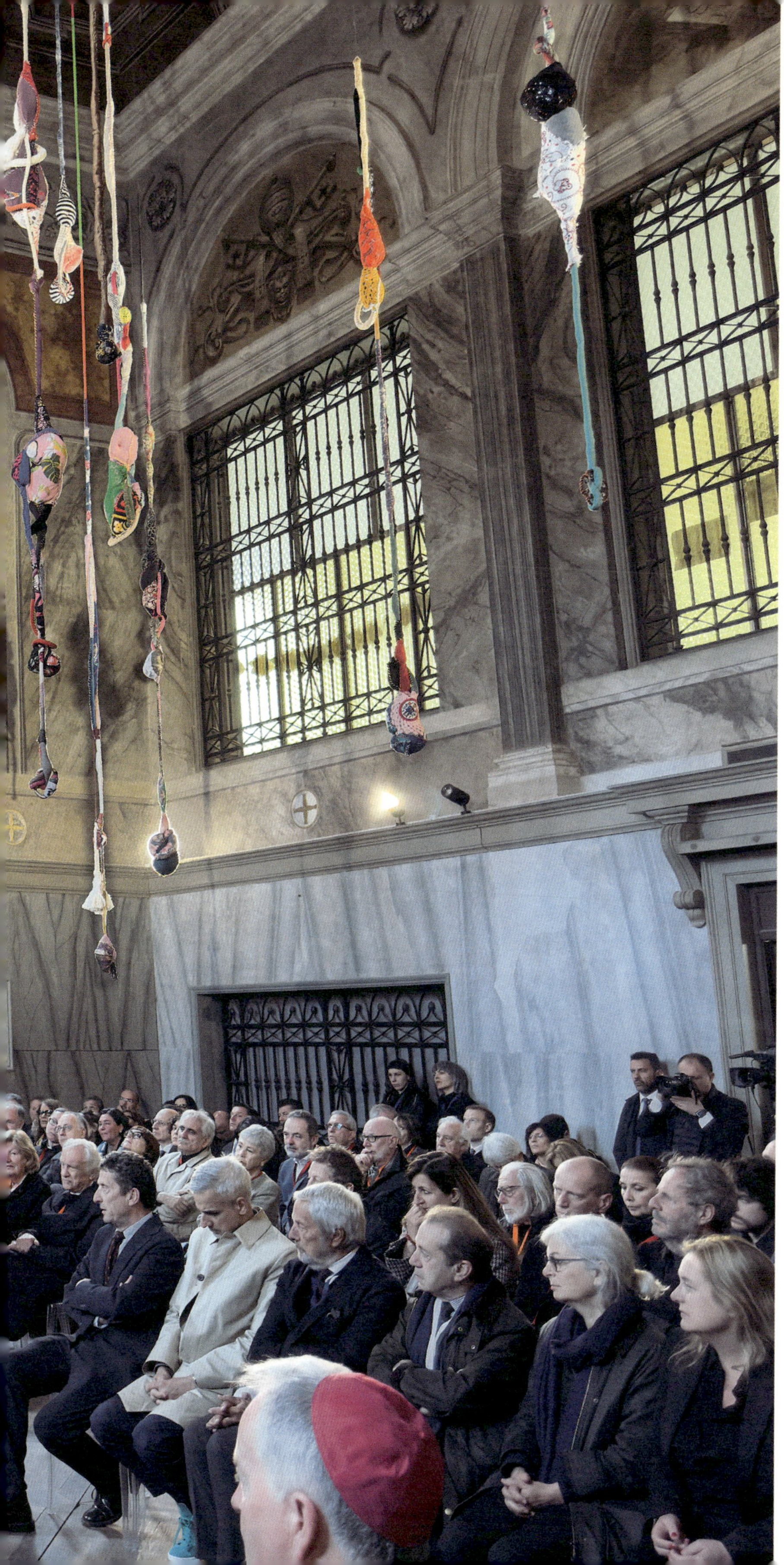

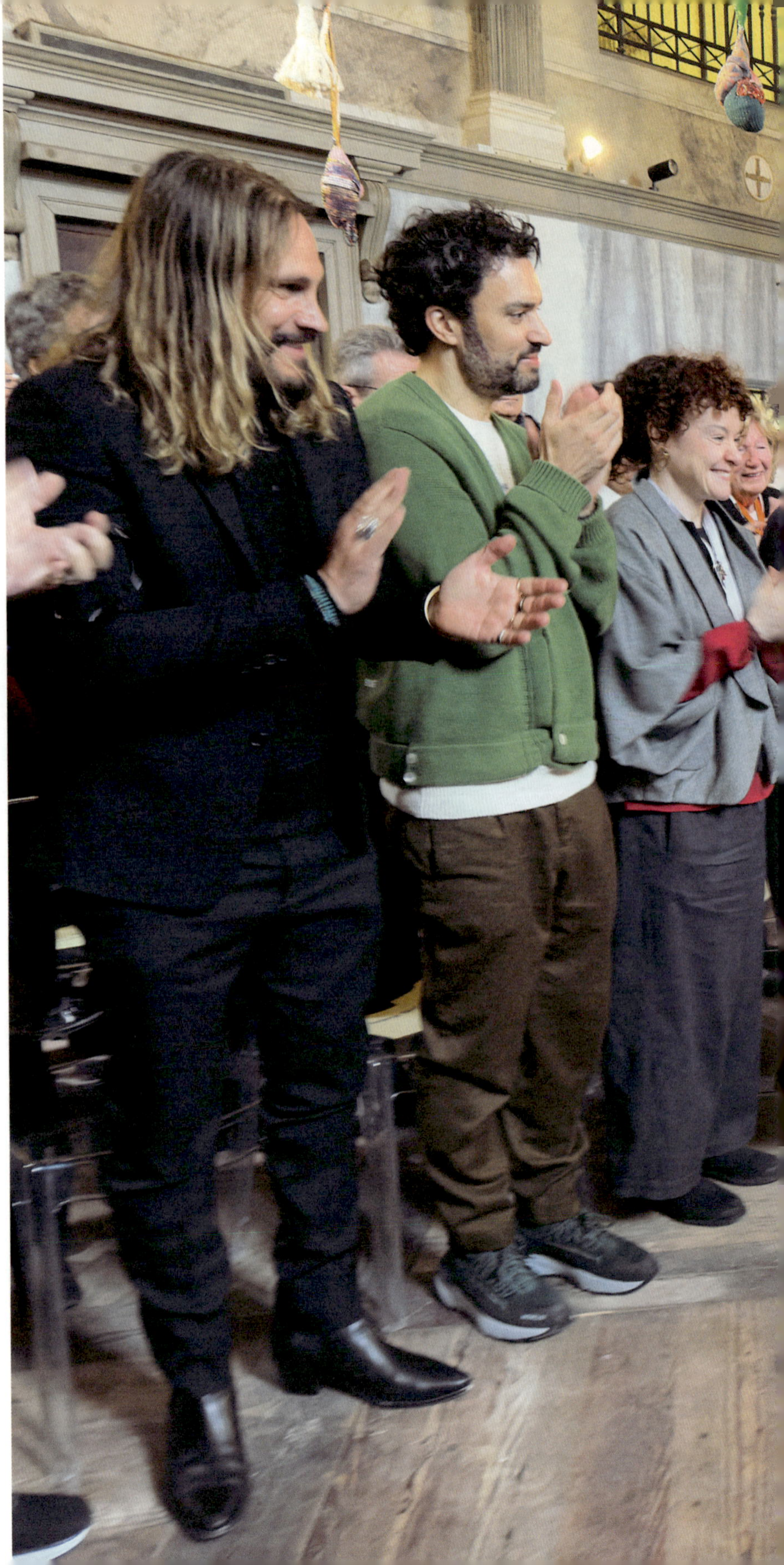

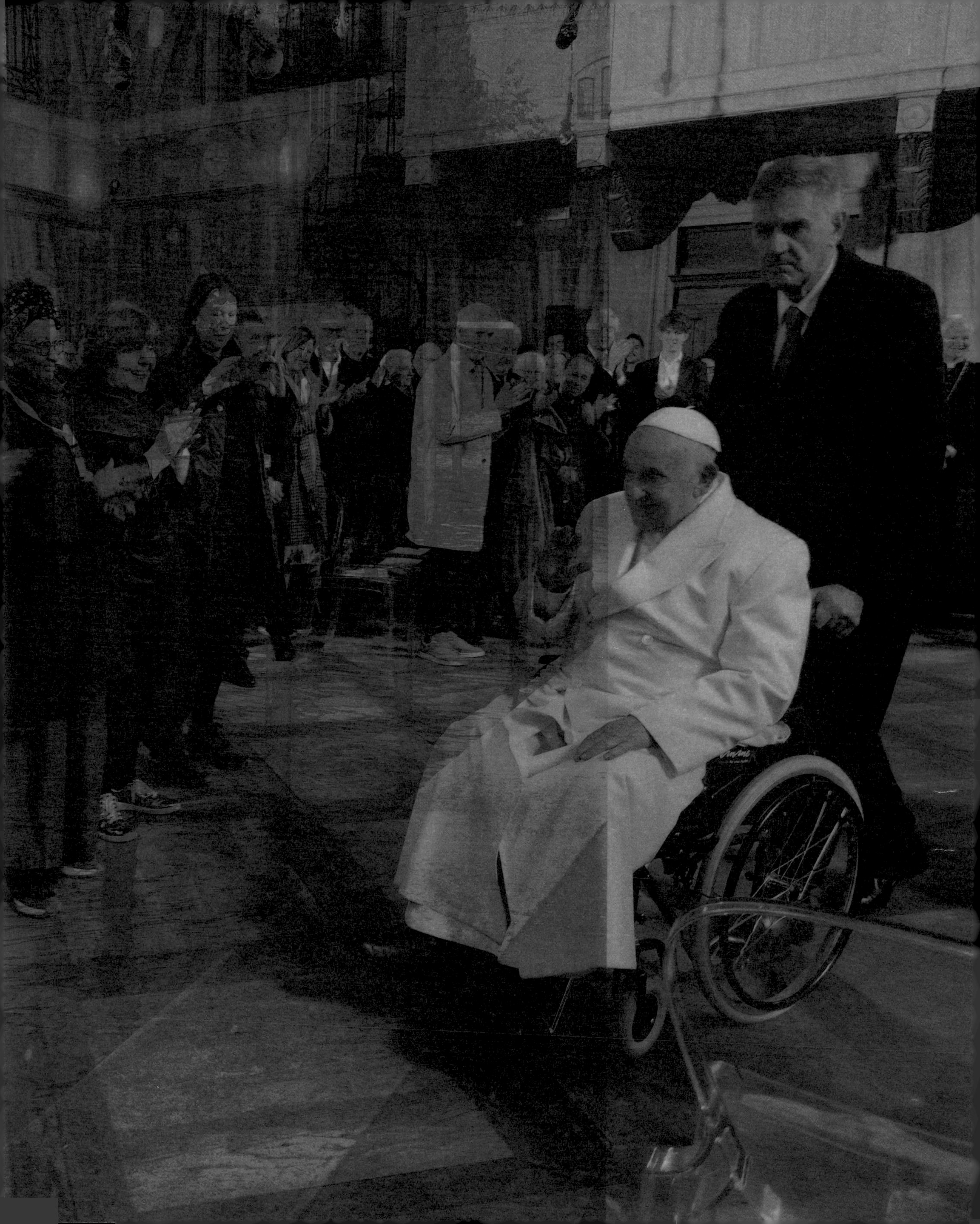

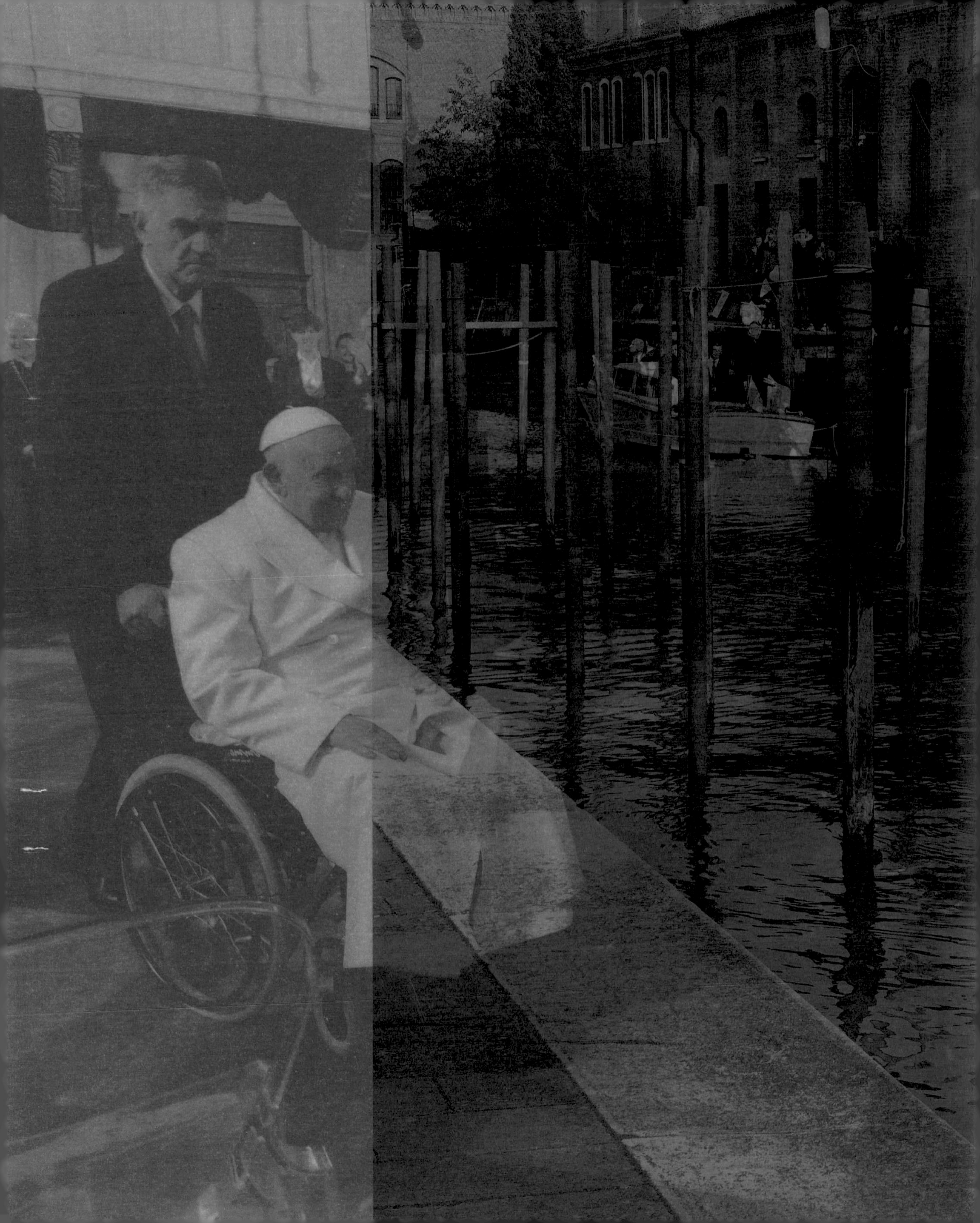

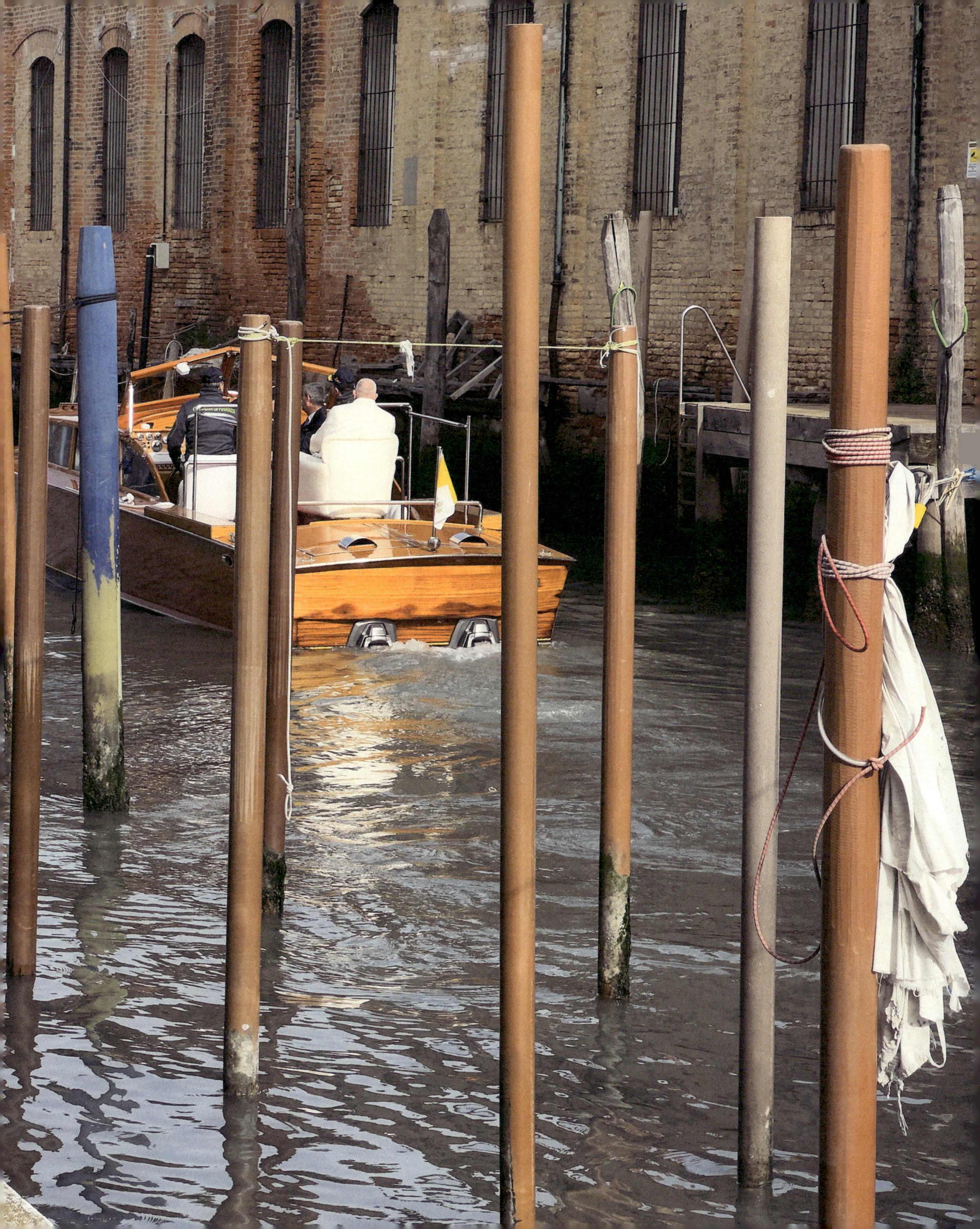

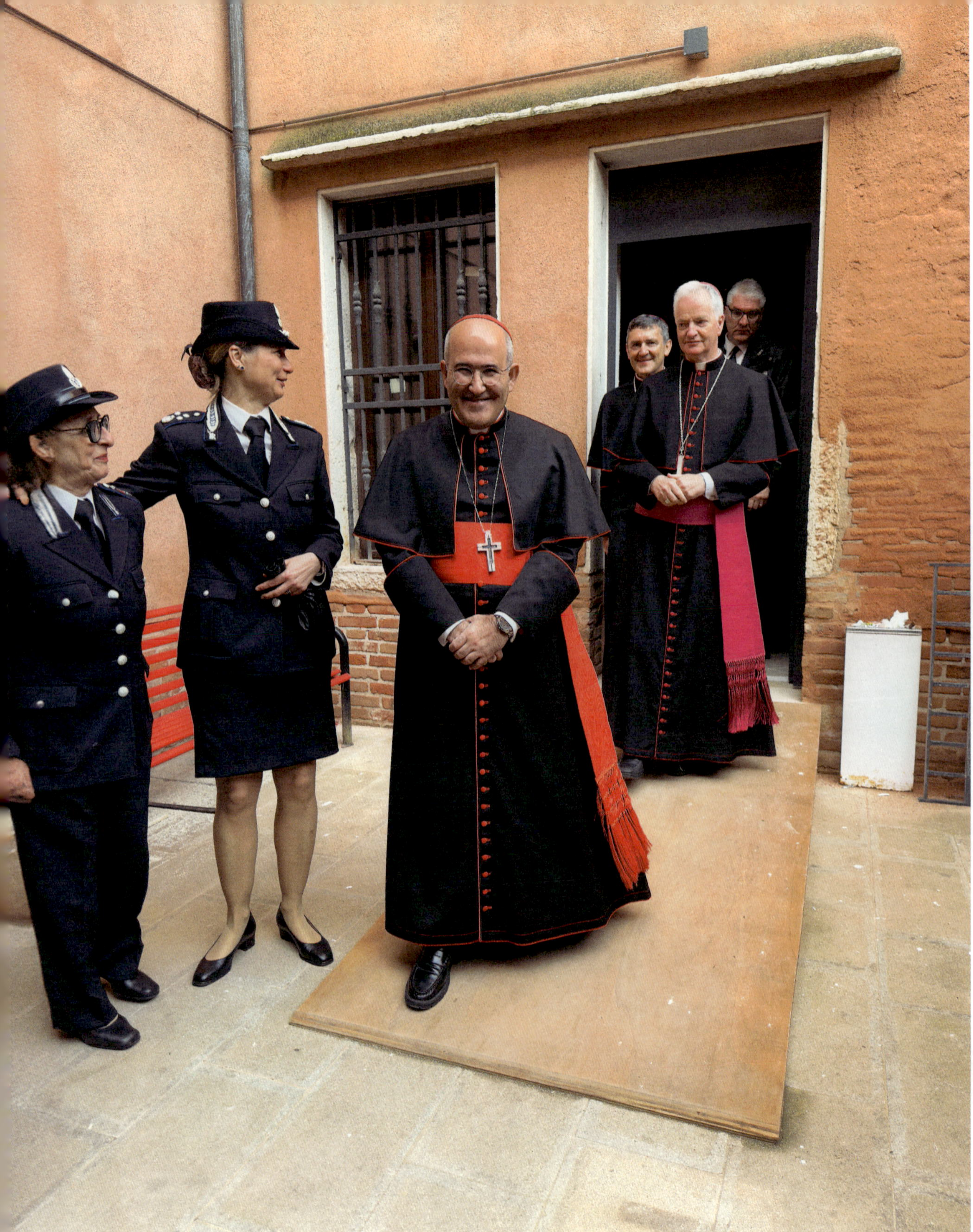

Posso Sentire

L'ultima volta che ti vidi
fu l'ultima volta che i miei occhi brillarono.
Sapevo che dovevo lasciarti, ma non sapevo
per quanto.
Sapevo che sarebbe stata dura, ma non sapevo
che quella durezza me la sarei portata dentro.
Per tutto il tempo.
Sapevo che qui fa freddo, perché non c'è sempre
Il sole come da noi, non sapevo che quel
Freddo sarebbe entrato nel mio cuore, perché qui
non ci sei tu.
Sapevo che il tempo scorre e la vita non aspetta,
ma non sapevo che il tempo senza di te è una tortura e la vita
non ha un sapore, non ha un colore, né una certezza.
Sapevo che volevo darti una vita migliore
della mia, ma non sapevo se ce l'avrei fatta.
Sapevo che un giorno avresti potuto odiarmi,
ma non sapevo quanto avrei potuto odiarmi io.
Però sapevo e so tutt'ora, quanto i tuoi occhi, il tuo sorriso,
i tuoi capelli, la tua voce, il tuo odore mi danno la forza per
lottare, ogni giorno.

Ma non sapevo quanto è forte, quanto è potente,
l'amore di una madre per la propria figlia.

Il giorno che ti ho data alla luce,
la luce è entrata dentro di me.

Il giorno che ti ho lasciata ho lasciato
anche la mia luce con te.

Il giorno che tornerò a prenderti, sarà il giorno
che ritroverò la mia luce. Perché quella luce sei tu amore mio
e non c'è cuore che io possa amare quanto il tuo,
che amavo già quando batteva dentro di me.

La prima volta che ti vidi

fu la prima che i miei occhi brillarono.

Haidis

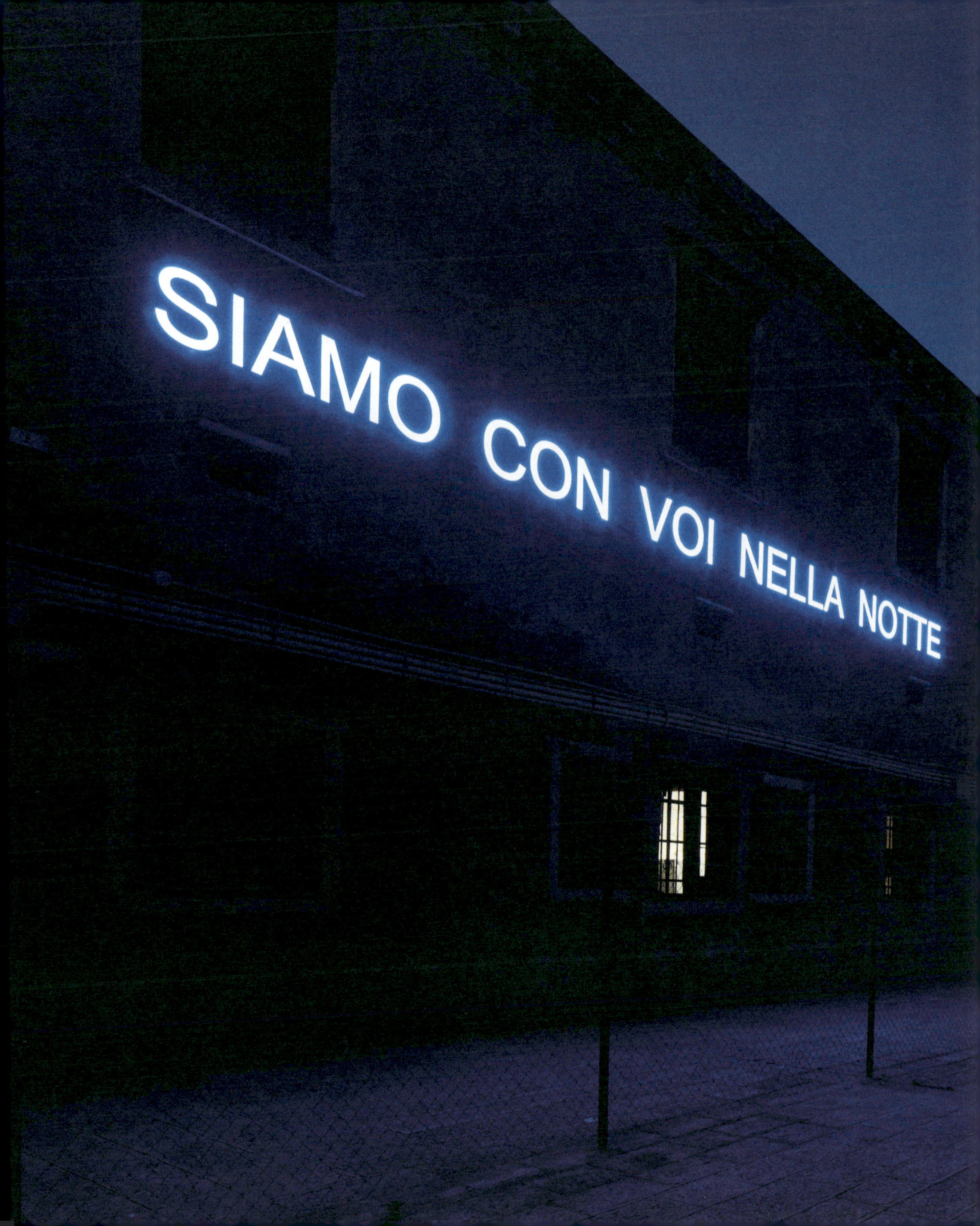
SIAMO CON VOI NELLA NOTTE

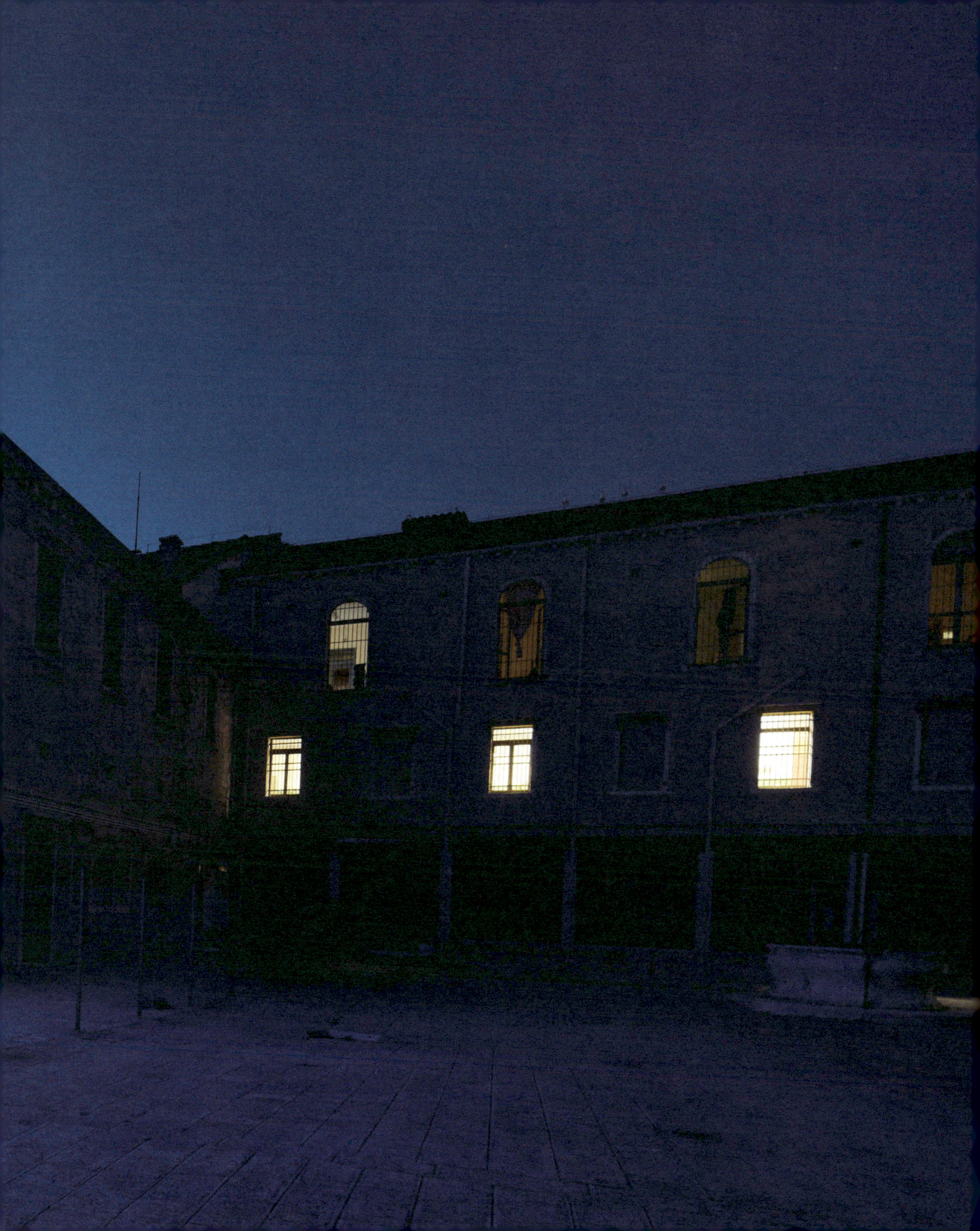

marco perego

...la vera ricchezza dell'essere umano

sta nel riuscire a star da solo con sé stesso
anche con i suoi demoni e alimentare la parte migliore di sé,
dentro di noi a volte combattiamo
io le chiamo guerre invisibili, a volte le battaglie si vincono e si perdono
ma la cosa più importante è vincere la propria guerra con sé stessi
soprattutto se il nemico è dentro di te e non puoi evitarlo...

mille volte sono caduta ed altrettante volte mi sono sempre rialzata senza mai strisciare...
NOO!!!

stronzate chi dice le solite frasi fatte "si cade e ci si rialza più forti"

nel mio caso ogni volta che sono caduta una parte di me è rimasta lì per terra,

ma la rabbia mi ha sempre dato la forza per rialzarmi
e non arrendermi mai perché sarebbe stata la fine,
ed io credo che ognuno ha il suo peso da sopportare nella vita

la rabbia ti logora è vero ma paradossalmente per me
è la mia salvezza o meglio lo è stata in passato quando tutto sembrava finito...

Anonima

zoe saldana

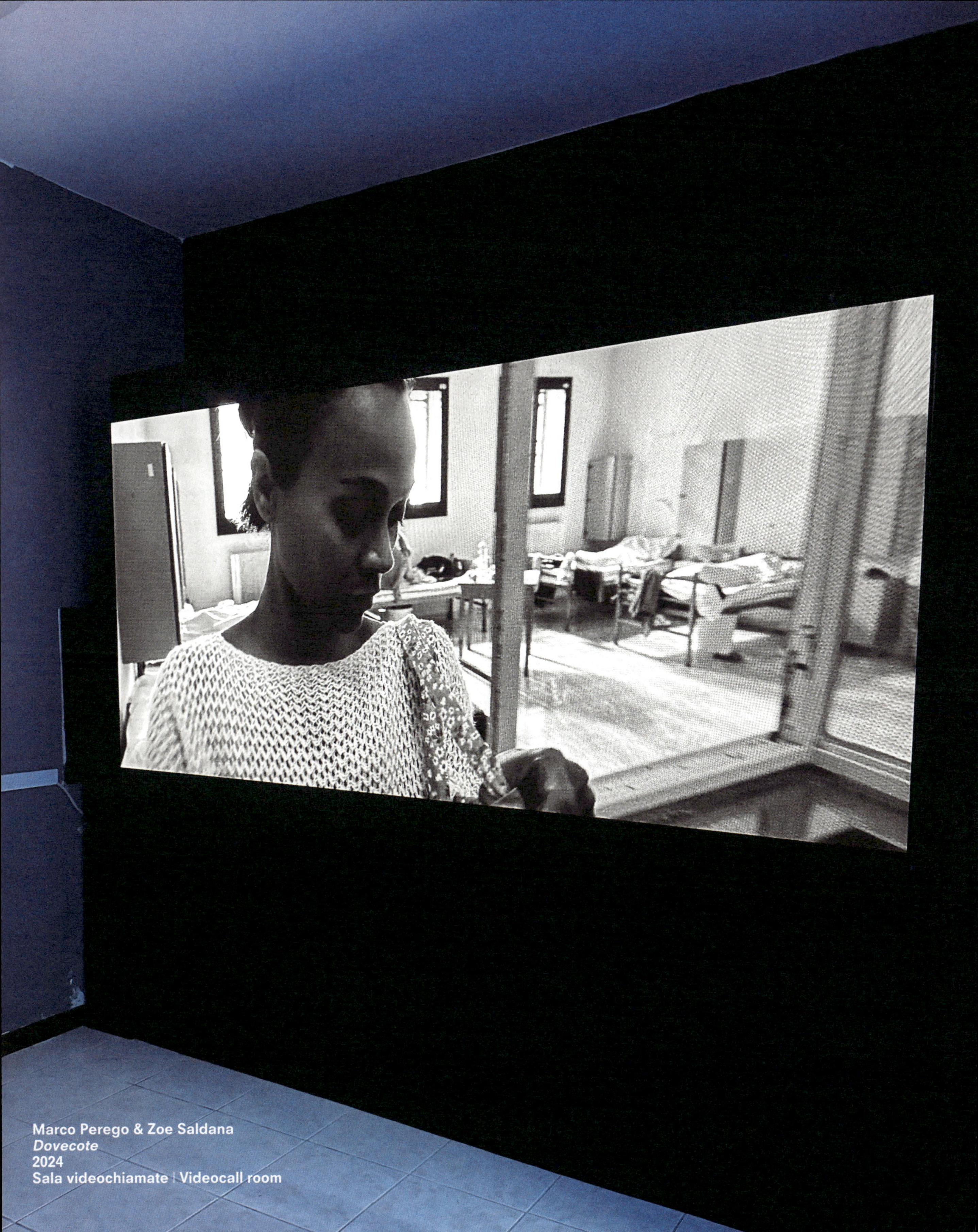

Marco Perego & Zoe Saldana
Dovecote
2024
Sala videochiamate | Videocall room

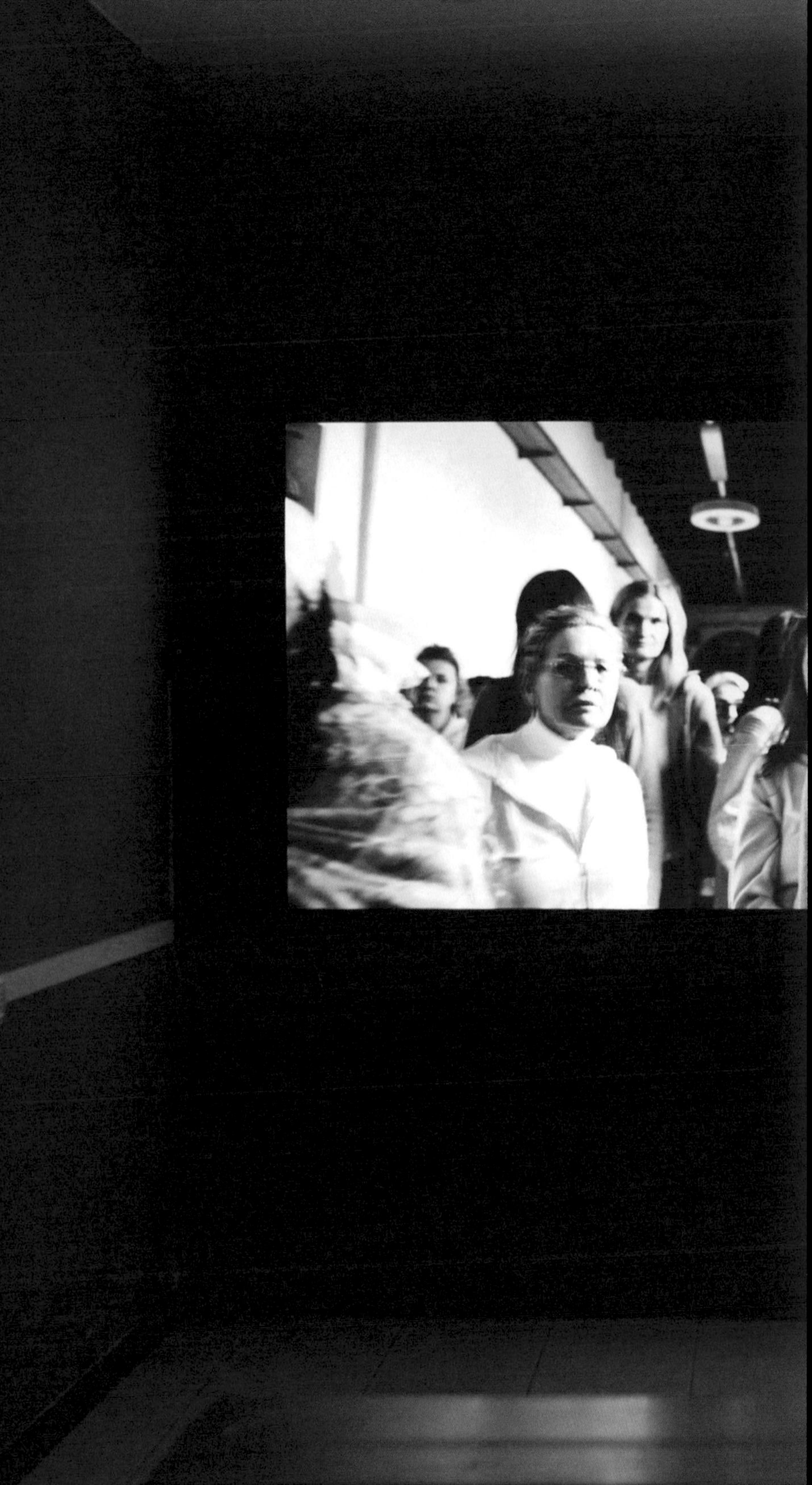

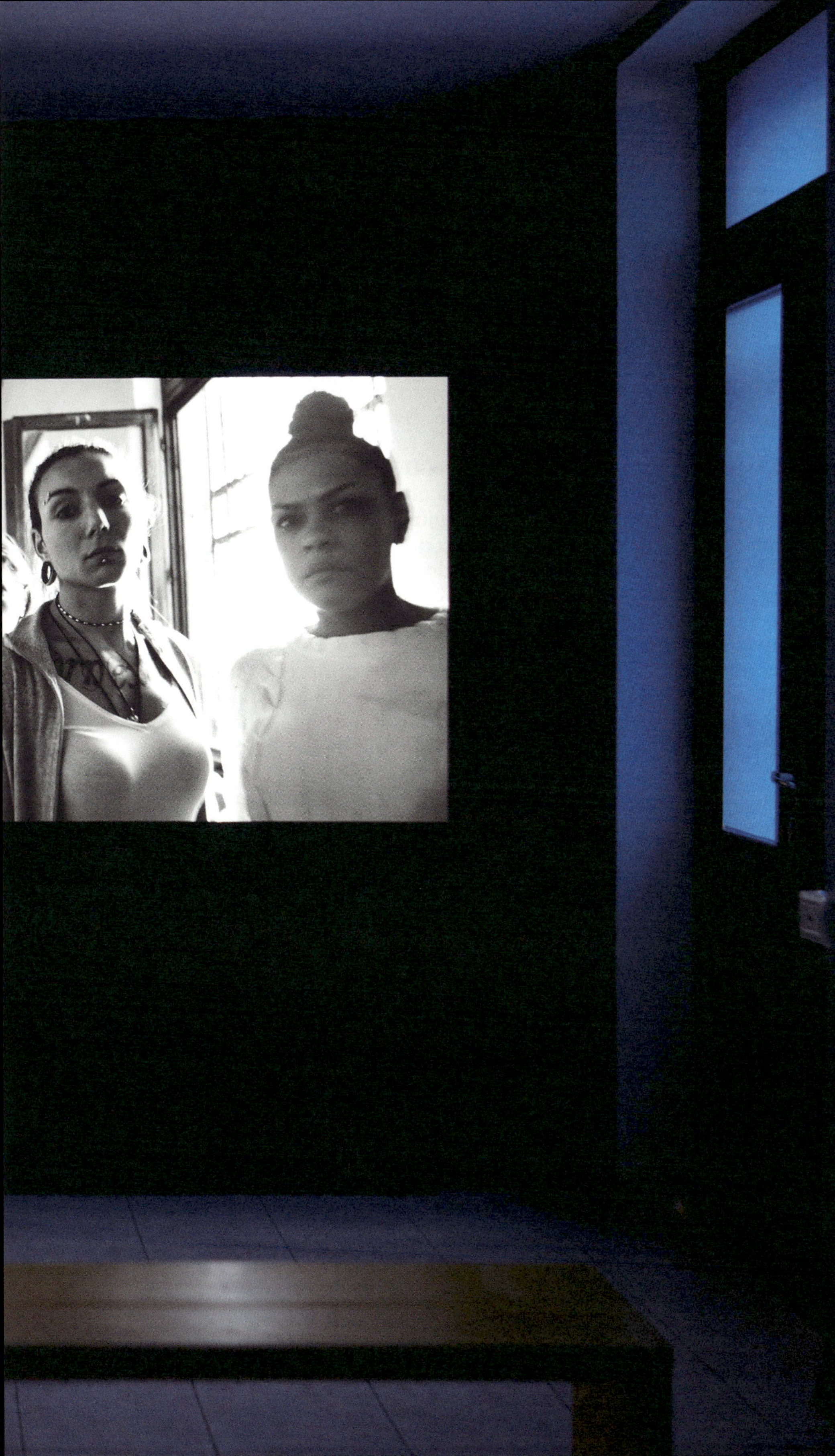

dovecote

In un recente viaggio verso Venezia ho osservato per la prima volta le ultime ore della vita di un piccione. Stava in silenzio su un marciapiede trafficato, osservando i pedoni e le macchine che sfrecciavano. Avendo perso la capacità e persino la volontà di volare, non si sarebbe mai più spostato da lì con le sue sole forze. Stava così, apparentemente tranquillo, assorbendo tutto quanto. Con il petto gonfio e le piume che facevano appena la muta, sembrava molto stanco, ma era vigile, come se fosse consapevole di ciò che gli stava accadendo. Così è nato il concetto di *Dovecote* [colombaia]. La definizione di colombaia è "una casetta o scatola a compartimenti per prigioni domestiche". Con la Casa di Reclusione della Giudecca come mia "colombaia", insieme al mio collaboratore (e sceneggiatore vincitore del Premio Oscar) Alexander Dinelaris, ho deciso di indagare le nozioni di libertà e dignità, resilienza e rassegnazione nelle figure delle donne forti e complicate incarcerate alla Giudecca. Donne come le nostre madri, come le nostre sorelle, come mia moglie Zoe Saldana che recita nel film. Scrollandomi di dosso il fardello delle responsabilità, dei sogni e delle aspirazioni, la mia speranza è che il film offra un esame crudo di cosa significhi essere veramente liberi. È possibile ottenere la liberazione eliminando le stratificazioni delle aspettative sociali e dei desideri personali? Oppure la vera libertà sta nell'abbracciare le complessità della vita, anche in mezzo alle sue sfide? A mano a mano che *Dovecote* si dipana, invita gli spettatori a riflettere su queste domande profonde e a contemplare i meandri dell'esistenza umana. Siamo veramente liberi quando ci siamo liberati dai vincoli esterni, o la libertà è uno stato mentale che trascende i confini della nostra realtà fisica? Il film inizia con il viaggio di una barchetta che naviga sugli splendidi canali di Venezia per poi finire legata a una prigione. Questo viaggio è il viaggio di un film sulla scoperta di sé e sulla riflessione esistenziale. La mia preghiera è che *Dovecote* spinga a scandagliare le sconfinate profondità dello spirito umano.

Marco Perego

Io donna

So che donna sono.

Ho consapevolezza
della donna che ero.

So che donna voglio essere.
Ho consapevolezza della donna

che non voglio diventare.
Io sono una donna in cammino verso la mia libertà.

RP

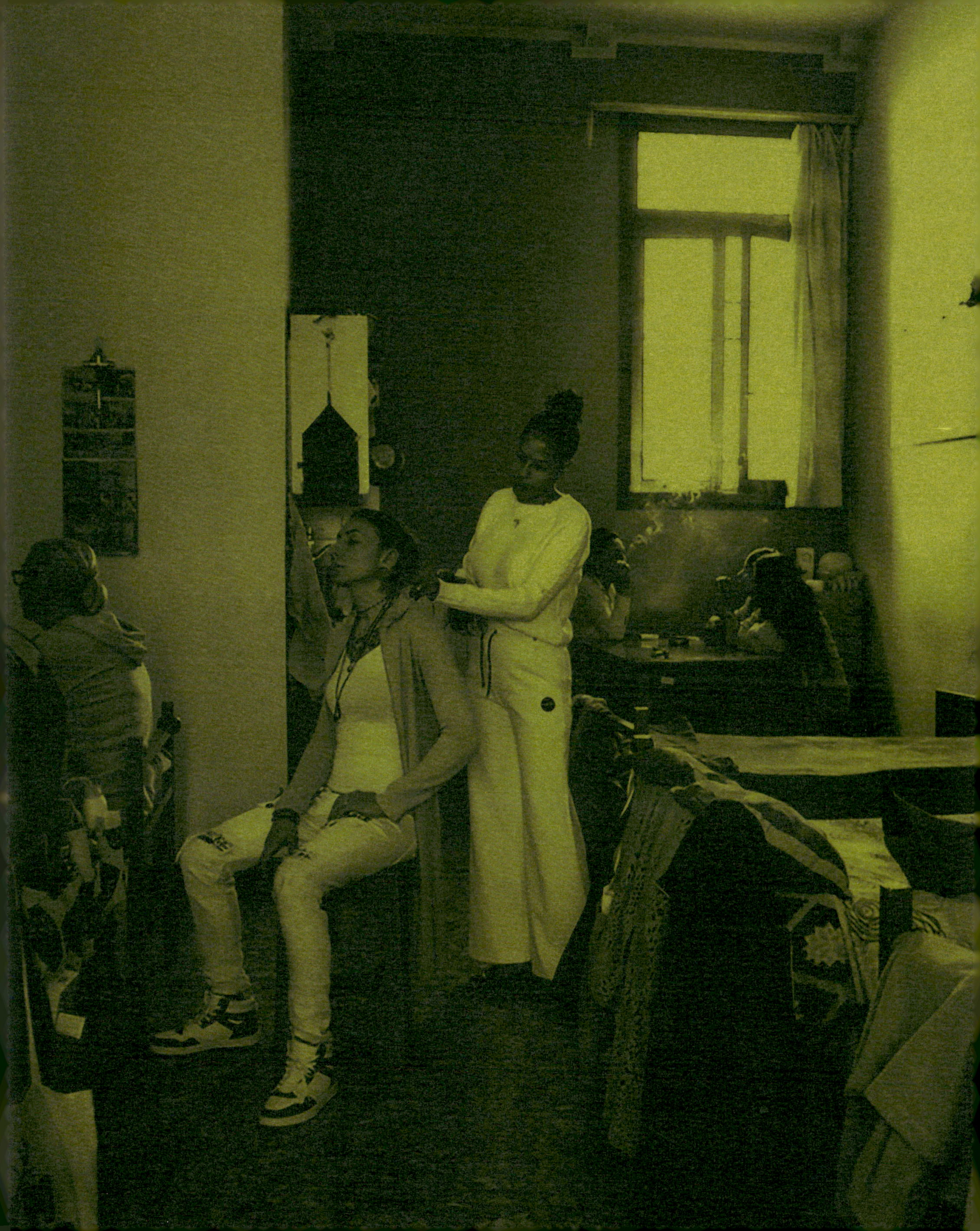

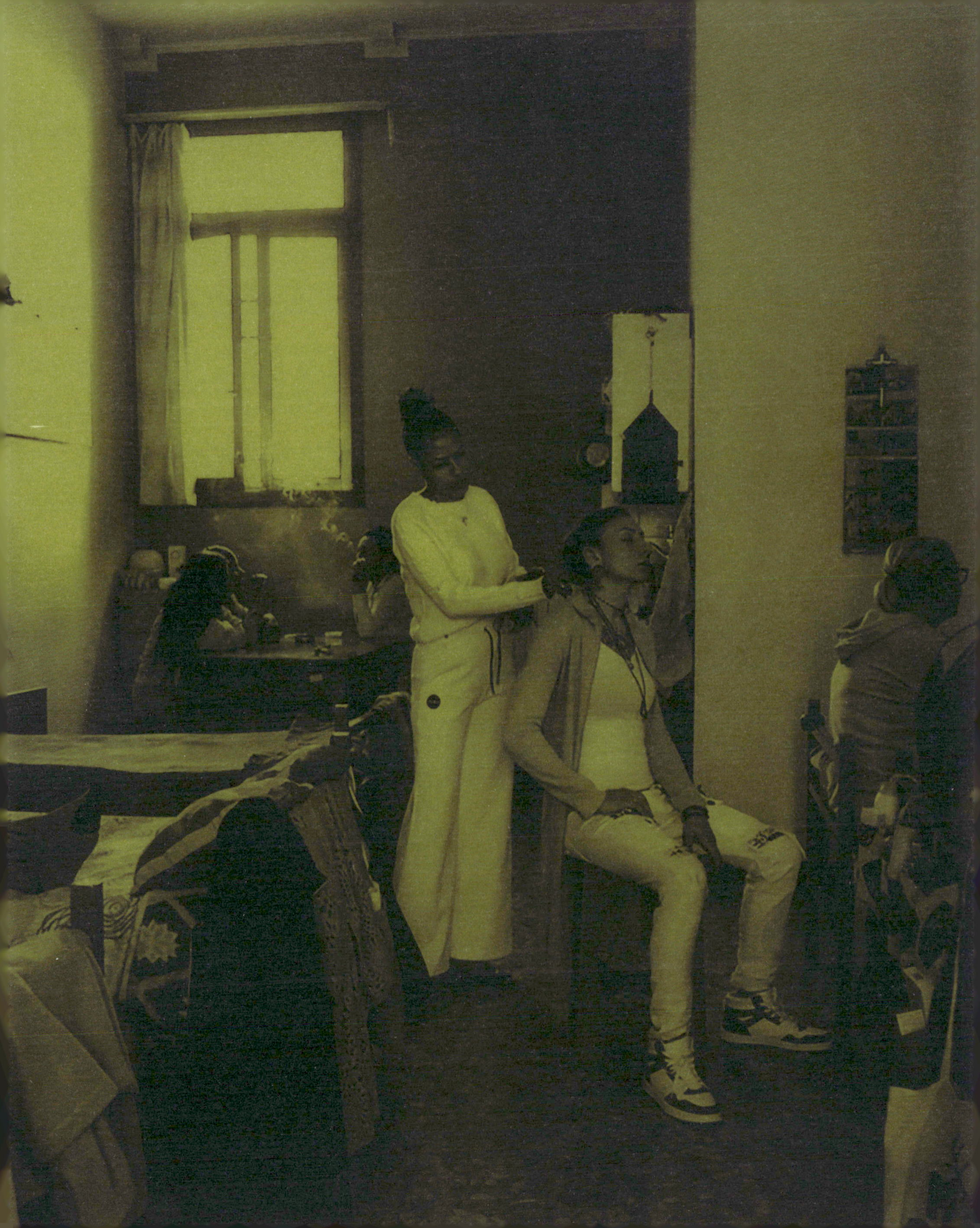

dovecote

On a recent trip to Venice, I experienced the final hours of a pigeon's life for the first time. She sat quietly on a busy sidewalk, watching the pedestrians and cars race by. Having lost the ability and even will to fly, she would never move again from that spot under her own power. So, she sat, seemingly tranquil, taking it all in. Chest puffed out, feathers molting slightly, she looked exhausted, but she was alert, as if she was aware of what was happening to her. This is how the concept of *Dovecote* was born. The definition of a dovecote is "a small compartmented house or box for domestic prisons". With the Giudecca Prison as my "dovecote", together with my collaborator (and Oscar-winning screenwriter) Alexander Dinelaris, I decided to investigate the notions of freedom and dignity, resilience and resignation in the shape of the strong, complicated women incarcerated at Giudecca. Women like our mothers, like our sisters, and like my wife, Zoe Saldana, who acts in the film. By stripping away the burdens of responsibility, dreams, and aspirations, I hope the film offers a raw examination of what it means to be truly free. Can liberation be attained by shedding the layers of societal expectations and personal desires? Or does true freedom lie in embracing the complexities of life, even amidst its challenges? As *Dovecote* unfolds, it invites viewers to ponder these profound questions and contemplate the intricacies of human existence. Are we truly free when liberated from external constraints, or is freedom a state of mind that transcends the boundaries of our physical reality? The film begins with a small boat navigating the impossibly beautiful canals of Venice only to end up tied to a prison. This journey is a film about self-discovery and existential reflection. My prayer is that *Dovecote* prompts you to explore the boundless depths of the human spirit.

Marco Perego

La vostra mancanza è forte più forte della mia energia
voi che siete la mia energia e la mia forza,

la mia speranza.
E forti saremo un giorno, insieme ai figli miei
che ho partorito e che tu hai cresciuto,
la mia cara e unica madre la vostra mancanza
mi ha fatto capire cos'è la libertà.

Elisabeth

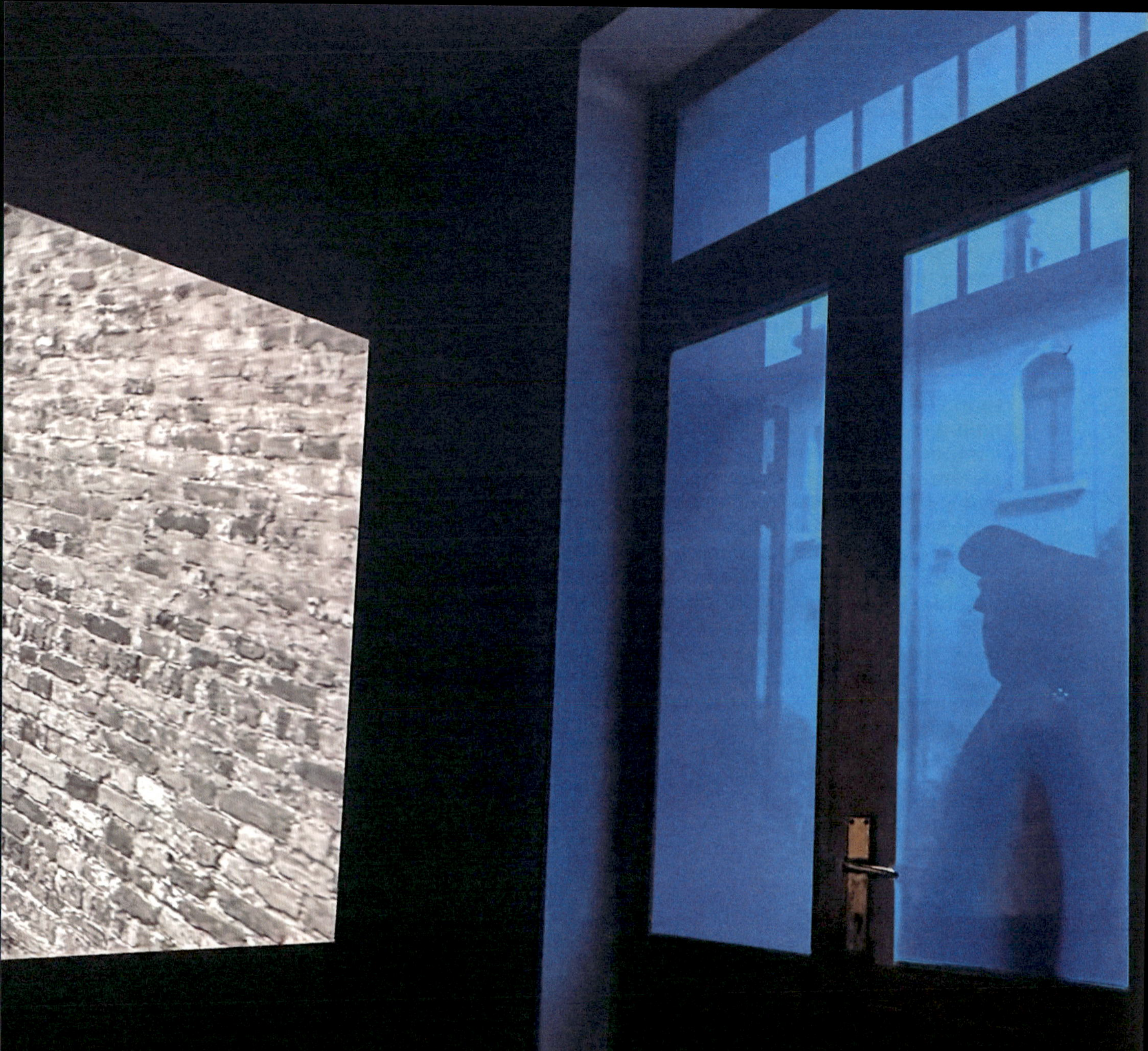

La profondità di una persona ti rende
la maggior parte delle volte a sentirti sola
o meglio di non essere mai appagata perché essere superficiali

o non andare oltre alle apparenze rende tutto più semplice...

io tocco con mani la solitudine ogni singolo giorno

anche se sono circondata di persone ma questo non mi spaventa anzi...

in bene o in male bisogna sentirne l'emozioni questo per me è la vita...
la vera morte è legata all'emotività al non sentire più nulla...

un sorriso o una lacrima ti fanno vibrare il cuore ed a ogni battito
emana una melodia delle note sta a noi decidere la canzone!!!

Anonima

bintou dembélé

Sai, ho pensato di soffocare.
Ho pensato che i miei polmoni non trattenessero più l'aria.
Ho pensato di star impazzendo, senza te.
Una sensazione che non merita un nome.

Non mi sento al sicuro, non sono al sicuro, tremo come una foglia che sta
per staccarsi da un ramo, fragile, instabile…si secca e stagna nel cuore.

Non c'è caldo e non c'è freddo, è un fastidioso tiepido…
rumore dissonante mi tortura dentro...urlo...ma solo io posso sentirlo.

Gli occhi.
Dicono, sono lo specchio dell'anima,

ma io non ho più anima, dal momento in cui te ne
sei andata, lei se ne è andata con te.

Mi rimane l'ombra, sempre al mio fianco, fedele come nessuno mai.

Lei ha occhi per vedere l'orrore che mi circonda,
lei non può pronunciare parola alcuna, né sentire tutto
il kaos che mi percuote.

Lei che ha il colore del vuoto e i lineamenti che mi assomigliano.
Nella sua oscurità…lei…è l'unica cosa che ancora brilla in me.

Ma io non voglio brillare…io voglio bruciare…io voglio esplodere.

Perché il mio amore è troppo grande e non posso e non voglio
contenerlo. Voglio ricoprire ogni parte di te e tutto ciò che ti circonda.

Perché tu meriti qualcosa che nessuno
ha il coraggio di dare.
Forse per paura o forse solo sano egoismo.
Ma il mio cuore né concepisce né comprende

una parola così grande ma allo
stesso tempo tanto piccola.

Tutto quello che so è ciò che non sono.

Ma so esattamente ciò che sei tu.

E tutto ciò che sei è esattamente tutto
ciò che vorrei al mio fianco.

Se scappi io non posso rincorrerti.
Ma se tu resti io posso tenerti con me per sempre.

Ti amo

Giulia Boschin

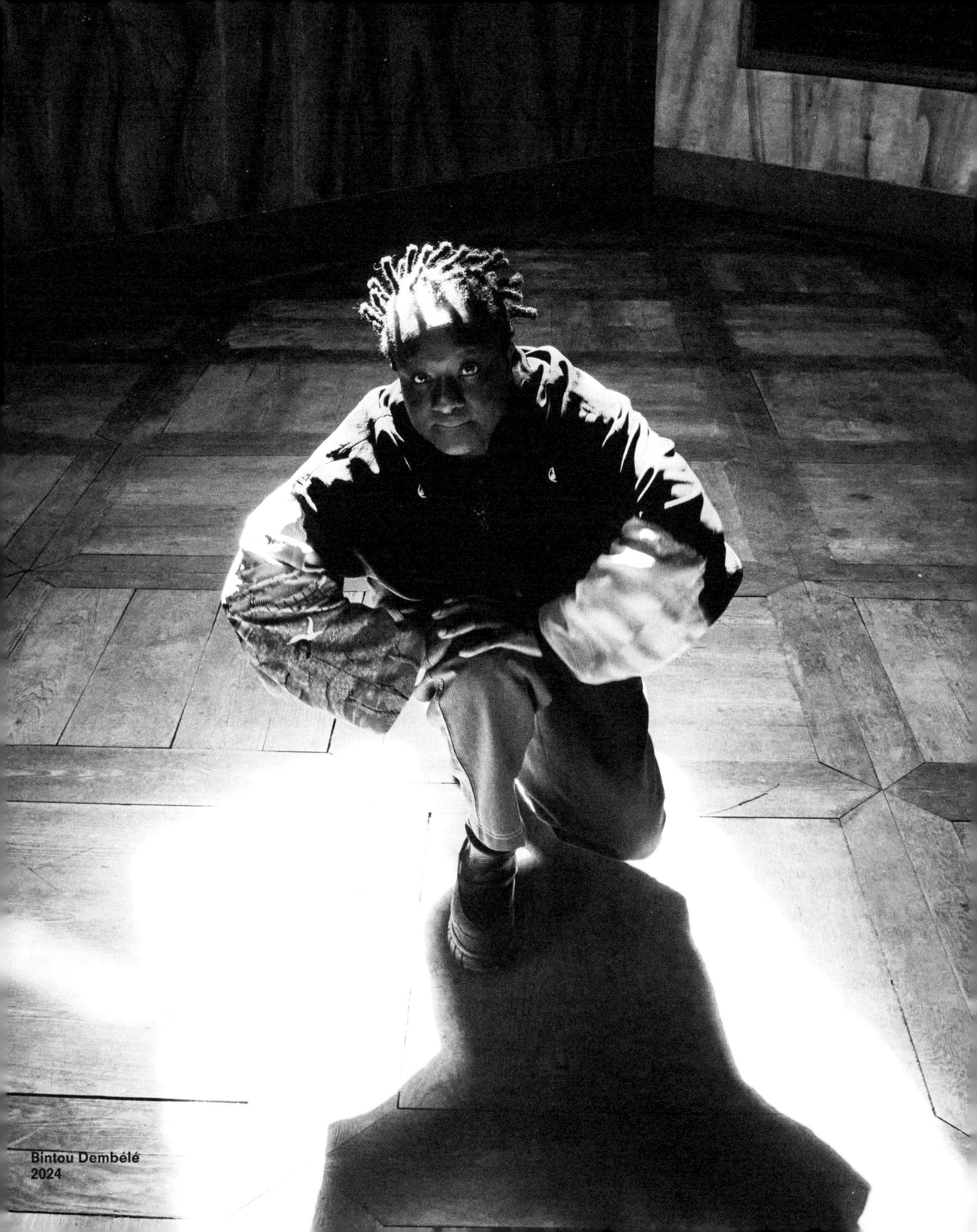

Bintou Dembélé
2024

gesti d'intenzione

Sii nel gesto
Quello della tua lingua
Quello delle tue mani
Quello della tua postura nel mondo
Abitaci, vivilo, e respira
Lascia venire i silenzi, le fermate, le sospensioni e le apnee
E vedrai raccontarsi il tuo racconto

Il tempo scorre con una sensazione di *déjà vu*. Come si dice nelle Antille: *tchimbé rèd pas moli!* [tieni duro, non mollare!].

In questo contesto caotico, la mia riflessione sulla figura eroica dello schiavo di colore e su quella del migrante dispiega tutto il suo significato. Sono andata al Théâtre de Chaillot a Parigi tempo fa, dove ho potuto assistere a un incontro con lo scrittore martinicano Patrick Chamoiseau. Molti avrebbero bisogno di parole come le sue per prendere coscienza dell'astuzia della sua cosmopoetica del rifugio. Celebra Édouard Glissant, citando il divario attraverso la creatività. La Nèg Mawon prima danza e poi canta, per permettere di ristrutturare la sua anima e il suo spirito, riumanizzando il suo essere attraverso la memoria del corpo – questo lo sottolineo io. La poliritmia dispiega un oceano vibratorio di questo insieme, che diventa ipnotico. Poi c'è la letteratura orale, la parola che lascia tracce, archivi nei meandri del nostro mondo in crisi. Ti ricorda il film *S/T/R/A/T/E/S* prodotto e diretto dal Centro Pompidou-Metz nel 2021? O semplicemente il mio approccio artistico? Sai che l'Opéra de Paris non mi voleva come coreografa per l'opera-balletto *Le Indie galanti*? Senza difficoltà, ho fatto del rifiuto un punto di partenza, una *mise en abîme*, ma anche una celebrazione. Non per fare la brava studentessa o inchinarmi. Piuttosto per partire da una frase dell'Ancien Régime che ha catturato la mia attenzione e che risuona ancora oggi: "Sono giovani che danzano sopra un vulcano in eruzione". Questo è stato il viaggio che ha scosso gli *habitus*. La diversione come *brown strategy*. Cosa c'è di meglio del rapporto danza/musica/voce per portare alla luce una narrazione nascosta del popolo. La mia intuizione è più affilata che mai. Rivendico l'appartenenza a una scena artistica delle periferie, del basso, celebrando le culture popolari che vivono in me. Dall'ombra all'asfalto, passando per il digitale come nuovo spazio rizomatico dell'*underground railroad*, un viaggio ferroviario clandestino destinato alla piena e totale libertà di espressione. Un'altra nozione mi anima nel pensiero di Glissant, quella di tremore. Fuggire dalla fissità, dalla servitù, dalla dottrina, ingoiare la paura, la vergogna e accogliere la vulnerabilità, rifiutando i sistemi che si chiudono su sé stessi. Il mondo trema fisiologicamente, nel suo divenire e nelle sue gioie, dovremmo accordarci con questi tremori.

Bintou Dembélé

gestures of intention

Be in the gesture
That of your language
The one of your hands
That of your carriage in the world
Inhabit it, experience it, and breathe
Let the silences, stops, suspensions and apneas come
And you will see your story told

Time passes with a feeling of déjà vu. As they say in the Antilles:
tchimbé rèd pas moli! [stay strong, don't give up!].

Within this chaotic context, my reflection on the heroic figure of the brown slave and that of the migrant unfolds all its meaning. I went to the Théâtre de Chaillot in Paris some time ago, where I could attend a meeting with the Martinican writer Patrick Chamoiseau. Many would need words like his to become aware of the cunning of his cosmopoetics of shelter. He celebrates Édouard Glissant, citing the gap through creativity. Nèg Mawon first dances and then sings, to allow her soul and her spirit to be restructured, re-humanizing her being through the memory of the body, I underline this. Polyrhythmic unfolds a vibratory ocean of this whole, which becomes hypnotic. Then there is oral literature, the spoken word that leaves traces, archives in the meanders of our world in crisis. Does it remind you of the film *S/T/R/A/T/E/S* produced and directed at the Centre Pompidou-Metz in 2021? Or simply my approach to art? Did you know that the Opéra de Paris didn't want me as a choreographer for the opéra-ballet *Les Indes galantes*? Without any difficulty, I made rejection be a starting point, a *mise en abîme*, but also a celebration. Not to be a good student or bow down. Rather, starting from a phrase from the Ancien Régime that caught my attention and which still resonates today: "They are young people dancing on top of an erupting volcano". This was the trip that shook the habitus. Diversion as a brown strategy. What is there better than the dance/music/voice relationship to bring to light a hidden narrative of the people. My intuition is sharper than ever. I claim belonging to an artistic scene of the suburbs, the bottom, celebrating the popular cultures that live in me. From shadow to asphalt, passing through the digital as the new rhizomatic space of the underground railroad, a clandestine railway journey bound to full and complete freedom of expression. Another notion animates me in Glissant's thought, that of tremor. Escaping from fixity, servitude, doctrine, to swallow fear, shame and to welcome vulnerability, refusing systems that close on themselves. The world trembles physiologically, in its becoming and its joys, we should agree with these tremors.

Bintou Dembélé

claire tabouret

Mamita

Se tu sapessi amore quanto mi è costato lasciarti,
per sopravvivere e riparare a quei disastri.
Quei disastri che la vita
mi aveva già riservato,
non l'ho deciso io quel destino dannato.

Se tu sapessi amore

quanto mi mancano i tuoi occhi

e quel tuo dolce sorriso,

non saprai mai quante lacrime hanno segnato il mio viso.

Se tu sapessi amore
quante volte ti sento
alle volte mi sembra di sentirti scalciare nel mio grembo.
Se tu sapessi amore
quante volte ho pregato
che Dio ti proteggesse e tu mi abbia perdonato.

Se tu sapessi amore
quanto ti ama il mio cuore

Non avresti più paura del tempo,
delle ore che passiamo lontano,

se chiudi gli occhi

mamita è li che ti stringe la mano.

Haidis

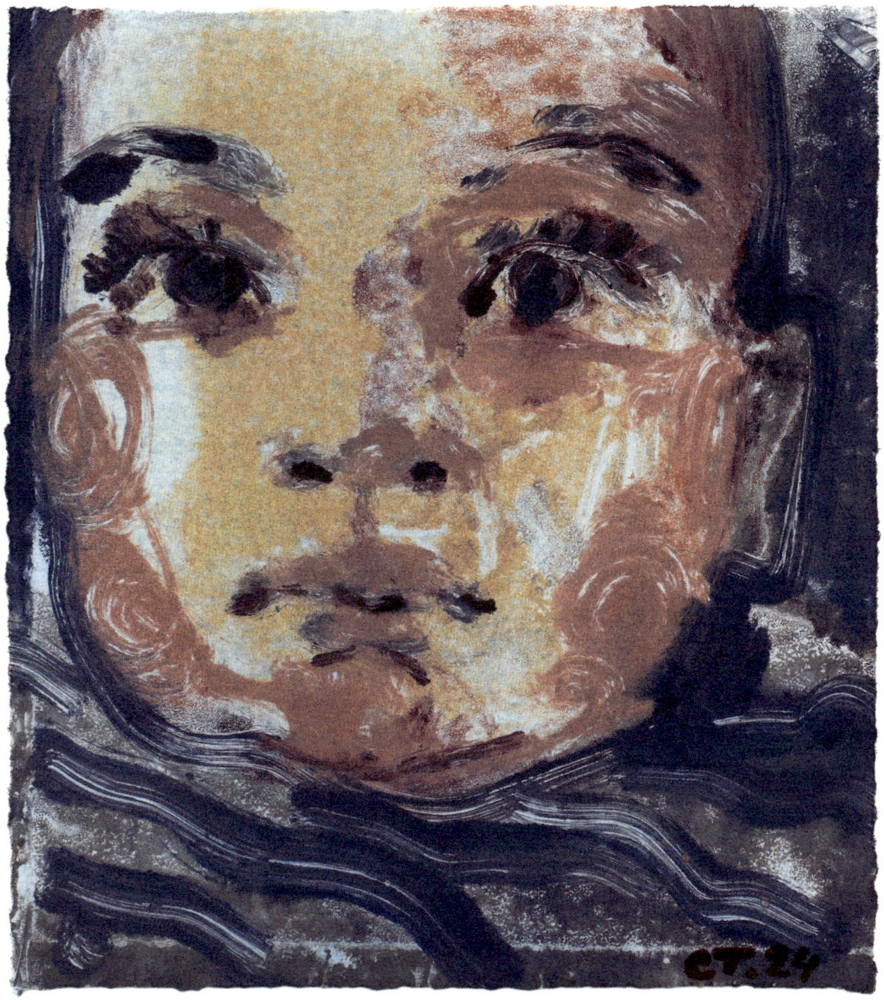

Claire Tabouret
Leonardo, nipote di Manuela
2024

quadreria

In questo progetto vedo me stessa come trascrittrice. Il trascrittore è l'intermediario tra due persone: prende informazioni da una e le rende disponibili per l'altra. Le informazioni che sto ricevendo passano proprio attraverso di me e hanno un particolare spessore emotivo perché le madri e i loro figli/amati sono fisicamente separati l'uno dall'altro. Perciò le fotografie racchiudono un'intensità anche maggiore. È sorprendente essere invitati a questo progetto e trovare che esso si ricollega per tanti versi al resto del mio lavoro e al mio rapporto con le fotografie trovate. Ho lavorato spesso con immagini trovate e mi sono servita di Internet come di un grande ammasso confuso di immagini. L'impossibilità di vedere o di organizzare tutto significa che c'è sempre un elemento di sorpresa. Nella mia vita ho spesso avuto la sensazione di essere stata trovata io da un'immagine, piuttosto che di essere stata io a farne la scoperta. Sono state le detenute a mandarmi queste fotografie, non io a sceglierle, e questo è veramente il mio modo preferito di lavorare, perché è come se si compisse una sorta di destino. Nei lavori che ho fatto c'è anche una grande varietà di dimensioni, dovuta al mio rapporto con l'immagine. Alcune fotografie suscitano la sensazione di qualcosa di prezioso che si vorrebbe tenere vicino al proprio cuore o mettere nel portafoglio, mentre altre sembrano voler essere esibite nello spazio pubblico, come un ritratto di famiglia appeso a una parete. Queste sensazioni così diverse si riflettono nelle dimensioni che scelgo per ogni fotografia, tuttavia non ho alcuna idea delle misure originali dell'immagine o del modo in cui era stata presentata. Per me è stato anche importante accertarmi di aver rappresentato veramente ogni bambino di cui avevo ricevuto una fotografia, anche se c'è un'enorme varietà di stile tra le varie fotografie e alcune sono più facili o più vicine al mio vocabolario. È come se dovessi, in un certo qual modo, rimuovere me stessa al servizio della missione. Quanto a me, sento qui anche un profondo legame emotivo per il fatto che il progetto ha molto a che fare con il mio amore materno. Essendo diventata madre io stessa da poco, avverto una risonanza particolare. Riesco anche a sentire l'orgoglio delle donne, di queste madri, e desidero onorarlo. Voglio realizzare questi dipinti come se fossero visti attraverso gli occhi delle madri, come un regalo per i loro figli. Questi ritratti sono come lettere scritte a coloro che amano. Il dialogo tra il particolare e l'universale nel mio lavoro tocca temi quali l'innocenza, la speranza, la separazione e l'amore. A prescindere dallo status delle detenute, desidero porre in risalto la maternità e la tenerezza che potrete sentire attraverso queste immagini. Desidero che i visitatori guardino dietro alle pareti del carcere. Quando qualcuno finisce in prigione, dovremmo ricordarci che dietro c'è sempre stata una mamma con il suo bambino; le detenute sono state naturalmente bambine anche loro. In questo modo il progetto si rapporta al mio lavoro e all'idea di destino e di quello che affonda le proprie radici nell'infanzia.

Claire Tabouret

Claire Tabouret
2024
Quadreria | Picture gallery

Claire Tabouret
2024
Quadreria | Picture gallery

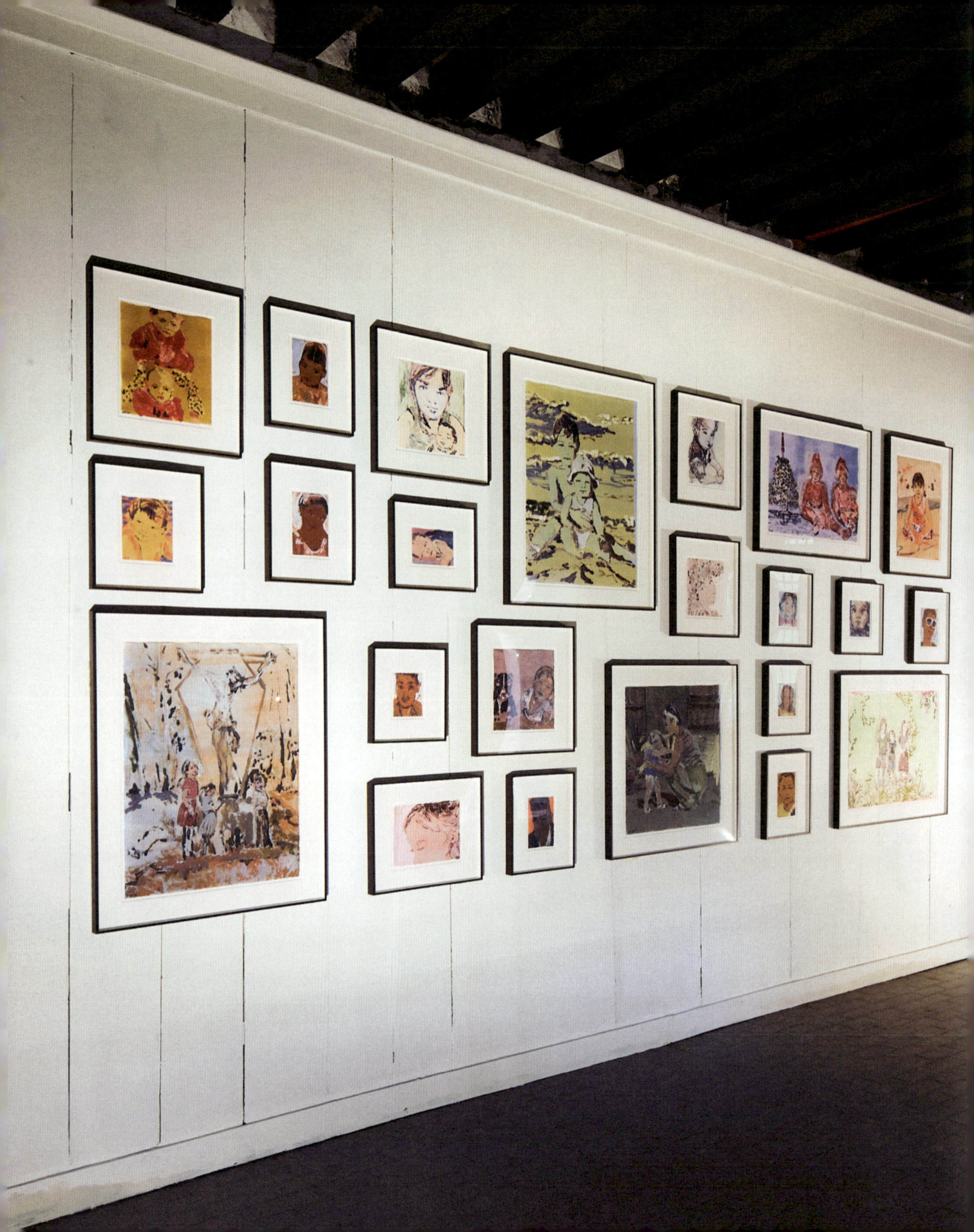

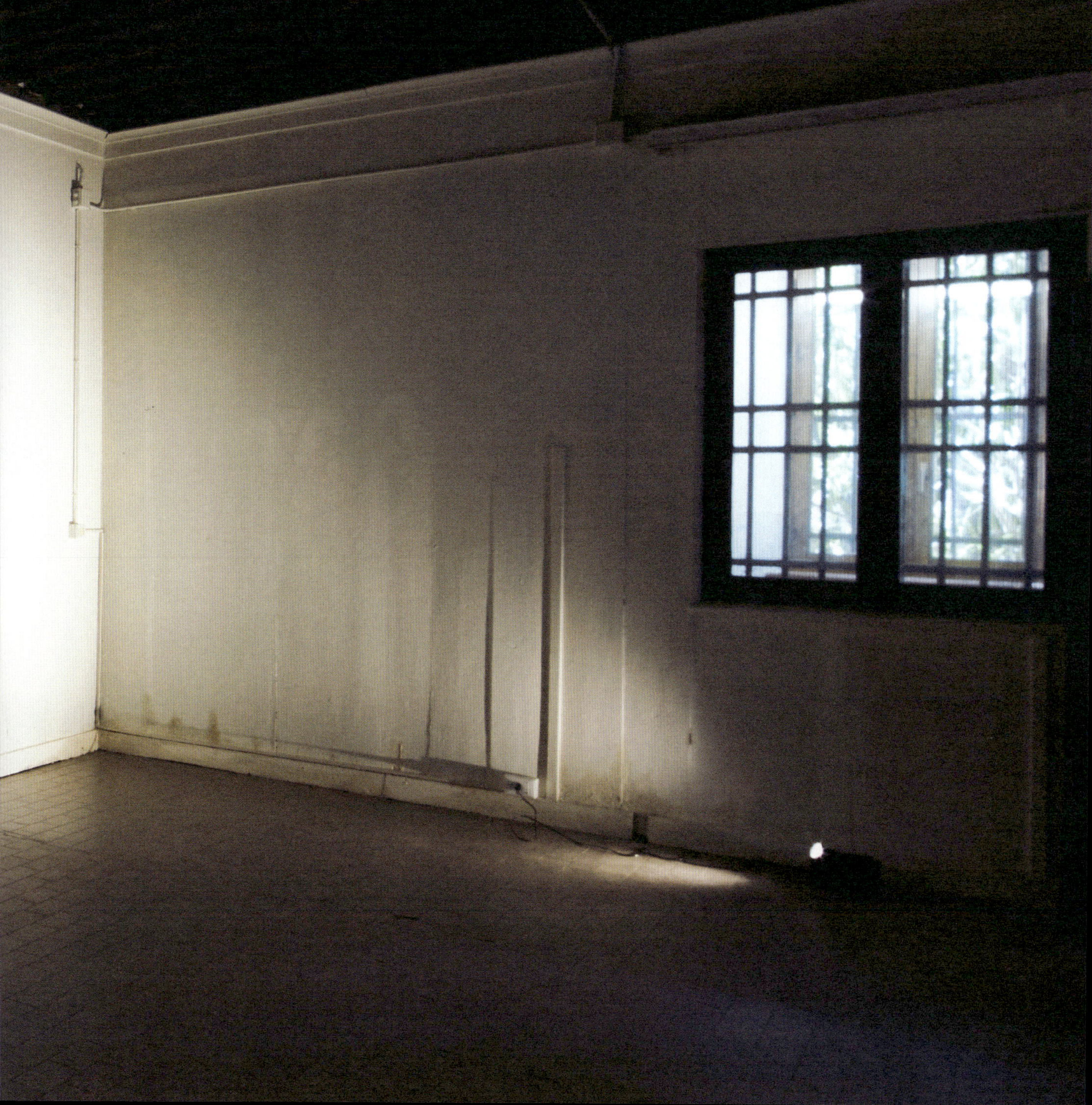

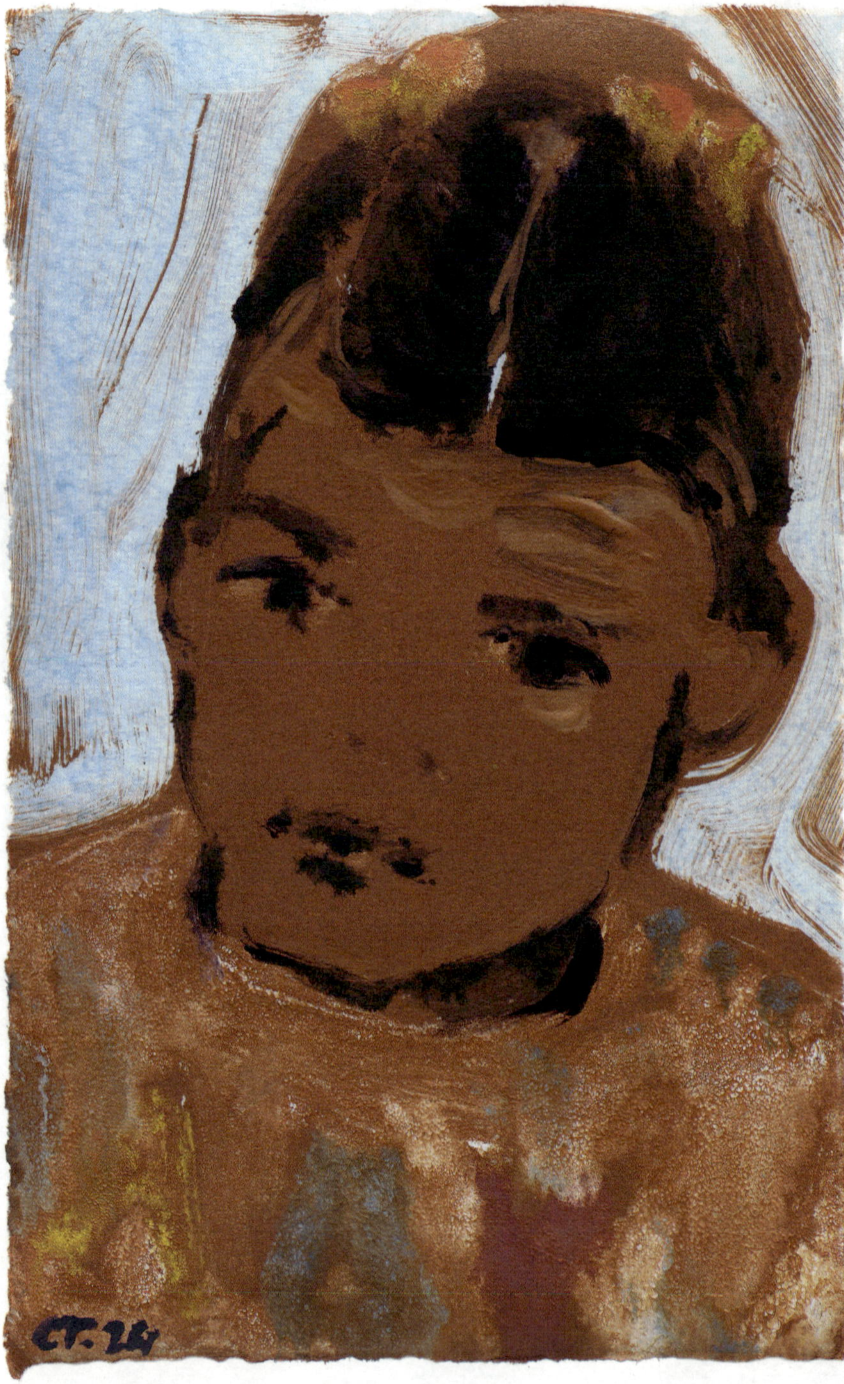

Claire Tabouret
Ema, figlia di Rosario
2024

picture gallery

In this project, I view myself as a transcriber. The transcriber is the intermediary between two people: he takes information from one person and makes it available to someone else. The information I'm receiving is just passing through me, and it has a special emotional depth because the mothers and their children/loved ones are physically separated from each other. The photographs hold even more intensity due to this fact. It's surprising to be invited to this project and find that it does link so much with the rest of my work and my relationship to found photographs. I've often worked with found images, and I've used the internet like a big messy pile of photos. The impossibility of seeing or organizing all of it means there is always an element of surprise. In my life, I feel like I've often been found by an image more than I've done the finding. It was the inmates who sent me these photographs, not me who chose them, and this is really my favourite way of working, because it is as if a kind of destiny is being fulfilled. There is also a significant size variation in the works I made, which is due to my relationship to the image. Some photographs evoke the feeling of something precious you would hold close to your heart or keep in your wallet, while some have the sense of a photo that would be displayed more publicly, like a family portrait hanging on a wall.

I reflected these different feelings by the size I chose for each image, but of course, I have no idea of the original size of the image or how it has been displayed. It was also crucial for me to make sure I represented every child I was sent a photo of, even though there is a vast variety in the style of photographs, and some are easier or closer to my vocabulary. It's like removing myself a tiny bit to serve the mission. For me, I also feel a deep emotional connection here because the project has so much to do with motherly love. Having recently become a mother myself, it does resonate in a unique way. I can also feel the women's pride of these mothers, and I want to honour that. I want to make these paintings through the mothers' eyes as a gift for their children. These portraits are like letters to their loved ones. The dialogue between the particular and universal in my work touches on themes such as innocence, hope, separation, and love. Beyond the status of the inmates, I want to highlight motherhood and the tenderness you can feel through these images. I want the visitors to see past the walls of the prison. When someone ends up in prison, we should remember there's always been a mom and her child; the prisoners were, of course, children. In that way, this project relates to my work, the idea of destiny, and what is rooted in childhood.

Claire Tabouret

Quando mi sei vicina

Intorno a me c'è il buio ma
quando tu mi sei vicina
vedo la luce

Angelica

sonia gomes

Domani

Mi chiamo Noemi, dal 1° gennaio 2016 mi trovo in carcere ad espiare una condanna di trent'anni per aver commesso due gravi reati.

Ho passato un'infanzia con un padre che beveva e le liti in casa non mancavano, compresa la vergogna e l'emarginazione a causa sua. Mia madre era il punto di riferimento della famiglia, ma era incapace di esternare il suo amore. Non ricordo, infatti, di aver mai ricevuto né una carezza, né un abbraccio né un ti voglio bene. Quando mi sono sposata, sono passata dalla padella alla brace ma, d'altronde, ho scelto di farlo per andarmene di casa, già incinta di mio figlio.

Ci ho messo poco tempo per scoprire che faceva uso di eroina. Ne ho passate tante e solo chi ha provato la sofferenza che ho vissuto io mi può capire. Ho lasciato mio marito e lui è rimasto a vivere per la strada finché non ha deciso di entrare in una Comunità di Recupero. In quei due anni è cambiato dal giorno alla notte e pian piano ci siamo riavvicinati e rimessi insieme.

Pochi mesi dopo è nata mia figlia e lì è crollato tutto di nuovo: mio marito si è ammalato di linfoma, già in metastasi, e per lo shock ha ricominciato a bucarsi.

Non sapevo come affrontare la situazione, ho iniziato a far uso di psicofarmaci fino ad abusarne. Dopo 5 anni mio marito è morto. I miei genitori, per aiutarmi sono venuti a vivere con noi, ma io sono crollata fisicamente e psicologicamente e non sono stata vicina a mia figlia nel momento in cui aveva più bisogno di me.

Poi, i due crimini, ed eccomi qui in carcere: all'inizio mi sono sentita libera, protetta, anche se una parte di me era devastata, arrabbiata con me stessa, con il mondo intero anche con Dio. Dopo due anni, ho tentato il suicidio e mi hanno salvata per miracolo.

Quando mi sono svegliata dal coma ho guardato il cielo e ho chiesto a Dio: "Signore mio, ho fatto del male, sono in carcere per questo e tu mi hai salvato la vita... perché?"

Poi ho capito che Dio voleva darmi la possibilità di riprendere in mano la mia vita. È iniziato cosi il mio percorso di redenzione.

Ora mi sento in pace, ho il Signore accanto a me e lo sento. Il rancore e la rabbia non fanno più parte di me e voglio migliorare giorno per giorno per uscire da qui riabilitata.

Questa esperienza spirituale la auguro a tutte le persone che entrano qui, perché colgano l'occasione per ripensare alla loro vita, per ritrovarsi così com'erano un tempo, perché, anche se ora si sono perdute e non vedono futuro, possono usare questo tempo per riflettere, meditare e avvicinarsi a Dio.

Grazie per avermi offerto l'opportunità di raccontare quello che custodisco nel più profondo del mio cuore.

Noemi

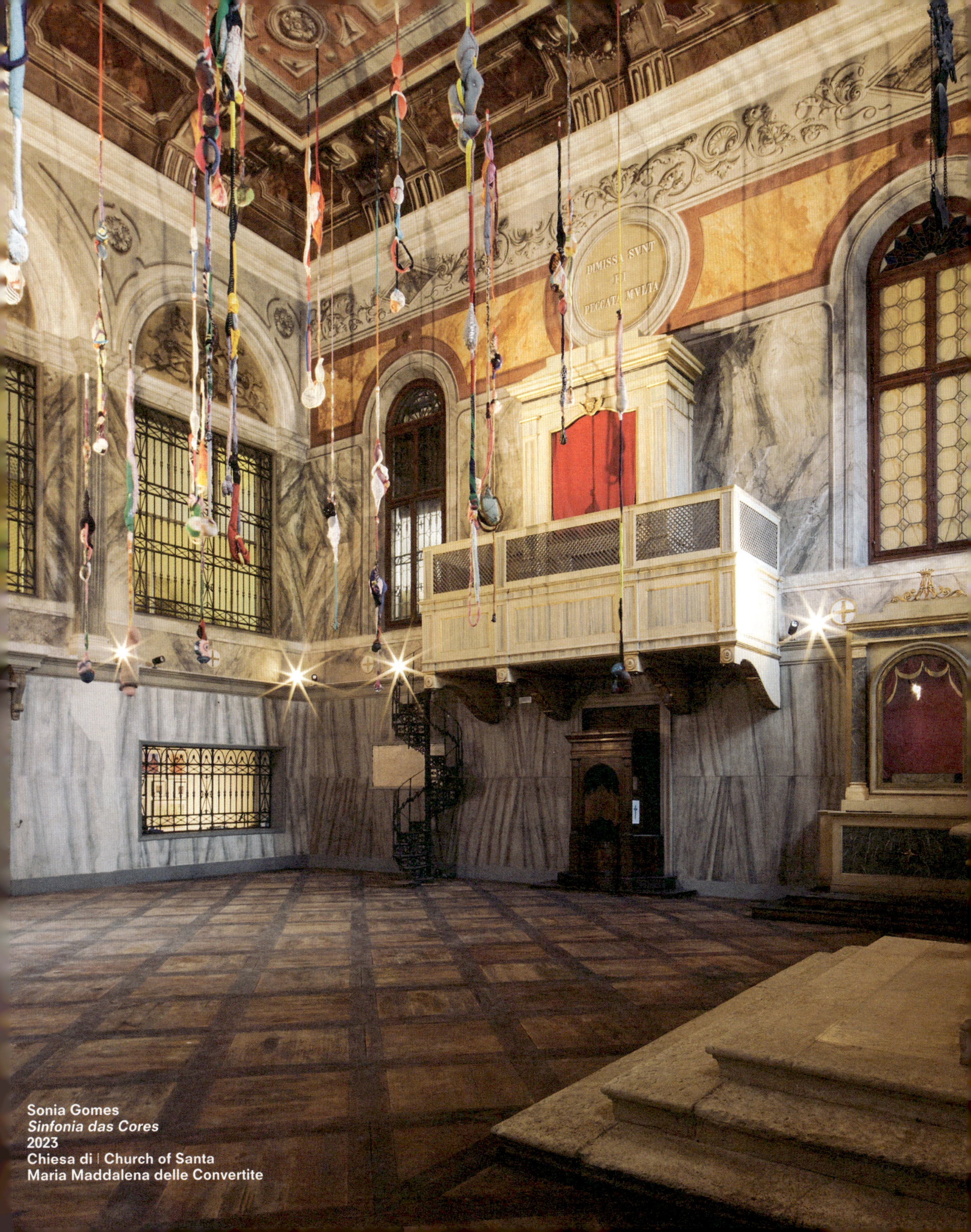

Sonia Gomes
Sinfonia das Cores
2023
Chiesa di | Church of Santa
Maria Maddalena delle Convertite

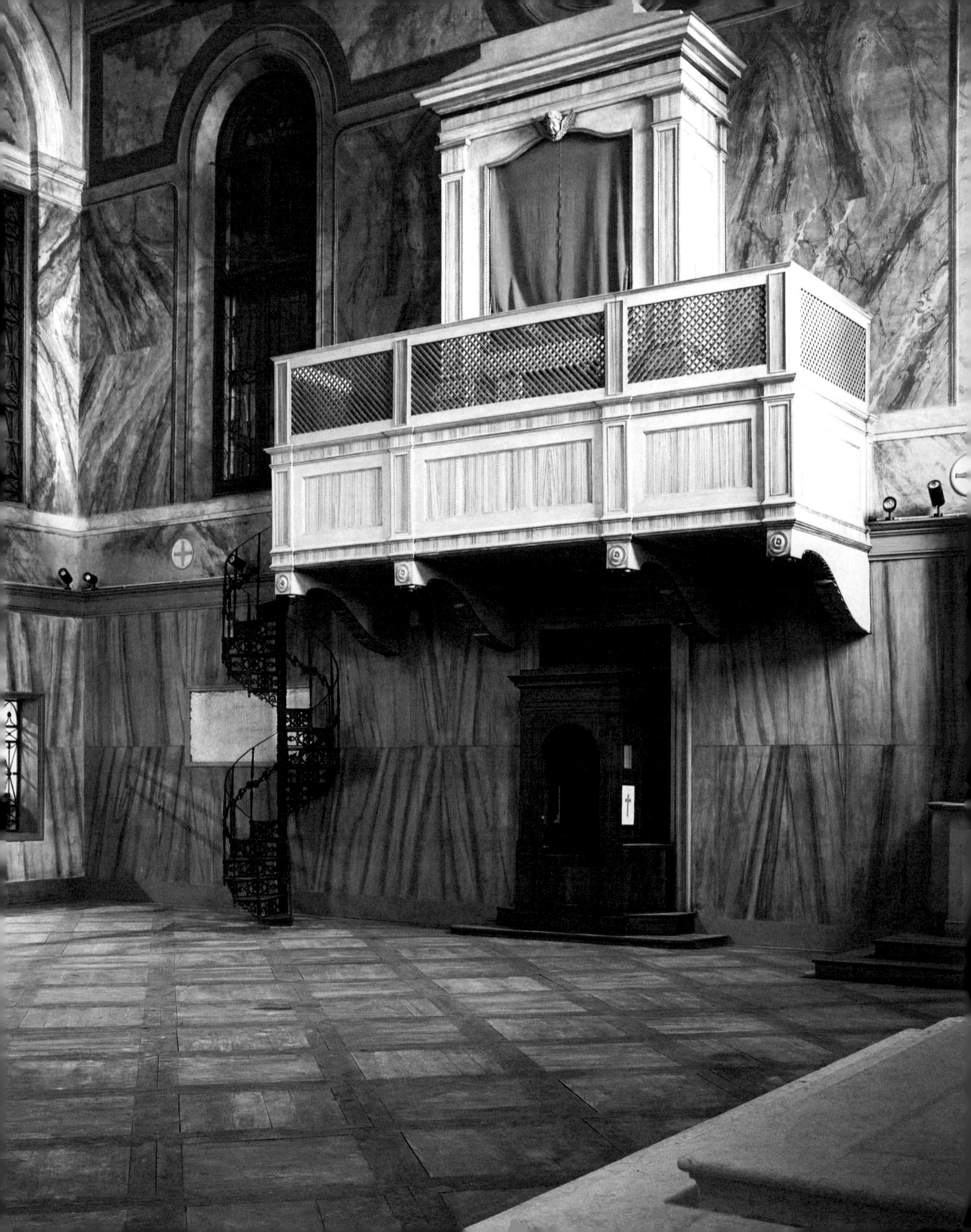

sinfonia das cores 34 acordes – artist notes

The symphonies arose from the *Acordes Naturais*, a work composed of seven chords named after the musical notes. The piece marks the moment musicality became evident in my practice. As this work unfolded, it led me to the Sinfonia series, groups of chords whose quantity follows the Fibonacci sequence and the golden ratio, a mathematical study on harmony and beauty in nature. Each symphony is composed of suspended chords alternating height, voluminosity, sounds, and silence, creating a rhythm. In other words, a musical score floating in space.

In the *Sinfonia das Cores, 34 Acordes* the most important thing for me was that the work called viewers to elevate their gaze. The Pinacoteca de São Paulo commissioned the installation for its atrium in 2023. I realized that the work stirs up memories of the baroque churches from the region where I was born, Minas Gerais. When we arrive at a baroque church, we look up, paying attention to the shimmer of gold, the colours of the paintings, and the angels carved in wood. *Sinfonia das Cores* also emerged from this instinctive memory of raising one's head to look up. Looking at the work exhibited in a chapel today offers an added layer of richness and sensitivity to the aesthetic experience. The high-ceilinged chapel invites the public to experience the installation floating above their heads. You can notice the beautiful ceiling of the chapel between the chords. There is an intrinsic relationship with the baroque of where I was born; I feel that the Brazilian Black baroque lives subconsciously within me.

The musicality from the work itself led me to Plínio Fernandes, a young Brazilian musician based in London. I was looking for reflective and contemplative music, and, in conversation with Plínio, we agreed to incorporate the installation *Prelude No. 4 in E Minor*, composed by Heitor Villa-Lobos and interpreted by Plínio. The music plays every six minutes, alternating between silence and sound, both present in the work.

Sinfonia das Cores is an exercise in contemplating beauty, the subtlety of movement, and a silent and visual melody. Making art is what liberates me, and creating beauty is what makes me alive.

Sonia Gomes

La famiglia è come le rose
le rose cadono cadono le spine
ma l'amore per la famiglia non avrà mai fine.
La sofferenza che ho dentro tutto questo tempo senza stargli vicino,
stare in questo brutto posto mi ha fatto capire tante cose,
che la famiglia non ha prezzo a stargli vicino non ha neanche valore
non c'è prezzo che paga a stare vicino ai nostri cari che è la famiglia.
La libertà non ha prezzo con tutto il mio cuore sofferente.

Bruna

sinfonia das cores 34 acordes – note d'artista

Le sinfonie nascono da *Acordes Naturais*, un'opera composta da sette accordi che prendono il nome dalle note musicali. Il brano segna il momento in cui la musicalità è diventata evidente nella mia pratica. A mano a mano che questo lavoro si sviluppava, sfociò nella serie *Sinfonia*, gruppi di accordi la cui quantità segue la serie di Fibonacci e la sezione aurea, uno studio matematico dell'armonia e della bellezza della natura. Ogni sinfonia è composta da accordi sospesi in cui si alternano altezza, voluminosità, suoni e silenzi, creando un ritmo. In altre parole, una partitura musicale fluttuante nello spazio. Nella *Sinfonia das Cores, 34 Acordes*, la cosa più importante per me è stata che l'opera ha chiamato gli spettatori a elevare lo sguardo. La Pinacoteca di San Paolo mi ha commissionato l'installazione, da posizionare nell'ingresso, nel 2023. Mi sono resa conto che l'opera suscita ricordi delle chiese barocche della regione in cui sono nata, Minas Gerais. Quando ci rechiamo in una chiesa barocca, alziamo lo sguardo, prestando attenzione allo scintillio dell'oro, ai colori dei dipinti e agli angeli scolpiti in legno. Anche *Sinfonia das Cores* è nata da questo ricordo istintivo di alzare la testa per guardare in alto. Guardare l'opera esposta in una cappella oggi aggiunge all'esperienza estetica un ulteriore livello di ricchezza e sensibilità. La cappella dall'alto soffitto invita il pubblico a percepire l'installazione sospesa sopra la sua testa. Tra le corde degli archi si nota il bel soffitto della cappella. Esiste un rapporto intimo con il barocco del luogo in cui sono nata; sento che il barocco nero brasiliano vive inconsciamente dentro di me. La musicalità che emana dall'opera stessa mi ha portato da Plínio Fernandes, un giovane musicista brasiliano che vive a Londra. Cercavo una musica riflessiva e contemplativa e, durante la conversazione con Plínio, abbiamo deciso di inserire nell'installazione il *Prelude No. 4 in mi minore*, composto da Heitor Villa-Lobos, nell'interpretazione di Plínio. La musica risuona ogni sei minuti, alternando silenzio e suono, ed entrambi fanno parte dell'opera stessa. *Sinfonia das Cores* è un esercizio di contemplazione della bellezza, della delicatezza del movimento e di una melodia silente e visibile. Fare arte è ciò che mi libera, creare bellezza è ciò che mi rende viva.

Sonia Gomes

Neve

Lei non si accorge, lei non vede,

ma nella mano
stringe solo un pugno di neve

Giulia Boschin

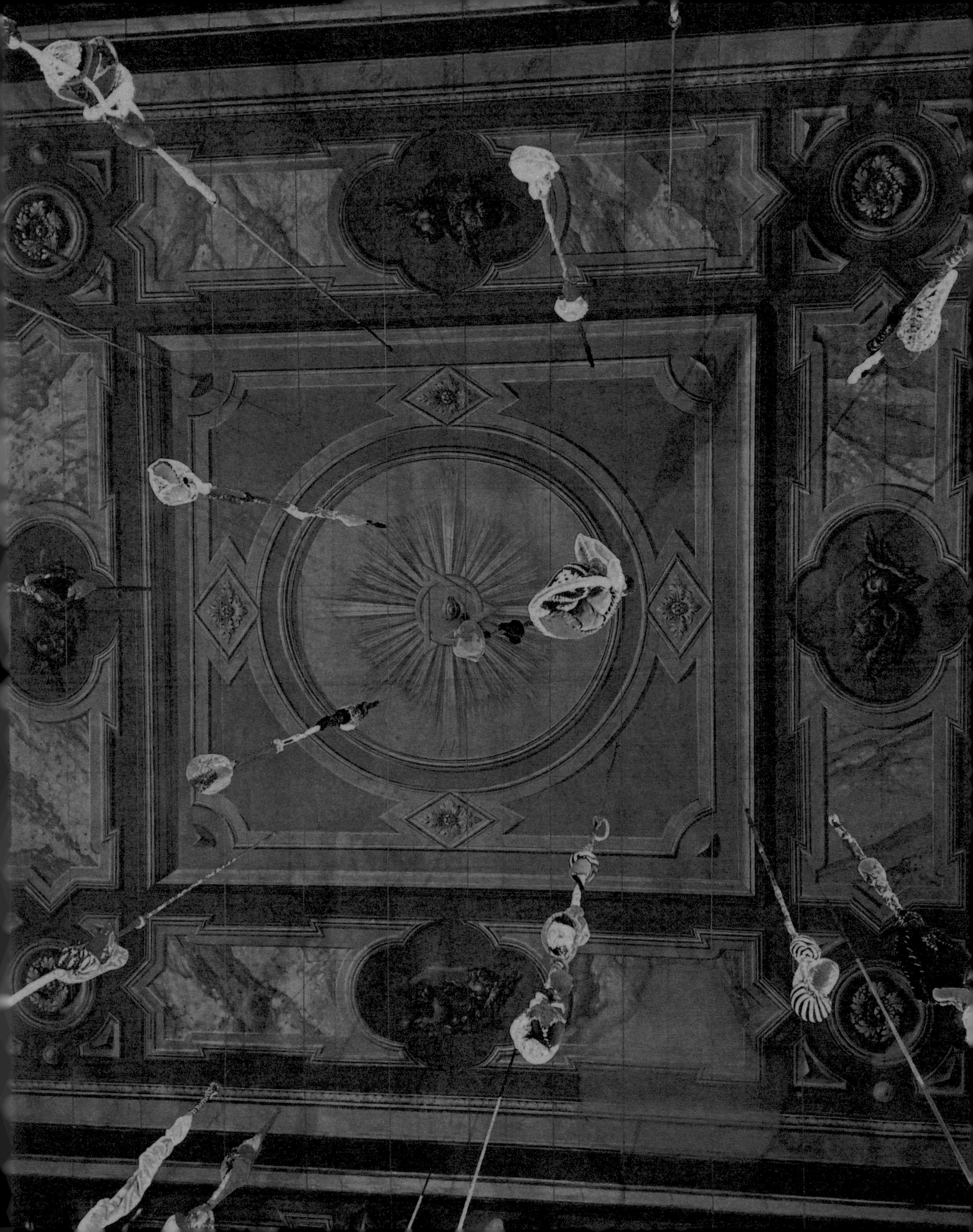

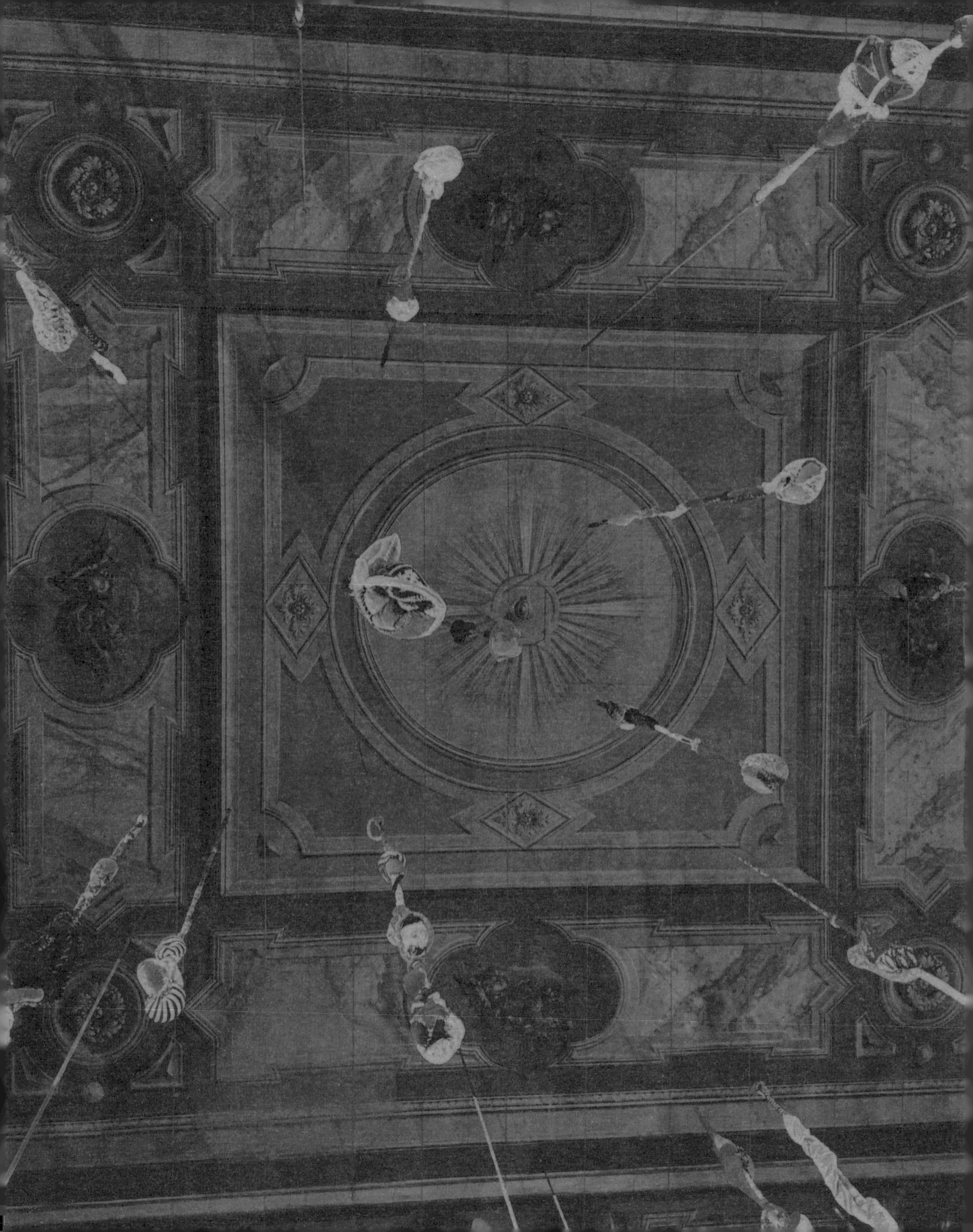

a nome di tutte

La Biennale ci ha dato la possibilità di essere per la prima volta dei protagonisti. Non più spettatori accecati dalla sconfitta e dai sensi di colpa. Spettatori che guardano la loro vita passare, il loro tempo disintegrarsi, le loro abitudini spezzate, i loro affetti lontani o scomparsi, la loro libertà sbriciolarsi, pensare l'indipendenza e acquisire regole, doveri, e perdere diritti. Cuori infranti in un pozzo scavato dalle lacrime amare, che segnano e levigano i nostri visi lacerati da questo tempo senza tempo. Da questa fine infinita. Non c'è presente, perché tutto ciò che ti resta è vivere nel passato, di ricordi, e sforzarti di immaginare un futuro, anche se alle volte sembra impossibile. Sentirci incastrati in una realtà che non è la nostra. La chiusura non è solo fisica, ma anche mentale: devi fare i conti con i blindi, le sbarre, ma anche con i tuoi limiti, le tue debolezze, le tue paure, le tue fragilità, devi dosare le tue emozioni, i tuoi pensieri, i tuoi ideali, devi riflettere cento volte prima di poter far anche solo un respiro, perché quel respiro, in un momento sbagliato, può costarti l'aria che, poi, non potrai più respirare. E anche se l'aria non ha un prezzo ed è di tutti, non qui. Qui tante cose costano e davvero molte poche valgono. Non esiste privacy in questo inferno mascherato di giustizia, perché qui tutto intorno a te vede, ascolta, e niente tace. Tanto rumore, un inutile e insulso rumore. Qui il nemico non è il silenzio, ma il suo contrario. E qui, proprio qui, non puoi scappare, per quanto veloce tu possa correre, per quanti angoli tu possa aver svoltato, per quanto fiato tu abbia speso e per quanto sudore ti sia caduto, ti ritroverai sempre allo stesso punto, con il cuore in gola, le gambe spezzate, e quel rumore assordante che non ti lascia mai. Anche la nostra ombra, al buio, ci lascia da soli. C'è un detto, solitamente usato dalla polizia, che dice: "Cane non mangia cane". Questa volta vorrei includere anche noi detenute in questo detto. Perché se c'è una cosa che qui ho visto è che non importa che tu sia cane, lupo, gatto, pantera, orso, cavallo, aquila o squalo, qui tutti mangiano tutti, qui, se stai per affondare, la gente ti mette una mano sulla spalla non per aiutarti, ma per farti andare giù più veloce. Non esiste amore ma solo sporchi interessi, non esiste amicizia, ma solo convenienza, e se trovi un cuore veramente puro capace di non sporcarsi nonostante qui sia tutto lercio e maleodorante, avvicinati, ma prima, se ti senti sporco, lavati, purificati, perché lo sporco si può togliere, ma il marcio no. E se lo sporco non va subito via non preoccuparti, se sei costante e ti impegni se ne andrà, e stando vicino a un cuore puro sicuramente si risanerà. E quando anche il tuo cuore sarà limpido, donalo, ama ciò che senti dal tuo cuore e ciò che l'altro ti rimanda. Ma, ricorda, ci saranno tanti cuori marci che si proclameranno puri e cuori puri che penseranno di essere marci. Elimina le parole, elimina i pregiudizi, elimina tutto quello che conosci, perché qui non ti servirà. Prendi contatto con il tuo essere più selvaggio, più antico, e fatti guidare. Dentro di te troverai la risposta alla tua domanda. Ascoltati, perché nessuno può farlo al posto tuo. Se non sai tu chi sei, chi lo può sapere? Comunque sia la Biennale ci ha dato la possibilità di essere parte di qualcosa. Qualcosa che va fuori dalla realtà carceraria. Siamo state comparse anche semplici, ma fondamentali, per realizzare questo cortometraggio, siamo state poetesse, scrittrici, non solo per noi stesse, ma anche per qualcuno che poi si porterà via i nostri pensieri, anche più intimi, e forse capirà che anche se delinquenti non siamo gli ultimi, non siamo vuoti o insensibili. Anche noi siamo esseri, anche se abbiamo sbagliato, ma pur sempre esseri. Le foto dei nostri figli, o di noi stesse da bambine, sono diventate opere d'arte, su cui soffermarsi a pensare alla nostra parte innocente tra tutte queste colpe. La Biennale ci ha

on behalf of all

The Biennale has given us the possibility of being protagonists for the first time. No longer spectators blinded by defeat and guilt. Spectators who watch their lives pass by, their time disintegrate, their habits broken, their affections distant or disappeared, their freedom crumble, thinking of independence, acquiring rules and duties, and losing rights. Hearts broken in a well dug by bitter tears, marking and smoothing our faces torn by this timeless time. By this endless end. There is no present because all that remains is living in the past, in memories, and striving to imagine a future, even if sometimes it seems impossible. Feeling trapped in a reality that is not our own. The confinement is not only physical but also mental; you have to deal with the blinds and the bars but also with your limits, your weaknesses, your fears, and your fragilities. You have to balance your emotions, your thoughts, your ideals, you have to think a hundred times before you can even take a breath, because that breath, at the wrong moment, can cost you the air that you can no longer breathe. And even if air is priceless and belongs to everyone, not here. Here many things cost and very few are worth it. There is no privacy in this hell disguised as justice, because here all around you sees, listens and nothing is silent. So much noise, useless and tasteless noise. Here the enemy is not silence, but its opposite. And here, right here, you cannot escape, no matter how fast you can run, no matter how many corners you may have turned, no matter how much breath you have spent and how much sweat has fallen, you will always find yourself at the same point, with your heart in your throat, your legs broken, and that deafening noise that never leaves you. Even our shadow, in the dark, leaves us alone. There is a saying, usually used by the police, that says: "Dog does not eat dog." This time I would like to include us inmates in this saying. Because if there is one thing I have seen here, it is that it does not matter if you are a dog, a wolf, a cat, a panther, a bear, a horse, an eagle, or a shark, here everyone eats everyone, here, if you are about to sink, people put a hand on your shoulder not to help you, but to make you go down faster. There is no love, only dirty interests, there is no friendship, only convenience, and if you find a truly pure heart capable of not getting dirty even though everything here is filthy and stinking, approach it but first, if you feel dirty, wash yourself, purify yourself, because dirt can be removed, but rot cannot. And if the dirt does not go away immediately, do not worry, if you are consistent and committed it will go away and by staying close to a pure heart it will surely heal. And when your heart is clear, give it away, love what you feel from your heart and what the other reflects back to you. But remember, there will be many rotten hearts proclaiming themselves pure and pure hearts thinking they are rotten. Eliminate words, eliminate prejudices, eliminate everything you know, because it will not serve you here. Make contact with your wildest, oldest self, and let yourself be guided. Inside you will find the answer to your question. Listen to yourself, because no one else can do it for you. If you don't know who you are, who else can? Anyway, the Biennale has given us the opportunity to be part of something. Something that goes beyond prison reality. We have been extras, even simple ones, but fundamental, to make this short film, we have been poets, writers, not only for ourselves, but also for someone who will then take away our thoughts, even the most intimate ones, and perhaps will understand that even though we are criminals, we are not the last, we are not empty or insensitive. We too are beings, even if we have made mistakes, but still beings. Pictures of our children, or ourselves as children, have become works of art, on which to dwell on our innocent part

portato un po' di aria nuova, diversa, ma soprattutto che non costa, ma che vale. Ci siamo viste sotto una luce diversa, ci siamo messe in gioco e abbiamo vinto. E vincere non è ricevere un premio, vincere è sentirsi, anche solo per un attimo, liberi in un posto dove la libertà non può esistere. Non servono davvero troppe parole per dirvi grazie, perché lo potete sentire attraverso i nostri lavori, il nostro impegno e la nostra costanza. E poi come farebbero le parole ad arrivare a spiegare la gratitudine che provano i nostri cuori? "Grazie per averci reso libere, anche solo per un istante" non si dice, si sente. Questa volta abbiamo corso più veloce che potevamo ma non per scappare, per ritrovarci. Il vero viaggio non è l'arrivo, ma il ritorno.

Venezia, 11 aprile 2024

Giulia Boschin
a nome di tutte le detenute della Casa
di Reclusione Femminile di Venezia Giudecca

Anima Libera

9/4/2024

Corri cavallo bianco.............
Corri dietro ai tuoi sogni, non guardare indietro
a quello che rimane nei tuoi ricordi
pensa che è un carillon antico sepolto e dimenticato nel tempo,

un tempo, che non tornerà mai più.

Respira aria nuova e riapri un mondo pieno di gioia,
allegria e avventure, raccogli i tuoi passi verso la libertà,

e vivi nel presente senza domani.

Sarà quello che rimarrà che è scritto per sempre
nel tuo cuore, cuore unico e solitario perché è tuo
e solo tu puoi sentire i suoi battiti.
Corri cavallo bianco, corri finché hai fiato.

Quando sei stanco della tua corsa ti fermerai
e troverai i tuoi zoccoli deboli a rincorrere te stesso,

lì capirai dietro cosa hai corso per la liberazione della tua anima.
Corri cavallo bianco corri......

Marceby Primera

among all these faults. The Biennale has brought us some fresh air, different, but above all, it doesn't cost, but it's worth it. We saw ourselves in a different light, we put ourselves on the line and we won. And winning is not receiving an award, winning is feeling, even just for a moment, free in a place where freedom cannot exist. There are really not too many words to thank you, because you can feel it through our work, our commitment, and our perseverance. And then how would words arrive to explain the gratitude our hearts feel? "Thank you for making us free, even just for a moment" is not said, we feel it. This time we ran as fast as we could but not to escape, to find ourselves. The real journey is not the arrival, but the return.

Venice, 11 April 2024

Giulia Boschin
on behalf of all the inmates of the
Giudecca Women's Prison in Venice

Vivi la leggerezza del momento,

e non dare mai per scontato niente.
Sappiti amare e solo così sarai amata.

Lascia entrare quel soffio che anche se
può essere banale a volte
mi riscalda il cuore.
Il cambiamento esiste se tu lo vuoi,
da sola lo trovi, e quando c'è resti
una persona nuova e bella.

Antonella Banelli

…quando l’anima è satura di dolore,

il tempo ne risente e non è vero che il tempo cura le ferite
quelle restano a vita dentro di noi come un vaso rotto
lo puoi ricomporre ma non è più lo stesso è pieno di crepe,

il trucco sta nel trasformare il dolore in forza e sapere
conviverci ed accettare quelle crepe e farle diventare
una parte di te unica perché solo attraversando la sofferenza

può avvenire un cambiamento…

Anonima

Le urla nel silenzio gridate per molti anni

per sfogare il mio dolore, sofferenza, rabbia,

lentamente passano e cominci
ad avere lacrime di gioia, sorrisi quasi felici perché
quei brutti ricordi stanno sfumando

per la costanza, il mio credo, la mia
volontà e forza. Il tunnel maldetto diventa
la mia luce guida.

Grazie a tutte le istituzioni

Manuela

Siamo arrivati fino a qui
per questo meraviglioso progetto,
senza sapere che cosa ci aspettasse.
Sappiamo di aver varcato quel cancello con il cuore
a 3000 e pieno di energia positiva.
Siamo entrati senza nemmeno un piccolo frammento di pregiudizio
o paura, anche perché non ci appartiene.
Abbiamo esposto tutte le nostre intenzioni, i nostri interessi, il nostro progetto
alla direzione che con grande entusiasmo e disponibilità ha accolto senza mai
dubitare della buona volontà e correttezza del nostro lavoro.
Abbiamo riscontrato un'apertura a tutto tondo che ci ha
permesso, insieme alle équipe, di muoverci liberamente sia
all'interno che all'esterno dell'Istituto. Siamo rimasti colpiti e molto grati nel vedere
la collaborazione da parte di tutti.
E quando diciamo tutti è perché cosi è stato.
A partire da noi, gli artisti, la direzione, l'area sanitaria, la polizia penitenziaria,
le ospiti della Casa di Reclusione, e non solamente le partecipanti
ma anche quelle che, da dietro le quinte hanno contribuito a sistemare, riordinare, pulire,
fare lavori di restauro e manutenzione in modo tale da permetterci di trovare
sempre un ambiente favorevole allo svolgimento
del nostro lavoro e delle nostre esigenze.
Ci teniamo a esprimere quanto sia stato emozionante
formare le ospiti di questa Casa come guide per questa
mostra ma soprattutto quanta emozione abbiamo provato nel conoscerle,
nell'ascoltarle, nell'entrare nella loro realtà quotidiana, nel sentire,
empatizzando il loro dolore e le loro gioie.
Ridere assieme a loro.
Piangere assieme a loro.
Vederle commuoversi davanti alle opere di questi spettacolari artisti.
Un'esplosione artistica di ogni singolo individuo che ha trovato
in questo incontro una fusione che va al di là di ognuno di noi.
Che va al di là del singolo ma che arriva all'essenza delle radici dell'umanità.
Un'unione unanime.
Un'unione all'unisono.
Un'unione unica che riflette
una luce di verità e riflessione
sul mondo, come il sole fa con la luna, ma che brilla di luce propria,
come ogni singola vita in questo posto, come fanno le stelle.
Siamo davvero entusiasti di ciò che abbiamo costruito fino
ad ora e siamo pronti a lottare al loro fianco per continuare
questa esperienza, perché crediamo in quella famosa frase che dice:
"nulla si crea, nulla si distrugge ma tutto si trasforma".
E non c'è prova più tangibile di questo progetto.
Trasformare giornate buie in giornate luminose, trasformare
difficoltà, dolore in punti di forza, trasformare donne che hanno sbagliato
in risorse consapevoli.
Sappiamo solo che questo è solo l'inizio di una grande avventura,
racchiusa tra mura che vibrano di cuori palpitanti.
Se ci chiedessero che cos'è per voi il coraggio?
Noi parleremmo di loro.
Parleremmo di chi crede ancora che
le stelle siano nel cielo, non in TV.
Parleremmo di chi crede nelle vibrazioni provocate
da un'opera d'arte, non da un telefono.
Parleremmo di chi crede che non servano troppe parole
per esprimere qualcosa che tutti noi abbiamo dentro,
ma che ormai abbiamo dimenticato.
L'empatia.

Discorso inaugurale dei curatori scritto da Giulia Boschin — Venezia, 19 aprile 2024

Siamo arrivati fino a qui

per questo meraviglioso progetto,
senza sapere che cosa ci aspettasse.
Sappiamo di aver varcato quel cancello con il cuore
a 3000 e pieno di energia positiva.

Siamo entrati senza nemmeno un piccolo frammento di pregiudizio
o paura, anche perché non ci appartiene.

Abbiamo esposto tutte le nostre intenzioni, i nostri interessi, il nostro progetto
alla direzione che con grande entusiasmo e disponibilitá ha accolto senza mai
dubitare della buona volontá e correttezza del nostro lavoro.

Abbiamo riscontrato un'apertura a tutto tondo che ci ha
permesso, insieme alle équipe, di muoverci liberamente sia

all'interno che all'esterno dell'Istituto. Siamo rimasti colpiti e molto grati nel vedere
la collaborazione da parte di tutti.
E quando diciamo tutti é perché cosí é stato.

A partire da noi, gli artisti, la direzione, l'area sanitaria, la polizia penitenziaria,

le ospiti della Casa di Reclusione, e non solamente le partecipanti
ma anche quelle che, da dietro le quinte hanno contribuito a sistemare, riordinare, pulire,

fare lavori di restauro e manutenzione in modo tale da permetterci di trovare

sempre un ambiente favorevole allo svolgimento
del nostro lavoro e delle nostre esigenze.

Ci teniamo a esprimere quanto sia stato emozionante
formare le ospiti di questa Casa come guide per questa

mostra ma soprattutto quanta emozione abbiamo provato nel conoscerle,
nell'ascoltarle, nell'entrare nella loro realtá quotidiana, nel sentire,

empatizzando il loro dolore e le loro gioie.

Ridere assieme a loro.
Piangere assieme a loro.
Vederle commuoversi davanti alle opere di questi spettacolari artisti.

Un'esplosione artistica di ogni singolo individuo che ha trovato

in questo incontro una fusione che va al di lá di ognuno di noi.

Che va al di lá del singolo ma che arriva all'essenza delle radici dell'umanitá.
Un'unione unanime.

Un'unione all'unisono.
Un'unione unica che riflette
una luce di veritá e riflessione
sul mondo, come il sole fa con la luna, ma che brilla di luce propria,

come ogni singola vita in questo posto, come fanno le stelle.

Siamo davvero entusiasti di ció che abbiamo costruito fino
ad ora e siamo pronti a lottare al loro fianco per continuare
questa esperienza, perché crediamo in quella famosa frase che dice:
"nulla si crea, nulla si distrugge ma tutto si trasforma".

E non c'é prova piú tangibile di questo progetto.
Trasformare giornate buie in giornate luminose, trasformare

difficoltá, dolore in punti di forza, trasformare donne che hanno sbagliato
in risorse consapevoli.

Sappiamo solo che questo é solo l'inizio di una grande avventura,
racchiusa tra mura che vibrano di cuori palpitanti.
Se ci chiedessero che cos'é per voi il coraggio?
Noi parleremmo di loro.

Parleremmo di chi crede ancora che
le stelle siano nel cielo, non in TV.

Parleremmo di chi crede nelle vibrazioni provocate
da un'opera d'arte, non da un telefono.

Parleremmo di chi crede che non servano troppe parole
per esprimere qualcosa che tutti noi abbiamo dentro,
ma che ormai abbiamo dimenticato.
L'empatia.

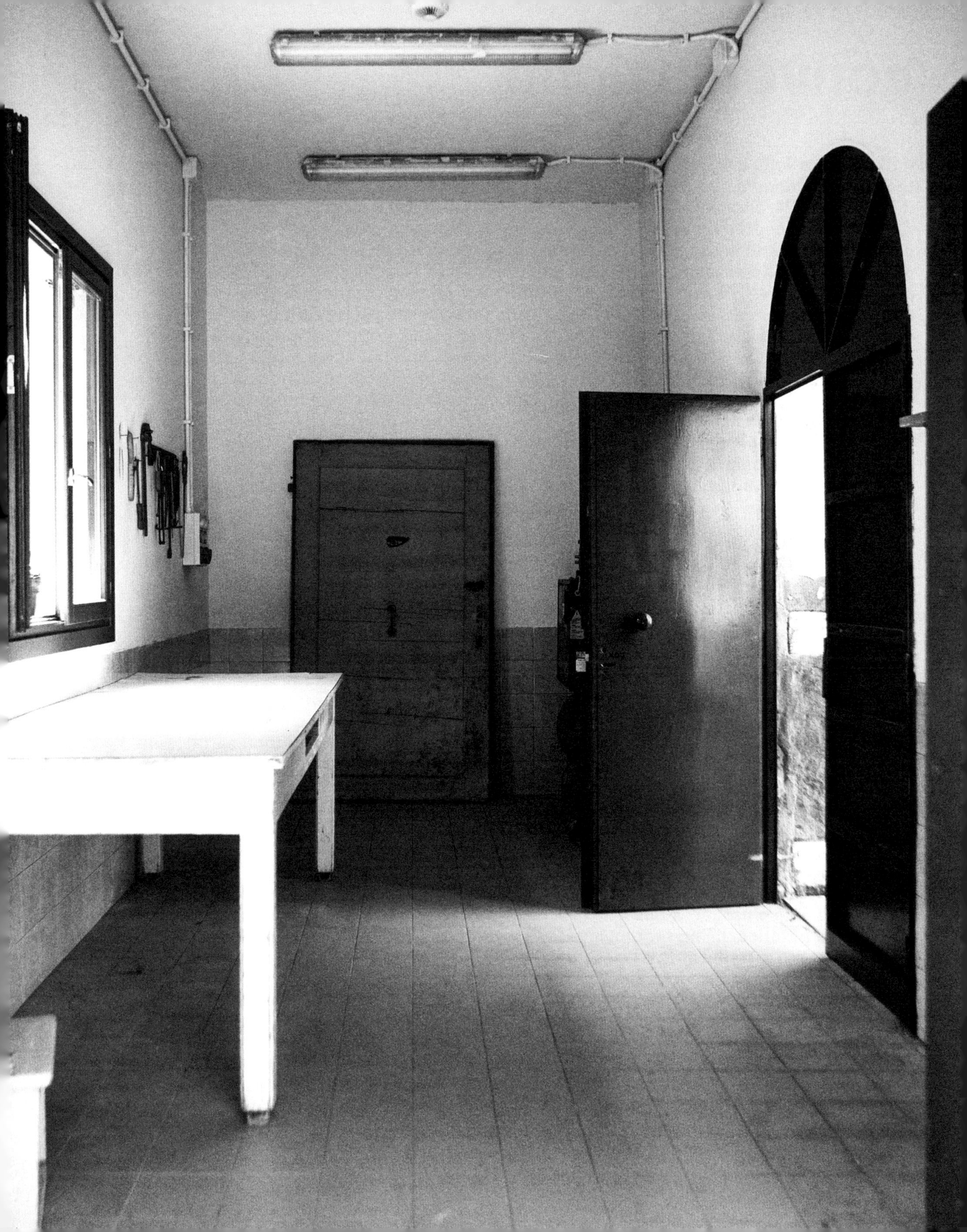

conversazione

Il dialogo tra Julia Kristeva e Hans Ulrich Obrist che segue si è svolto nel 2011. Questo testo inedito non ha perso di attualità e risuona in pieno con il tema della Biennale d'Arte di Venezia 2024, *Stranieri Ovunque,* nonché con quello del Padiglione della Santa Sede, *Con i miei occhi.* Non sorprende, poiché i due protagonisti sono espatriati, stranieri che, ciascuno a proprio modo, hanno costantemente ricercato un senso condiviso. Nelle risposte di Julia Kristeva emergono concetti fondamentali: l'arte come esperienza attraverso la quale la soggettività si plasma in un intimo dialogo con il mondo, l'epifania – o la rivelazione di sé a sé – scaturita da uno shock, un turbamento profondo dell'essere che si intreccia anche con la rivolta. Tale epifania, lungi dall'essere un dato scontato, varia nella sua intensità fino a raggiungere, in alcune sue forme estreme, una dimensione mistica; essa rimane comunque il punto di fuga di ogni incontro autentico con l'arte. Queste riflessioni si uniscono a quelle che hanno ispirato la scelta del Padiglione della Santa Sede, ovvero il coinvolgimento di un carcere attivo riservato alle donne, come esperienza fuori dall'ordinario per artisti, visitatori e detenute, che permette l'incontro di mondi che la legge, di solito, costringe a tenere separati, in modo che possano fare un pezzo di strada insieme, sperando in una rinascita: "Siamo con voi nella notte".

Chiara Parisi, Bruno Racine

Julia Kristeva La cosa che più mi ha incuriosito dell'invito a partecipare a questa intervista è stata la percezione che fosse fuori dai soliti schemi e dalle convenzioni. L'idea alla base di questa conversazione mi stimola perché penso che parli di un tema che ha interessato e preoccupato tutta la mia generazione (quella intellettualmente impegnata dagli anni sessanta fino a oggi), ovvero la questione della creazione e generazione del senso, non partendo dall'origine del linguaggio e da quell'approccio metafisico che le scienze del linguaggio, la logica linguistica e anche la psicoanalisi hanno scartato, ma proprio concentrandosi sulla creazione/attribuzione del senso nella soggettività umana. Questo approccio ci ha portati, quindi, a interrogarci sulla questione della rappresentazione pittorica, della scrittura e della parola e sull'incontro tra questi tre modi di essere.

È stato il grande momento di Jacques Derrida, Jacques Lacan ed Émile Benveniste. Proprio su Benveniste ho scoperto, con grande curiosità, che ha dedicato una grande parte dei suoi studi, una parte ancora poco citata e poco nota, alla scrittura e al linguaggio. La scrittura la affronta a partire dall'età arcaica, passando all'arte preistorica e all'emergere della scrittura delle immagini, per poi confluire nella rappresentazione pittorica. Il linguaggio, invece, è trattato partendo dall'idea che la scrittura non sia una mera traduzione o ripetizione del linguaggio, ma che abbia una logica completamente diversa. L'aspetto che mi ha colpito è che Benveniste, che ha comunque un certo rapporto con la psicoanalisi (è stato il primo linguista a scrivere un testo nella rivista "L'inconscient" sul rapporto tra psicoanalisi e linguaggio), si sia interessato al fatto che parlare di pittura e scrittura significhi uscire dai limiti della linguistica, uscire dal quadro del verbo che sintetizza la parola, la sintassi, la logica. Ne deriva una dimensione altra, che trascende il linguista che egli è e che, allo stesso tempo, lo affascina, e che lui stesso definisce una "esperienza", una "parola mistica". È una parola a cui Hegel e Heidegger hanno consacrato i loro studi ed è una dimensione in cui subentrano l'affetto, la pulsione, le relazioni con gli altri, la sessualità, la vita e la morte, dunque un corpo che è pronto al trans-linguistico. Questa dimensione relazionale metalinguistica è un

conversation

The dialogue between Julia Kristeva and Hans Ulrich Obrist, given below, took place in 2011. Its unpublished text has not lost its timeliness and fully resonates with the theme of the 2024 Venice Biennial Art Show, *Foreigners Everywhere*, as well as with that of the Holy See Pavilion, *With my Eyes*. This is not surprising, since both personalities are expatriates, foreigners who, each in their own way, have constantly searched for a shared sense. In Julia Kristeva's answers, fundamental concepts arise: art as an experience through which subjectivity is shaped in an intimate dialogue with the world, epiphany – or the revelation of oneself to oneself – resulting from a shock, a profound disarray of being that is also intertwined with revolt. Such epiphany, far from being a taken for granted fact, varies in its intensity to the point of reaching, in some of its extreme forms, a mystical dimension; it nevertheless remains the vanishing point of every authentic encounter with art. These reflections join the ones that inspired the choice for the Holy See Pavilion, i.e., involving an active prison reserved for women, as an out-of-the-ordinary experience for artists, visitors, and inmates, which allows for the meeting of worlds that law usually forces to keep separate, so that they can go a part of the journey together, hoping for a rebirth – "We are with you in the night".

Chiara Parisi, Bruno Racine

Julia Kristeva **What intrigued me most about the invitation to attend this interview was the perception that it was outside the usual formats and conventions. The idea behind this conversation encourages me because I think it deals with a subject that has interested and concerned my whole generation (the one intellectually engaged from the Sixties until today), i.e. the question of the creation and generation of sense, not by starting from the origin of language and the metaphysical approach that the sciences of language, linguistic logic and also psychoanalysis have discarded, but just by focusing on the creation/attribution of sense in human subjectivity. This approach, therefore, led us to wonder about the question of pictorial representation, writing, and speech and the encounter between these three ways of being. It was a great moment for Jacques Derrida, Jacques Lacan, and Émile Benveniste. Precisely, as far as Benveniste is concerned, I discovered, quite interestingly, that he devoted a large part of his studies, a part still little cited and little known, to writing and language. Writing is addressed by starting from the archaic age, moving on to prehistoric art and the advent of image writing, and then resulting in pictorial representation. Language, on the other hand, is dealt with by starting from the idea that writing is not merely a translation or repetition of language, but that it has a completely different logic. The aspect that struck me is that Benveniste, who in any case has some kind of affinity with psychoanalysis (he was the first linguist to write a text in the journal *L'inconscient* on the relationship between psychoanalysis and language), was interested in the fact that talking about painting and writing means getting out of the boundaries of linguistics, leaving the framework of the verb that summarizes word, syntax, and logic. A different dimension follows from this, which transcends him as a linguist and, at the same time, fascinates him, and which he himself defines as an "experience", a "mystic word". It is a word to which Hegel and Heidegger dedicated their studies, and it is a dimension in which other elements become relevant: affection, drive, relationships with others, sexuality, life, and death, and, hence, a body that is ready for the trans-linguistic realm. This metalinguistic**

qualcosa che, in quanto psicoanalista, mi stava aspettando, che dovevo approfondire.

Riguardo agli incontri letterari tra artisti e intellettuali, credo si debba uscire dall'idea in cui ci troviamo, ovvero che la globalizzazione, insieme alla cultura dello spettacolo, siano sono solamente un luogo tossico, un luogo in cui il pensiero si addormenta e lo scambio di senso sia insignificante. Al contrario, bisognerebbe ribadire una visione positiva caratterizzata da una nuova interpretazione del mondo dell'immagine, aperta a una prospettiva di rinascita (e di rinascimento) del senso. Ed è qui che troviamo l'arte pittorica praticata dai grandi artisti del nostro tempo. Quando Cézanne disegna o dipinge, oppure quando Monet o Manet riformano la pittura, quando Picasso dipinge un quadro, non si tratta di ripetere o di rappresentare quello che si è detto di illustrare. Si tratta di immergersi in un'esperienza del mondo, con affetto, attraverso la ricostruzione del legame tra soggetto e oggetto, tra me e la natura, me e il suono, me e il visibile, me e la luce. È proprio questa contaminazione di significato e sensi e di trionfo dell'esperienza soggettiva del mondo che prende il nome di "arte". Arte intesa come un'esperienza, come un'impronta, come un luogo atto alla nascita della soggettività. E questo mi porta a una riflessione: qual è stato il rapporto, quali le epifanie e le rivelazioni che mi hanno portato a questa visione, che ho abbracciato e che ho trasmesso nelle mie pubblicazioni? Faccio un po' la pedante e mi soffermerò sulle parole "epifania" e "rivelazione", partendo dalla traduzione della parola greca e spaziando, poi, lasciandomi andare ad associazioni mentali.

Alla prima parola, "epifania", Joyce dedica un enorme spazio nel suo universo estetico e letterario: egli considera infatti che ogni atto immaginario si tessa intorno a un'epifania che nasce da uno shock sensoriale causato da un incontro, un incontro inteso come un'immersione in una sensazione visiva o acustica (a seconda dello stimolo) e grazie al quale è possibile entrare in contatto con la propria verità soggettiva. Questo processo si attua ogni volta che un individuo, nel raccontare una storia, cambia le frasi a seconda della propria verità soggettiva; oppure quando un artista, dipingendo un soggetto, ne cambia le forme (per esempio Picasso). Quest'idea dell'epifania come ricostituzione di una verità soggettiva e/o mondana la ritroviamo nel termine "rivelazione" nel quale possiamo leggere, in particolare nella sua connotazione religiosa, la ricerca di una verità.

Negli anni 1996-1997 ho istituito due corsi all'università Paris VII sul tema della rivolta, perché avevo l'impressione che ci trovassimo in un momento morto, senza via di uscita; mi chiedevo se una rivolta fosse possibile e perché avessi l'impressione che non lo fosse. Per cercare di rispondere ai miei dubbi, per prima cosa ho fatto un'analisi della parola "rivelazione", soffermandomi sulla sua consonanza con la parola "rivolta". Rivelazione e rivolta derivano dalla radice sanscrita "vel", che significa "inversione", "tornare indietro" al passato per poi andare avanti. Un movimento, dunque, che è allo stesso tempo spaziale e temporale, che va prima indietro e poi in avanti, dal passato al futuro. Seguendo la logica dell'andare indietro per poi progredire, troviamo la radice "vel" nel termine "rivelazione". Ed ecco che, analizzando il passato, scopriamo qualcosa di nuovo, ovvero che Voltaire fu il primo a utilizzare il termine "rivelazione" nell'ambito della politica e della rivoluzione.

In questa luce, rivelazione e rivolta, quando non intese come un attacco contro una verità assurda o un potere assurdo (perché non esiste più il potere né la verità), esistono come un fenomeno archeologico, sociale e relazionale in cui il passato rinasce per dare vita a nuovi spazi (e nuovi incontri) nel futuro.

Per illustrare questo movimento della rivelazione-rivolta nella cultura più recente, ho preso tre esempi del pensiero contemporaneo: Louis Aragon, Jean-Paul Sartre e Roland Barthes. Tutti e tre, più in particolare Aragon e Barthes, sono sia degli scrittori che mettono in atto questa rivelazione in uno stile, parlando la lingua, sia degli appassionati di pittura e di arte contemporanea. Con Sartre è meno evidente. Per me, dunque, l'epifania è uno shock emotivo da cui scaturisce il sorgere del senso nella soggettività; è allo stesso tempo fonte di verità ma soprattutto di rivolta. Sono contenta di parlarne in questo modo perché il bisogno di questa rivolta si fa sentire oggi, guardando

relational dimension is something that, as a psychoanalyst, was waiting for me, and that I needed to delve deeper into.

As regards literary meetings between artists and intellectuals, I deem we need to get away from the idea we find ourselves in, i.e., that globalization, together with the culture of entertainment, are only a toxic place, a place where thought falls asleep and the exchange of sense is insignificant. On the contrary, we should reassert a positive vision characterised by a new interpretation of the world of images, open to a prospect of rebirth (and renaissance) of sense. And it is here where we meet the pictorial art practiced by the great artists of our time. When Cézanne draws or paints, or Monet and Manet reform painting, when Picasso paints a picture, it is not a question of repeating or representing what they wanted to depict. It's about immersing oneself in an experience of the world, with affection, through the reconstruction of the link between subject and object, between me and nature, me and sound, me and the visible, me and light. It is precisely such contamination of meaning and sense and of the triumph of the subjective experience of the world that takes on the name of "art". Art understood as an experience, as an imprint, a place suitable for the birth of subjectivity. This leads me to the following thought: what were the relationship, the epiphanies and revelations that brought me to this vision that I embraced and conveyed in my publications? I'm being a bit pedantic and will focus on the words "epiphany" and "revelation", starting from the translation of the Greek word and then moving on to mental associations.

To the first word, "epiphany", Joyce dedicates an enormous space within his aesthetic and literary universe – he considers, in fact, that any imaginary act is woven around an epiphany arisen from a sensorial shock caused by an encounter, an encounter understood as an immersion in a visual or acoustic sensation (depending on the stimulus), and thanks to which it is possible to come into contact with one's subjective truth. This process takes place every time an individual, in telling a story, changes the sentences according to his own subjective truth; or when an artist painting a subject, changes its shapes (for example Picasso). We find this idea of epiphany as the reconstitution of a subjective and/or worldly truth in the term "revelation", in which we can read, in particular in its religious connotation, the search for a truth.

In the years 1996–1997, at the University of Paris VII, I established two courses on the topic of revolt, because I had the impression that we were in a dead moment, with no way out; I wondered if a revolt was possible and why I had the impression that it wasn't. To try to answer my doubts, first I analysed the word "revelation", pausing on its consonance with the word "revolt". Revelation and revolt derive from the Sanskrit root "vel", which means "inversion", "going back" to the past and then moving forward. A movement, spatial and temporal at the same time, which first goes backwards and then forwards, from the past to the future. Following the logic of going backwards and then progressing, we meet the root "vel" in the term "revelation". And hence, by analysing the past, we discover something new, namely that Voltaire was the first to use the term "revelation" in the field of politics and revolution.

In this light, revelation and revolt, provided that they are not understood as an attack against an absurd truth or absurd power (because power or truth no longer exists), exist as an archaeological, social and relational phenomenon in which the past is reborn to give life to new spaces (and new encounters) in the future.

To illustrate this movement of revelation-revolt inside the most recent culture, I have taken three examples in contemporary thought: Louis Aragon, Jean-Paul Sartre and Roland Barthes. All three, most notably Aragon and Barthes, are both writers who implement this revelation in a style, speaking the language, and being passionate about painting and contemporary art. In Sartre this is less evident. For me, therefore, epiphany is an emotional shock from which the emergence of sense in subjectivity arises; it is together a source of truth and above all revolt. I am happy to talk about it in this way, because the need for this revolt is felt today, if we look at the success of Stéphane Hessel's book, which talks about a revolt in the political sense of the term

il successo del libro di Stéphane Hessel che parla di una rivolta in senso politico del termine e suscita indignazione. La domanda che possiamo porci, noi intellettuali, è come manifestare e trasmettere questa indignazione non solo attraverso la strada battuta e conosciuta, ma cercando luoghi del pensiero in cui questa rielaborazione della soggettività sia possibile. Come voltarsi verso il passato per andare avanti? Come guardare al passato di questa civiltà nella quale noi viviamo e condurlo verso una rinascita? È questa la mia preoccupazione ed è ciò che ha ispirato la mia ricerca, la mia esperienza accademica e i miei tentativi di trovare un filo conduttore. La domanda, però, sarebbe più completa se potessi fornire degli esempi biografici per spiegare questa teoria.

Hans Ulrich Obrist Credo che sarebbe interessante fornire alcuni esempi, soprattutto perché esiste tutta questa letteratura online che viene dal mondo anglosassone e molto spesso ci si riferisce alla sua rivelazione, per così dire "dell'intertestualità". Molto spesso essa menziona la polifonia come momento di rivelazioni. Sarebbe dunque interessante sapere quando, per la prima volta, è successo.

JK Faccio fatica a parlare della prima volta perché sono immersa in una fase "barocca" del mio percorso. Ho appena terminato un libro su Teresa d'Avila che mi ha impegnato una decina di anni, vorrei parlare di lei, ho l'impressione che si tratti di un personaggio poco conosciuto. Teresa ha fatto un'esperienza della rivelazione epifanica, nel senso matematico del termine, diventando un riflesso dell'infinito. Consideriamo l'idea del sorgere del senso nella visione di cui ho parlato prima, ovvero come un'esperienza vissuta in modo carnale, erotico, quasi come atto amoroso e allo stesso tempo psichico e fisico, come dimensione divina in quanto infinita. L'infinito è in me, io sono il riflesso dell'infinito. Deleuze lo ha capito e, infatti, ha creato una correlazione tra l'idea del riflesso dell'infinito e l'arte barocca. Non so se fosse a conoscenza di quello che ho scoperto lavorando su Teresa D'Avila: quando Leibniz ha teorizzato il concetto del riflesso come presenza dell'infinito, ha scritto a Pierre-Marie Morel, che era uno dei suoi corrispondenti, "c'è qualcuno che mi ha preceduto nell'invenzione del calcolo infinitesimale" – dove ogni unità ha l'impatto dell'infinito e ogni monade contiene l'infinito – "una religiosa spagnola, Teresa d'Avila che ha sperimentato nel suo corpo la presenza dell'infinito". Io non sono arrivata fino a questo punto, non sono arrivata fino a questo livello di rivelazione nelle mie epifanie, non ho sperimentato un tale trasporto erotico-mentale dall'infinito a me, ma ho avuto la fortuna di nascere in Bulgaria, un Paese che era comunista, crocevia tra Oriente e Occidente, Russia e Grecia, e che è ancora l'unico Paese al mondo che celebra la festa della cultura. Ogni 24 maggio si celebrano i due santi Cirillo e Metodio, che hanno inventato l'alfabeto slavo. Ogni 24 maggio manifestavamo per le strade, noi bambini, tutti coloro che fanno cultura, gli artisti, gli insegnanti, i giornalisti, i bibliotecari. E così, ogni 24 maggio, ero una lettera dell'alfabeto, con tanti fiori; le lettere dell'alfabeto costituivano delle frasi, degli slogan, delle parole, pur essendo in un Paese dove non si poteva dire tutto perché c'era la censura. Era un'atmosfera piuttosto curiosa da vivere e mi viene in mente ora quel periodo prima di venire in Francia (ovvero negli anni sessanta: sono arrivata in Francia a Natale del 1965): una cappa di piombo un po' anestetizzante. Senza dubbio era così, ma non era solo quello. Ricordo che passavamo le notti a leggere Michail Bachtin, che aveva elaborato una lettura molto specifica di Rabelais e di Dostoevskij.

HUO Ha parlato dell'atmosfera culturale in un Paese sottoposto alla censura, riflettendo sulla sua esperienza prima di trasferirsi in Francia negli anni sessanta. Ha ricordato le notti passate a leggere opere letterarie non convenzionali, come quelle di Bachtin, e la sua passione per la letteratura russa, in particolare per autrici come Ljudmila Ulickaya. Questa ricchezza culturale le ha ispirato l'interesse per l'intertestualità e la diversità delle influenze culturali?

JK Esatto, l'ambiente in cui sono cresciuta ha influenzato il mio interesse per la diversità culturale e l'intertestualità. Ho iniziato con l'interesse per la fisica nucleare e

and arouses indignation. The question we intellectuals can put to ourselves is how to express and transmit this indignation not only by following the well-known and beaten path, but by seeking places of thought where it is possible to work up subjectivity. How can we turn towards the past to move forward? How can we look at the past of this civilisation, in which we live, and lead it towards a rebirth? This is my concern, and it is what has inspired my research, my academic experience and my attempts to find a common thread. The question, however, would be more complete if I could provide some biographical examples to explain this theory.

Hans Ulrich Obrist I think it would be interesting to provide some examples, especially because there is a whole online literature that comes from the Anglo-Saxon world, and very often we refer to its revelation, of so to speak "inter-textuality". Very often polyphony is mentioned as a moment of revelations. It would, therefore, be interesting to know when it happened for the first time.

JK I find it difficult to talk about the first time, because I am immersed in a "baroque" phase of my pathway. I have just finished a book on Teresa of Ávila which took me about ten years; I would like to talk about her, it seems to me that she is a little-known personality. Teresa experienced epiphanic revelation, in the mathematical sense of the term, becoming a reflection of the infinite. Let's consider the idea of the emergence of sense in the vision I spoke about before, that is, as an experience lived in a carnal, erotic way, almost as an act of love and together psychic and physical, as a divine dimension inasmuch as it is infinite. The infinite is in me, I am the reflection of the infinite. Deleuze understood this and, in fact, created a correlation between the idea of reflection of the infinite and Baroque art. I don't know whether he was aware of what I discovered working on Teresa of Ávila: when Leibniz theorised the concept of reflection as presence of the infinite, he wrote to Pierre-Marie Morel, one of his correspondents, "there is someone who preceded me in inventing infinitesimal calculus" – where every unit has the impact of the infinite and every monad contains the infinite – "a Spanish nun, Teresa of Avila who experienced in her body the presence of infinite". I have not reached this point, I have not reached this level of revelation in my epiphanies, I have not experienced such an erotic-mental transfer from the infinite to me, but I was lucky enough to be born in Bulgaria, then a communist country and a crossroad between East and West, Russia and Greece, and which is still the only country in the world which celebrates the festival of culture. Every 24th of May the two saints Cyril and Methodius are celebrated, who invented the Slavic alphabet. Every 24th of May we demonstrated in the streets, we children, all those who make culture, artists, teachers, journalists, librarians... And so, every 24th of May I was a letter of the alphabet, with many flowers; the letters of the alphabet made up sentences, slogans, words, despite being in a country where everything could not be said because of censorship. It was a rather curious atmosphere to experience, and I am now reminded of that period before coming to France (in the Sixties, I arrived in France at Christmas 1965): a somewhat numbing oppressive cover. Without any doubt it was so, but it was not only that. I remember we spent the nights reading Mikhail Bakhtin who had developed a very specific reading of Rabelais and Dostoyevsky.

HUO You spoke about the cultural atmosphere in a country subjected to censorship, thinking of your experience before moving to France in the Sixties. You recalled the nights spent reading unconventional literary works, such as those by Bakhtin, and your passion for Russian literature, in particular for authors such as Lyudmila Ulitskaya. Did such cultural richness inspire your interest in intertextuality and the diversity of cultural influences?

JK Exactly, the environment I grew up in influenced my interest in cultural diversity and intertextuality. I started with an interest in nuclear physics and astronomy but ended up devoting myself to linguistics and literature, finding a way to express my search for sense through writing.

l'astronomia, ma ho finito per dedicarmi alla linguistica e alla letteratura, trovando una via per esprimere la mia ricerca di senso attraverso la scrittura.

HUO È affascinante vedere come le esperienze personali abbiano influenzato il suo percorso letterario. Parlando dei suoi romanzi, ha menzionato il desiderio di esplorare la "rivolta intima" attraverso il genere del romanzo investigativo. Potrebbe approfondire questo concetto?

JK Ho trovato nel genere del romanzo investigativo una via per esplorare le cause profonde dei desideri umani e le loro conseguenze. Attraverso la narrativa, cerco di portare i lettori a interrogarsi sulle loro verità interiori e a comprendere meglio sé stessi.

HUO Ha anche menzionato la sua esperienza con romanzi non realizzati. Vorrebbe condividerne alcuni?

JK Ci sono sempre progetti letterari che non si concretizzano, per vari motivi. Ho sperimentato diverse forme narrative e ho cercato di dare voce alle mie esperienze personali in modi nuovi, come nel romanzo *Il vecchio e il lupo*, che affronta temi familiari attraverso una lente metaforica.

HUO Mi ha parlato di una pratica parallela che continua e che svolge un ruolo importante nelle analisi. Ha fatto un'analogia tra questa pratica e quella dello scrivere un romanzo, parlando di identificazione e comprensione del paziente. Può spiegare questa pratica analitica in modo più dettagliato?

JK Certamente. Spesso c'è una concezione della psicoanalisi come un processo di interpretazione freddo e distaccato, ma in realtà è molto più coinvolgente. Durante l'analisi entro in uno stato di risveglio immaginativo, in cui mi identifico con il paziente e mi immergo nella sua storia come se stessi scrivendo un romanzo. È un equilibrio delicato: devo mantenere una certa distanza per non essere sopraffatta dalle proiezioni del paziente, ma allo stesso tempo devo entrare in sintonia con lui per comprendere veramente le sue esperienze. Questa interazione immaginativa è fondamentale per l'analisi, perché mi consente di capire meglio il paziente e di aiutarlo a esplorare i suoi pensieri e sentimenti più profondi.

HUO Parliamo del suo libro sul genio femminile e del suo approccio alla femminilità.

JK Ho scritto questo libro perché ero interessata a sfidare l'idea che tutte le donne dovrebbero conformarsi a uno standard predefinito. Ho incoraggiato le donne a esplorare la propria individualità e a coltivare il proprio genio unico. Questo concetto di singolarità mi ha portato a esaminare le vite e le opere di tre donne influenti: Hannah Arendt, Melanie Klein e Colette. Credo che sia importante celebrare la diversità delle esperienze femminili anziché cercare di omologarle.

HUO Parliamo della sua mostra sul tema della decollazione al Louvre, tema biblico ma diffuso anche in molte civiltà. Come è nata questa mostra?

JK Ho suggerito questo tema come un modo per esplorare il concetto di sacrificio e rinascita presente nella cultura umana. La mostra "Visions capitales", del 1998, è stata una riflessione su come il pensiero e l'identità umana persistano anche oltre la morte fisica. Un'esperienza personale che mi ha ispirata è stato un concorso d'arte che vinsi da bambina, in cui disegnai un pupazzo di neve che perdeva la testa. Questo disegno mi ha fatto riflettere sul concetto di perdita e rinascita.

HUO È interessante vedere come la sua vita e le sue esperienze influenzino il suo lavoro artistico. Grazie per aver condiviso con noi il suo percorso e la sua visione unica della scrittura.

JK È stato un piacere. Spero che il mio lavoro possa ispirare le persone a esplorare le proprie verità interiori attraverso la narrazione.

Estratto della conversazione tra Julia Kristeva e Hans Ulrich Obrist del 2011.

HUO It is fascinating to see that personal experiences influenced your literary pathway. When talking about your novels, you mentioned your desire to explore "intimate revolt" through the detective novel genre. Could you go more in depth on this concept?

JK I found in the genre of detective fiction a way to explore the deep causes of human desires and their consequences. Through fiction, I try to lead readers to question their inner truths and better understand themselves.

HUO You also mentioned your experience with unrealised novels. Would you like to share some?

JK There are always literary projects that do not materialise, for various reasons. I experimented with different narrative forms, and tried to give voice to my personal experiences in new ways, such as in the novel *The Old Man and the Wolf*, which addresses familiar themes through a metaphorical lens.

HUO You told me about an ongoing parallel practice that plays an important role in analyses. You drew an analogy between such practice and that of writing a novel, talking about identifying and understanding the patient. Can you explain this analytical practice in more detail?

JK Certainly. There is often a conception of psychoanalysis as a cold and detached process of interpretation, but in reality, it is much more engaging. During an analysis I enter a state of imaginative wakefulness, in which I identify with the patient and immerse myself in his story, as if I were writing a novel. It is a delicate balance: I have to maintain a certain distance, so as not to be overwhelmed by the patient's projections, but at the same time I have to empathise with him to truly understand his experiences. This imaginative interaction is fundamental to the analysis, because it allows me to better understand the patient and help him explore his deepest thoughts and feelings.

HUO Let's talk about your book on female genius and your approach to femininity.

JK I wrote this book because I was interested in challenging the idea that all women should conform to a predefined standard. I encouraged women to explore their individuality and cultivate their unique genius. This concept of singularity led me to examine the lives and works of three influential women: Hannah Arendt, Melanie Klein, and Colette. I believe it is important to celebrate the diversity of women's experiences rather than trying to homologate them.

HUO Let's talk about your exhibition on the theme of beheading at the Louvre, a biblical theme but also widespread in many civilisations. How did this exhibition come about?

JK I suggested this theme as a way to explore the concept of sacrifice and rebirth, present in human culture. The exhibition *Visions capitales* of 1998 was a reflection on how human thought and identity persist even beyond physical death. A personal experience that inspired me was an art competition I won as a child, in which I drew a snowman losing his mind. This drawing made me think about the concept of loss and rebirth.

HUO It is interesting to see how your life and experiences influence your artistic work. Thank you for sharing your journey and unique vision of writing with us.

JK It was a pleasure. I hope my work can inspire people to explore their own inner truths through storytelling.

Excerpt from the conversation between Julia Kristeva and Hans Ulrich Obrist in 2011.

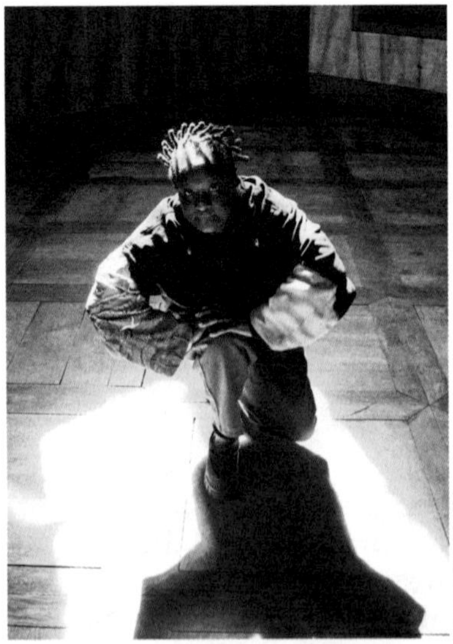
Bintou Dembélé

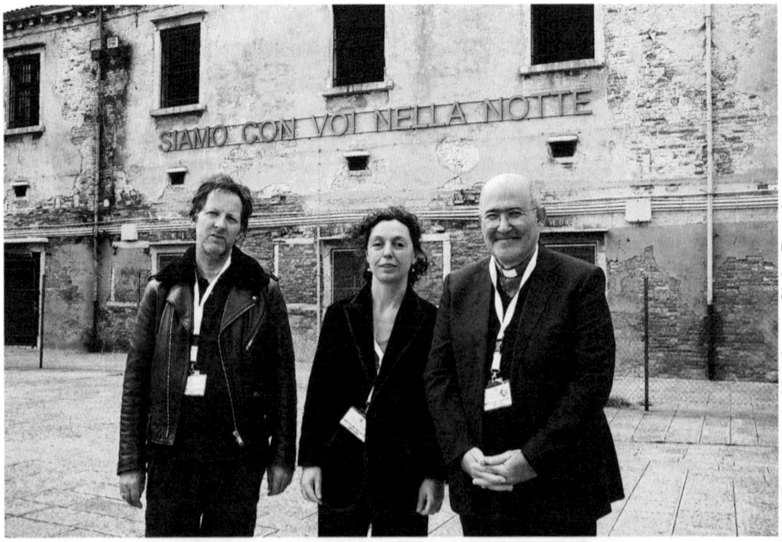

José Tolentino de Mendonça, Claire Fontaine

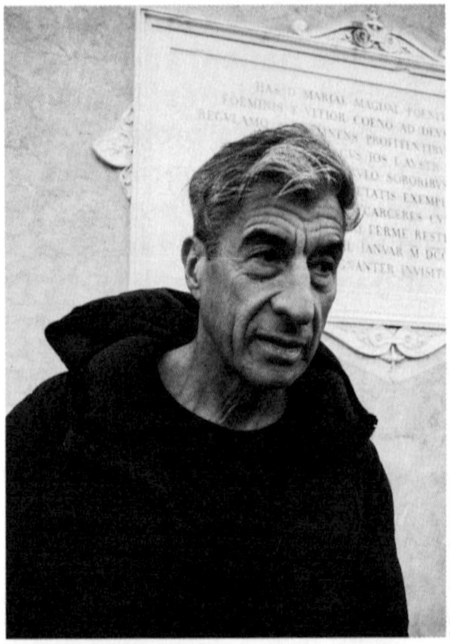
Maurizio Cattelan

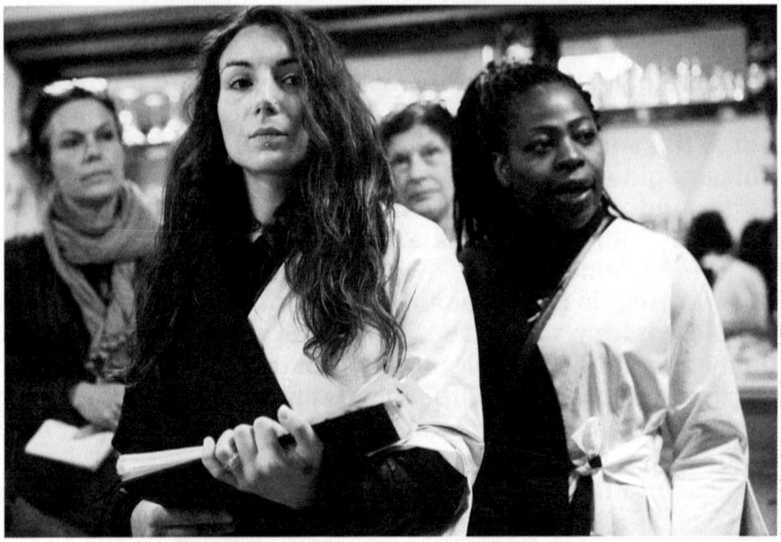
Le guide del padiglione | The pavilion guides

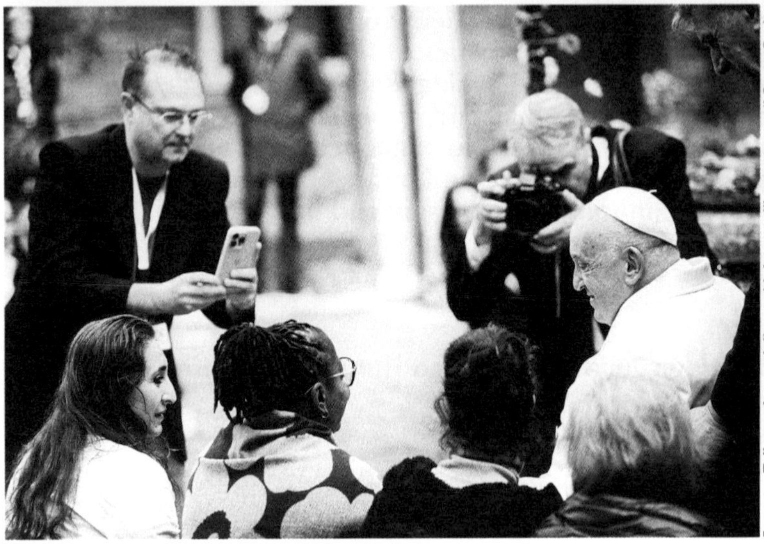
Juergen Teller e alcune delle ospiti durante l'incontro con il Santo Padre | and some of the inmates during the meeting with the Holy Father

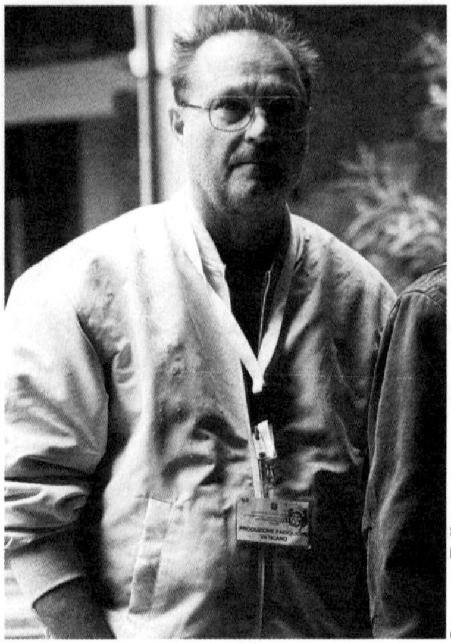
Juergen Teller

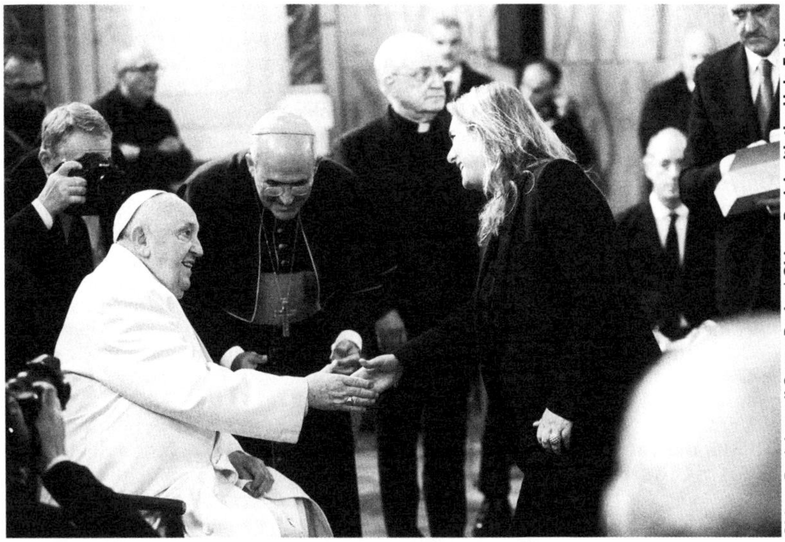

Chiara Parisi con il Santo Padre | Chiara Parisi with the Holy Father

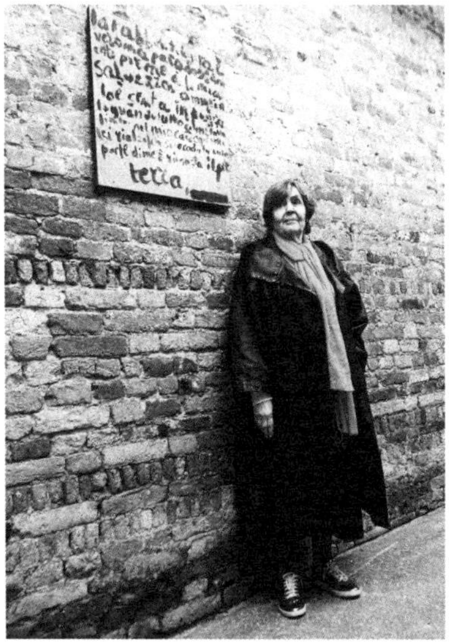

Simone Fattal

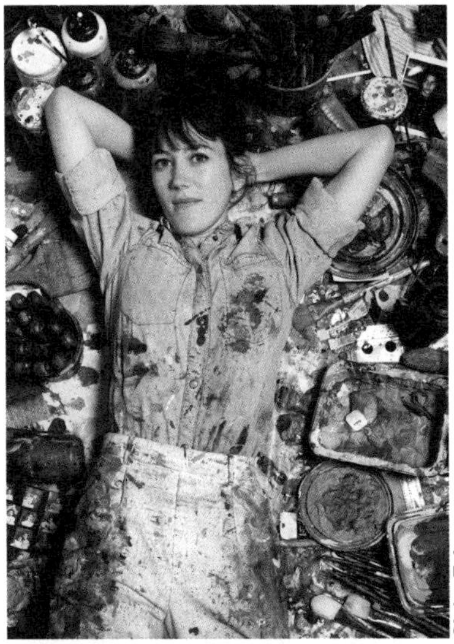

Claire Tabouret

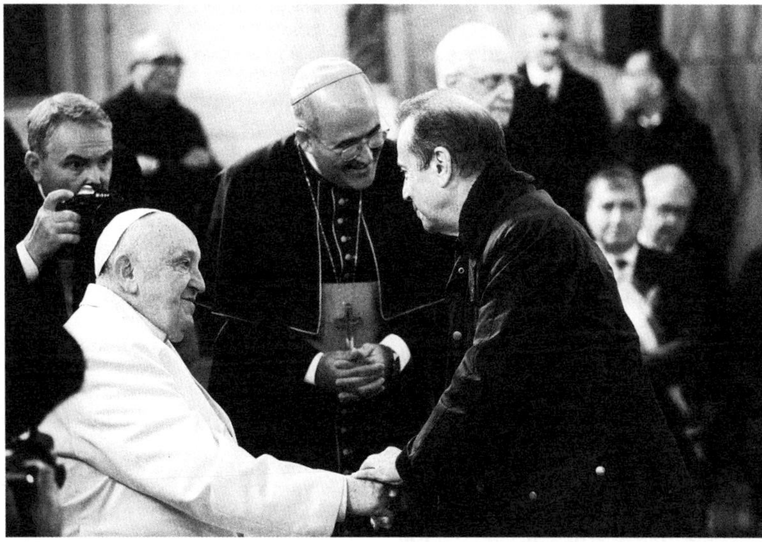

Bruno Racine con il Santo Padre | Bruno Racine with the Holy Father

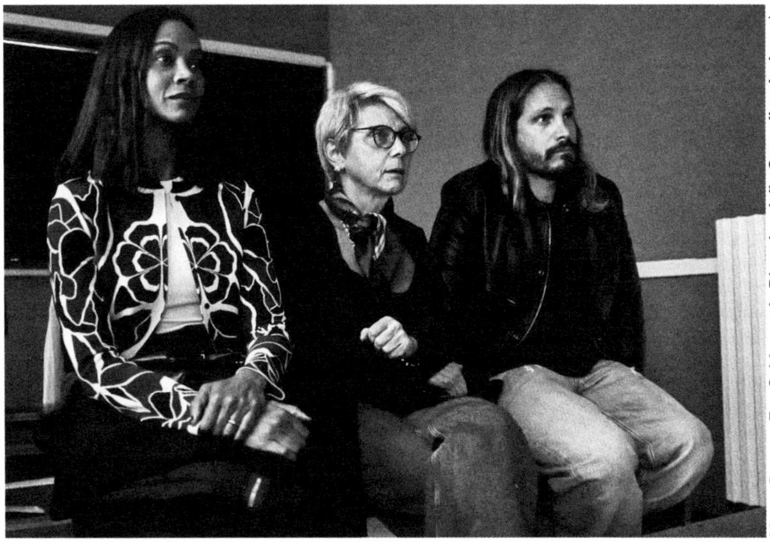

Marco Perego, Zoe Saldana e la Direttrice della Casa di reclusione | and the Director of the Giudecca Women's Prison Mariagrazia Bregoli

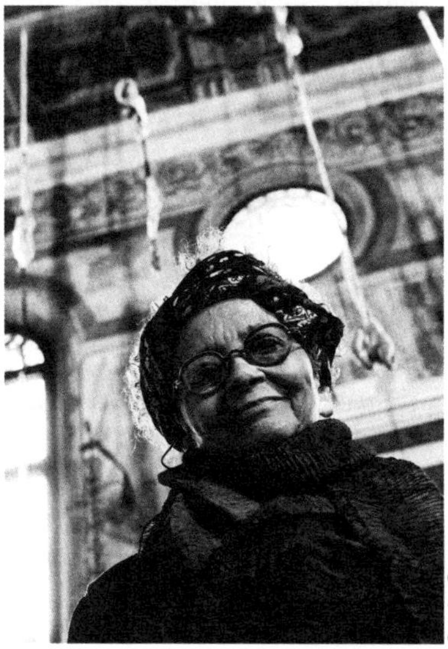

Sonia Gomes

biografie

Irma Boom
Irma Boom è una designer di libri di Amsterdam. Il suo approccio sperimentale sfida spesso le convenzioni del libro tradizionale, sia per quanto riguarda il design sia per il contenuto. Dal 1992 collabora con l'Università di Yale, New Haven, Connecticut, e tiene conferenze e workshop in tutto il mondo. Ha ricevuto molti premi per i suoi progetti di libri e, nel 2001, è stata la più giovane designer ad aver ricevuto il Premio Gutenberg. I libri di Boom sono presenti nelle collezioni permanenti del Museum of Modern Art di New York, dell'Art Institute di Chicago, della Biblioteca Vaticana e del Centre Pompidou di Parigi. Le Collezioni Speciali dell'Università di Amsterdam raccolgono la sua opera completa. Nel 2014 Boom ha ricevuto il Premio Johannes Vermeer, il premio statale olandese per le arti. Nel 2019 ha ricevuto un dottorato onorario dal Royal College of Art di Londra.

Maurizio Cattelan
Maurizio Cattelan (nato a Padova nel 1960, vive e lavora tra Milano e New York) è uno degli artisti italiani più in vista nel panorama dell'arte contemporanea. Le sue opere mettono in luce i paradossi della società e riflettono sugli scenari politici e culturali con grande profondità e acume. Utilizzando immagini iconiche e un linguaggio visivo caustico, le sue opere suscitano un acceso dibattito pubblico e un senso di partecipazione collettiva. Le sue mostre personali sono state presentate da istituzioni di importanza internazionale, tra cui il Moderna Museet di Stoccolma, il Leeum, Samsung Museum of Art di Seul e il Pirelli Hangar Bicocca di Milano (solo per citarne alcune). Ha inoltre partecipato a importanti mostre collettive, come la Biennale di Venezia (2011, 2009, 2003, 2001, 1999, 1997 e 1993).

Bintou Dembélé
Bintou Dembélé, figura di spicco dell'Hip-Hop francese, è l'essenza della cultura di protesta che parte dai margini. Inizia a ballare nel 1985, esplorando la cultura Underground e Street. Interessata a come le culture marginali diano origine a nuove estetiche destinate a diventare influenti, ha creato la struttura "Rualité", definendo cosi il suo approccio artistico. Uno dei tratti distintivi del lavoro di Bintou Dembélé è la commistione tra creazione e ricerca. Presente in sedi prestigiose come il Palais de la Porte Dorée e il Centre Pompidou, ha celebrato il decimo anniversario del Centre Pompidou-Metz.

Simone Fattal
Simone Fattal è nata nel 1942 a Damasco, in Siria, ed è cresciuta in Libano. Si trasferisce a Parigi per studiare alla Sorbona e nel 1969 torna a Beirut dove inizia a lavorare come artista visiva, all'inizio della Guerra civile libanese. Nel 1980 lascia il Libano e si stabilisce in California, dove fonda una casa editrice dedicata a opere letterarie innovative e sperimentali. Nel 1988 si iscrive all'Art Institute di San Francisco che la stimola a tornare alla pratica artistica e a dedicarsi alla scultura e alla ceramica. Le sue opere sono presenti in diverse collezioni pubbliche, come il Centre Pompidou di Parigi, la Fondazione Yves Saint Laurent di Marrakech, il National Museum of Qatar di Doha, il Sursock Museum di Beirut e la Sharjah Art Foundation di Sharjah.

Claire Fontaine
Claire Fontaine è un collettivo di artisti concettuali, femministi, creato da Fulvia Carnevale e James Thornhill a Parigi nel 2004. Dal 2017 vivono e lavorano a Palermo. Il loro nome si ispira all'iconico ready-made di Duchamp, l'orinatoio chiamato *Fontaine*, e a una famosa marca di taccuini francesi (Clairefontaine) ed evoca uno spazio in cui le biografie degli artisti non sono direttamente collegate alle loro opere d'arte, consentendo così alla loro ricerca di essere libera e desoggettivizzata. L'appropriazione e il dirottamento tipici del loro lavoro, derivano dalla stessa intenzione: non soffermarsi sull'eccellenza della singolarità dell'artista, ma attivare le forme e le forze della cultura visiva e sottolinearne il loro contenuto politico. Claire Fontaine crea video, sculture, dipinti e testi.

Sonia Gomes
Sonia Gomes dà vita a eclettiche contorsioni di tessuto che evocano contemporaneamente l'idea di viscere e di oggetti sacri, mescolando riferimenti all'amore, all'intimità domestica e al terrore totemico. Utilizzando tessuti regalati o trovati, crea e rivela intuitivamente pattern dove la sua storia si intreccia con quella di qualcun altro. Fortemente credente nella forza di tutti gli organismi, Gomes si affida alla magnetica latenza di vita di ogni materiale. L'opera ci ricorda che ogni pezzo di stoffa può essere tessuto, modellato o legato insieme in qualcosa di nuovo e che gli oggetti hanno una vita interiore a cui, chi li vive, partecipa.

Corita Kent
Corita Kent (Suor Mary Corita), 1918-1986, è stata un'artista, insegnante e promotrice della giustizia sociale. Al secolo Frances Elizabeth Kent (Fort Dodge, Iowa), entra nell'ordine dell'Immaculate Heart of Mary di Los Angeles a diciotto anni e, per più di venti anni, insegna arte all'Immaculate Heart. La sua arte dirompente, principalmente basata su serigrafie, parla di povertà, razzismo e guerra. La sua produzione conta più di ottocento edizioni di serigrafie, centinaia di acquerelli e innumerevoli opere su commissione, pubbliche e private. Le sue opere sono esposte in importanti collezioni di tutto il mondo.

Julia Kristeva
Julia Kristeva, nata il 24 giugno 1941, è una linguista, psicanalista, filosofa e scrittrice francese di origine bulgara. Studiosa di M. Bachtin, ha consacrato i suoi primi saggi alla fondazione di un nuovo ramo della semiologia, la semanalisi; si è inoltre occupata di semiologia della pittura e della questione femminile, dando un importante contributo allo sviluppo del post-strutturalismo. Parallelamente all'attività di saggista, a partire dagli anni novanta si è dedicata anche al romanzo.

Marco Perego & Zoe Saldana
Marco Perego, nato nel 1979 a Vimercate (MI), vive e lavora a Los Angeles. L'artista nutre un profondo interesse nel riutilizzo di materiali carichi di storia quanto avanguardisti. Il suo *corpus* artistico affronta le situazioni turbolente e i tempi che stiamo vivendo. L'artista mira ad avviare una conversazione sull'incessante mutamento del mondo intorno e dentro di noi, con la continua ricerca della trasformazione e della trascendenza. Le sue opere sono state esposte in mostre collettive internazionali al Rennie Museum di Vancouver, Canada, al Museo d'Arte Moderna di Bologna, al Museo Archeologico di Firenze, al The Andy Warhol Museum di Pittsburgh e alla Untilthen di Parigi. Le mostre personali di Perego sono state ospitate

biographies

Irma Boom
Irma Boom is an Amsterdam-based book designer. Her experimental approach often challenges the conventions of the traditional book, both in design and content. Since 1992 she has collaborated with Yale University, New Haven, Connecticut, and has given lectures and workshops around the world. She has received many awards for her book designs and, in 2001, was the youngest person to be awarded the Gutenberg Prize. Boom's books are in the permanent collections of the Museum of Modern Art in New York, the Art Institute of Chicago, the Vatican Library, and the Centre Pompidou in Paris. The Special Collections of the University of Amsterdam collects her complete oeuvre. In 2014 Boom received the Johannes Vermeer Prize, the Dutch state prize for the arts. In 2019 she earned an honorary doctorate from London's Royal College of Art.

Maurizio Cattelan
Maurizio Cattelan (b. Padua, 1960, lives and works between Milan and New York) is one of the most prominent Italian artists in the contemporary art scene. His works highlight the paradoxes of society and reflect on political and cultural scenarios with great depth and insight. By using iconic images and a caustic visual language, his works spark heated public debate fostering a sense of collective participation. His solo exhibitions have been presented by institutions of international importance, including Moderna Museet, Stockholm, Leeum, Samsung Museum of Art, Seoul, Pirelli Hangar Bicocca, Milan (just to name a few). He has also participated in major group shows, such Venice Biennale (2011, 2009, 2003, 2001, 1999, 1997, and 1993).

Bintou Dembélé
Bintou Dembélé, a prominent figure in French Hip-Hop, embodies the journey of protest culture from the margins. She began dancing in 1985, exploring Underground and Street culture. Interested in how the byways of the margins give rise to new aesthetics that are destined to become influential, she set up the *Rualité* structure, developing her artistic approach. One of the distinctive features of Bintou Dembélé's work is the blend of creation and research. Featured in prestigious venues like Palais de la Porte Dorée and Centre Pompidou, she celebrated Centre Pompidou-Metz's tenth anniversary.

Simone Fattal
Simone Fattal was born in 1942 in Damascus, Syria, and raised in Lebanon. She moved to Paris, where studied at the Sorbonne. In 1969 she returned to Beirut and began working as a visual artist, the start of the Lebanese Civil War. She left Lebanon in 1980 and settled in California, where she founded a publishing house dedicated to innovative and experimental literary work. In 1988 she enrolled at the Art Institute of San Francisco, which prompted a return to her artistic practice and a newfound dedication to sculpture and ceramics. Her work has been in several public collections, such as the Centre Pompidou, Paris; the Yves Saint Laurent Foundation, Marrakech; the National Museum of Qatar, Doha; the Sursock Museum, Beirut and the Sharjah Art Foundation, Sharjah.

Claire Fontaine
Claire Fontaine is a collective feminist conceptual artist founded by Fulvia Carnevale and James Thornhill in Paris in 2004. Since 2017 she lives and works in Palermo. Her name is inspired by Duchamp's iconic ready-made urinal entitled *Fontaine* and a famous brand of French notebooks (Clairefontaine); it defines a space where the biographies of the artist are not directly connected to their artworks, allowing their research to become a space of freedom and desubjectivisation. The use of appropriation and hijacking in her work stems from the same intention: not highlighting the excellence of the artist's unique singularity but activating the forms and the forces within visual culture and underlining their political content. Claire Fontaine works in video, sculpture, painting, and writing.

Sonia Gomes
Sonia Gomes makes eclectic fabric contortions that simultaneously evoke the idea of viscera and of the sacred object, mixing expressions of love, domesticity, and totemic terror. Using gifted or found fabrics, she intuitively creates and reveals arrangements as if weaving her history with somebody else's. A believer in the puissance of all organisms, Gomes trusts every material's magnetic latency of life. The work reminds us that if almost every piece of fabric may be woven, moulded, or tied together into something new, then not only do objects have an inner life, but in experiencing them, so do we.

Corita Kent
Corita Kent (Sister Mary Corita), 1918–1986, was an artist, teacher, and social justice advocate. Born Frances Elizabeth Kent in Fort Dodge, Iowa, she entered the Immaculate Heart of Mary order in Los Angeles at age 18 and taught in the Immaculate Heart College art department from 1947 to 1968. Working primarily in serigraphy, her exuberant art addressed concerns about poverty, racism, and war. At the time of her death, she had created more than eight hundred serigraph editions, hundreds of watercolours, and countless public and private commissions. Her work is held in prominent collections worldwide.

Julia Kristeva
Julia Kristeva, born 24 June 1941, is a French linguist, psychoanalyst, philosopher and writer, Bulgarian-born. A scholar of M. Bachtin, she devoted her early essays to the foundation of a new branch of semiotics, semanalysis; she also worked on the semiology of painting and the feminine question, making an important contribution to the development of post-structuralism. Alongside her work as an essayist, she has also been writing novels since the 1990s.

Marco Perego & Zoe Saldana
Marco Perego, born in 1979 in Vimercate, Italy, lives and works in Los Angeles. The artist holds a deep interest in reusing materials laden with as much history as avant-garde innovation. His body of work tackles the turbulent situations and times we are experiencing. Perego aims to initiate a conversation about the incessant change of the world around us and within us, with a continuous pursuit of transformation and transcendence. His works have been exhibited in international group shows at the Rennie Museum in Vancouver, Canada, the Museum of Modern Art in Bologna, the Archaeological Museum in Florence, The Andy Warhol Museum in Pittsburgh, and Untilthen in Paris. Perego's solo exhibitions have also

anche alla Michele Maccarone Gallery di New York e alla Untilthen. Nel 2025 verrà presentata un'installazione al The Capsule del Centre Pompidou-Mertz. Le sue opere sono presenti in collezioni pubbliche, dal Jumex di Città del Messico, al Rennie Museum, fino al Hammer Museum di Los Angeles. Ha appena completato il suo esordio come scrittore e regista per il suo primo lungometraggio, *The Absence of Eden*, con protagonisti Zoe Saldana, Garret Hedlund e Adria Arjona. *The Absence of Eden* è prodotto dal premio Oscar Martin Scorsese. Attualmente, Perego risiede a Los Angeles con sua moglie Zoe Saldana e i loro tre figli.

Zoe Saldana si è guadagnata costantemente la reputazione di essere una delle forze più versatili e rispettate del settore, con una carriera straordinaria che abbraccia oltre venti anni come attrice e produttrice. Essendo l'unica interprete nella storia ad aver recitato in quattro film che hanno incassato più di due miliardi di dollari e nei primi tre film di maggior incasso di tutti i tempi, *Avatar*, *Avatar: La via dell'acqua* e *Avengers: Endgame* degli studi Marvel, l'impegno appassionato di Saldana nel cercare ruoli avvincenti e indelebili è rimasto costante. Saldana ha ricevuto una stella sulla Hollywood Walk of Fame nel 2018 ed è stata insignita del Premio per l'eccellenza cinematografica dalla National Association of Latino Independent Producers (NALIP) nel 2017, per la sua forza nel promuovere la rappresentanza della comunità latino americana a Hollywood. È stata recentemente riconosciuta come una delle cento persone più influenti nel 2023 dalla rivista "TIME". Nata nel New Jersey e cresciuta a Queens e nella Repubblica Dominicana, Saldana attualmente risiede a Los Angeles con suo marito Marco Perego e i loro tre figli.

Chiara Parisi
Nata a Roma, storica dell'arte, dirige il Centre Pompidou-Metz. Dopo il dottorato all'Università La Sapienza di Roma ha insegnato Storia dell'arte moderna e contemporanea, Storia dell'architettura e del design industriale. Ha diretto la Monnaie de Paris e il Centro Internazionale d'Arte e di Paesaggio dell'isola di Vassivière in Francia.

Bruno Racine
Direttore di Palazzo Grassi – Punta della Dogana, è stato direttore di importantissime istituzioni culturali, tra cui il Centre Georges Pompidou e la Bibliothèque Nationale de France. Autore di un'opera letteraria comprendente numerosi libri sull'Italia e fine conoscitore del Paese, di cui difende la lingua, ha diretto l'Accademia di Francia a Roma dal 1997 al 2002, aprendo Villa Medici all'arte contemporanea e agli artisti italiani.

Claire Tabouret
Claire Tabouret (nata nel 1981 a Pertuis, Francia) ha esposto di recente all'Institute of Contemporary Art di Miami, a Palazzo Cavanis per l'evento collaterale della LIX Esposizione Internazionale d'Arte della Biennale di Venezia e al Musée Picasso di Parigi. Le sue opere sono state acquisite da importanti collezioni e fanno parte, tra l'altro, del Los Angeles County Museum of Art, dell'Institute of Contemporary Art di Miami, del Pérez Art Museum, del Dallas Museum of Art, del Columbus Museum of Art, della Pinault Collection, del Centre George Pompidou e del Voorlinden Museum. Vive e lavora a Los Angeles.

Juergen Teller
Nato nel 1964 a Erlangen (Germania) ha frequentato la Bayerische Staatslehranstalt für Photographie a Monaco, prima di trasferirsi a Londra nel 1986. Lavorando con diversi generi di fotografia, Teller ha contribuito alla realizzazione di importanti pubblicazioni di arte e moda e ha collaborato con numerosi marchi del lusso. I suoi lavori sono stati esposti in tutto il mondo, anche in mostre personali alla Fondation Cartier e al Grand Palais Ephémère di Parigi, alla Dallas Contemporary, all'Institute of Contemporary Arts di Londra, al Garage Museum di Mosca e alla Triennale di Milano. Nel 2007 gli è stato chiesto di rappresentare l'Ucraina con altri quattro artisti alla 52a Biennale di Venezia. Le fotografie di Teller sono state acquisite da numerose collezioni internazionali, tra cui il Centre Pompidou di Parigi, l'International Center of Photography di New York, il Louvre di Parigi e la National Portrait Gallery di Londra. Teller ha pubblicato oltre cinquanta libri ed è stato docente di fotografia all'Akademie der Bildenden Künste di Norimberga.

José Tolentino de Mendonça
Il Cardinale José Tolentino de Mendonça (Machico, Madeira, Portogallo, 1965), è Cardinale, nonché Prefetto del Dicastero per la Cultura e l'Educazione. Universitario di lunga data, oltre che della saggistica di carattere teologico è anche autore di un'ampia opera poetica ed è considerato una delle voci più originali della letteratura portoghese. È già stato Archivista e Bibliotecario di Santa Romana Chiesa (2018–2022). La sua priorità è il dialogo del cristianesimo con il mondo contemporaneo.

Hans Ulrich Obrist
Nato a Zurigo, in Svizzera, nel 1968, è direttore artistico delle Serpentine Galleries di Londra. In precedenza, è stato curatore del Musée d'Art Moderne di Parigi. Dalla sua prima mostra *World Soup (The Kitchen Show)*, del 1991, ha curato più di trecentocinquanta mostre. Tra queste ricordiamo in particolare la serie *Do It* (a partire dal 1993 e ancora in corso), *Take Me (I'm Yours)* (Londra 1995, Parigi 2015, New York 2016 e Milano 2017) e il Padiglione della Svizzera alla 14. Biennale di Architettura di Venezia (2014).

been hosted at the Michele Maccarone Gallery in New York and at Untilthen. In 2025, an installation will be presented at The Capsule of the Centre Pompidou-Metz. His works are present in public collections, from the Jumex in Mexico City to the Rennie Museum to the Hammer Museum in Los Angeles. He has just completed his debut as a writer and director for his first feature film, *The Absence of Eden*, starring Zoe Saldana, Garret Hedlund, and Adria Arjona. *The Absence of Eden* is produced by the Oscar-winning Martin Scorsese. Currently, Perego resides in Los Angeles with his wife and their three children.

Zoe Saldana has steadily earned a reputation as one of the most versatile and respected forces in the industry, with an extraordinary career spanning over twenty years as an actress and producer. As the only performer in history to appear in four films that have grossed over $2 billion and in the top three highest-grossing films of all time, Avatar, Avatar: The Way of Water, and Avengers: Endgame from Marvel Studios, Saldana's passionate commitment to seeking compelling and enduring roles has remained steadfast. Saldana received a star on the Hollywood Walk of Fame in 2018 and was honoured with the Outstanding Achievement in Film Award by the National Association of Latino Independent Producers (NALIP) in 2017 for her impact in promoting the representation of the Latino-American community in Hollywood. She was recently recognized as one of the 100 most influential people in 2023 by *TIME* magazine. Born in New Jersey and raised in Queens and the Dominican Republic, Saldana currently resides in Los Angeles with her husband and their three children.

Chiara Parisi
An art historian born in Rome; she is the Director of the Centre Pompidou-Metz. After completing her Ph.D. at La Sapienza University in Rome, she taught the History of Modern and Contemporary Art, as well as the History of Architecture and Industrial Design. She previously directed the Monnaie de Paris and the International Center for Art and Landscape on Vassivière Island in France.

Bruno Racine
Director of Palazzo Grassi – Punta della Dogana. He has previously managed leading cultural institutions such as the Centre Georges Pompidou and the Bibliothèque Nationale de France. He is the author of a substantial number of works of literature including numerous books on Italy, a country that he knows very well and which language he strongly defends. He directed the Academy of France in Rome from 1997 to 2002, opening Villa Medici to contemporary art and Italian artists.

Claire Tabouret
Claire Tabouret (b. 1981, Pertuis, France) has had recent solo exhibitions at Institute of Contemporary Art in Miami; Palazzo Cavanis, a collateral event of the 59th International Art Exhibition of La Biennale di Venezia, Venice; and Musée Picasso, Paris. Her work has been acquired by major collections and is notably part of the Los Angeles County Museum of Art, Institute of Contemporary Art Miami, Pérez Art Museum, Dallas Museum of Art, Columbus Museum of Art, Pinault Collection, Centre George Pompidou, Voorlinden Museum, among others. She lives and works in Los Angeles.

Juergen Teller
Born in 1964 in Erlangen, Germany, he attended the Bayerische Staatslehranstalt für Photographie in Munich before moving to London in 1986. Working with different genres of photography, Teller has contributed to major art and fashion publications and collaborated with numerous luxury brands. His work has been exhibited worldwide, including in solo exhibitions at the Fondation Cartier and the Grand Palais Ephémère in Paris, the Dallas Contemporary, the Institute of Contemporary Arts in London, the Garage Museum in Moscow, and the Milan Triennale. In 2007, he was asked to represent Ukraine with four other artists at the 52nd Venice Biennale. Teller's photographs have been acquired by numerous international collections, including the Centre Pompidou in Paris, the International Center of Photography in New York, the Louvre in Paris, and the National Portrait Gallery in London. Teller has published over fifty books and was a Professor in Photography at the Akademie der Bildenden Künste in Nuremberg.

Cardinal Josè Tolentino de Mendonça
Cardinal José Tolentino de Mendonça (Machico, Madeira, Portugal, 1965) is Cardinal and Prefect of the Dicastery for Culture and Education. A longstanding University Professor, he is the author of both an extensive theological non-fiction production and of an impressive poetic oeuvre for which he is considered one of the most original voices in Portuguese literature. He has previously served as Archivist and Librarian of the Holy Roman Church (2018–2022). He prioritizes the dialogue between Christianity and the contemporary world.

Hans Ulrich Obrist
Born in Zurich, Switzerland, in 1968, is the Artistic Director of London's Serpentine Galleries. He was previously a curator at Paris' Musée d'Art Moderne. Since his first exhibition, *World Soup* (*The Kitchen Show*), in 1991, he has curated over three hundred fifty exhibitions. These include highlights such as the *Do It* series (starting in 1993 and still ongoing), *Take Me* (*I'm Yours*) (London 1995, Paris 2015, New York 2016, and Milan 2017), and the Swiss Pavilion at the 14th Venice Architecture Biennale (2014).

con i miei occhi
Padiglione della Santa Sede alla 60. Esposizione Internazionale d'Arte – La Biennale di Venezia

with my eyes
The Holy See Pavilion at the 60th International Art Exhibition – La Biennale di Venezia

Casa di Reclusione Femminile di Venezia Giudecca, Venezia | Giudecca Women's Prison In Venice, Venice
20.04–24.11.2024

Commissario | Commissioner
Sua Eminenza Cardinale José Tolentino de Mendonça, Prefetto del Dicastero per la Cultura e l'Educazione della Santa Sede | His Eminence Cardinal José Tolentino de Mendonça, Prefect of the Dicastery for Culture and Education of the Holy See

Curatori | Curators
Chiara Parisi
Bruno Racine

Artisti | Artists
Maurizio Cattelan
Claire Fontaine
Bintou Dembélé
Simone Fattal
Sonia Gomes
Corita Kent
Marco Perego & Zoe Saldana
Claire Tabouret

Conversazioni | Talks
Hans Ulrich Obrist

Progettazione Allestimento | Exhibit Design
COR arquitectos (Roberto Cremascoli, Edison Okumura, Marta Rodrigues)
Flavia Chiavaroli

Progetto Grafico | Graphic Design
Irma Boom

Fotografie | Photographs
Marco Cremascoli
Juergen Teller

Organizzazione | Organisation
Dicastero per la Cultura e l'Educazione della Santa Sede | Dicastery for Culture and Education of the Holy See
Sua Eminenza Cardinale | His Eminence Cardinal José Tolentino de Mendonça
Sua Eccellenza Monsignore | His Excellency Monsignor Paul Tighe
Padre | Father Antonio Spadaro SJ
Monsignore | Monsignor Carlo Maria Polvani
Angelica Ferreira

Coordinamento | Coordination
Cristiano Grisogoni

Partner Istituzionale | Institutional Partners
Ministero della Giustizia, Dipartimento dell'Amministrazione Penitenziaria | Ministry of Justice, Department of Prison Administration – Ministro della Giustizia | Minister of Justice Carlo Nordio – Capo del Dipartimento dell'Amministrazione Penitenziaria | Head of Department of Prison Administration Giovanni Russo – Provveditore Regionale dell'Amministrazione Penitenziaria per il Triveneto | Regional Superintendent of Prison Administration for the Triveneto Maria Milano Franco d'Aragona – Direttore Casa di Reclusione Femminile di Venezia Giudecca | Director of Giudecca Women's Prison in Venice Mariagrazia Felicita Bregoli – Comandante Casa di Reclusione Femminile di Venezia Giudecca | Chief of Giudecca Women's Prison in Venice Lara Boco – Segreteria Ufficio Capo del Dipartimento dell'Amministrazione Penitenziaria | Secretary Office Chief of the Department of Prison Administration Ilaria Garbarino – Direttore Ufficio per la sicurezza personale e per la vigilanza – Dipartimento dell'Amministrazione Penitenziaria | Director Office for Personal Security and Supervision – Department of Prison Administration Alessandro Salvemini – Responsabile segreteria particolare Capo del Dipartimento dell'Amministrazione Penitenziaria | Head of Particular Secretary to the Department of Prison Administration Maurizio Mariani – Raccordo con l'Ufficio Stampa Ministero della Giustizia | Liaison with the Ministry of Justice Press Office Marco Belli – Segretario Particolare del Ministro della Giustizia | Personal Secretary to the Minister of Justice Valentina Noce – Responsabile Cerimoniale del Ministro della Giustizia | Head of Ceremonial of the Minister of Justice Roberto Rovello

Partner Principale | Main Partner
Intesa Sanpaolo

Produzione Esecutiva | Executive Production
COR arquitectos (Roberto Cremascoli, Edison Okumura, Marta Rodrigues)

Coordinamento Produzione | Coordination Production
Flavia Chiavaroli

Coordinamento Locale | Local Coordination
Dumbo Design Studio (Raul Betti, Greta Ruffino)

Studio di Progettazione Locale | Local Office Project
Valentina Vettori

Direzione Lavori | Construction Management
Mattia Marzaro

Strutture | Structure
Luca Vecchiato

Piano della Sicurezza | Security Plan
Davide Cassandro

Costruzione | Construction
Sirecon srl
Fibre Net spa

Assistenza Montaggio | Installation Support
Montenovi srl
Jean-Christophe Radke

Illuminazione | Lighting
Nemo Lighting
Ilti Luce

Produzione Grafica | Graphic Production
Fallani Venezia
Print Materia S.r.l.

Comunicazione | Comunication
Casadorofungher

Prenotazioni Visite | Reservation Service
CoopCulture

Trasporti | Transport
Montenovi srl

Assicurazioni | Insurance
Generali

Ringraziamenti | Acknowledgements
Sua Eccellenza Patriarca Francesco Moraglia e il Patriarcato di Venezia | His Excellency Patriarch Francesco Moraglia and the Patriarchate of Venice – Comitato Promotore Realizzazione Padiglione Santa Sede Biennale di Venezia 2024 Monsignor Davide Milani, Paolo Buzzonetti, Nicola Tomasoni | Promoting Committee for the Realisation of the Holy See Pavilion at the Venice Biennale 2024 Monsignor Davide Milani, Paolo Buzzonetti, Nicola Tomasoni – Casa di Reclusione Femminile di Venezia Giudecca e gli artisti con i loro studi e tutti coloro che hanno reso possibile questo progetto | Giudecca Women's Prison in Venice, the artists with their studios and all those who made this project possible – Centre Pompidou-Metz: Maxime Chauvelin, Elsa De Smet, Marie-José Georges, Anne Horvath – Fondazione Cultura per l'Educazione | Gravissimum Educationis – Fondazione Casa dello Spirito e delle Arti – Fondazione Ente dello Spettacolo – Gallerie d'Italia – Palazzo Grassi – Premio Lerici Golfo dei Poeti – Almine Rech – Archivio Maurizio Cattelan – All Out Lab – Blum Gallery – Corita Art Center – Galerie Balice Hertling – Galerie Perrotin – Galerie Tanit – Greene Naftali Gallery – Karma International – Kaufmann Repetto – Leaf Entertainment – Mendes Wood DM – Pace Gallery – Samsung Electronics – Antonella Sciarrone Alibrandi – Lorenzo Agostinelli – Paola Angeletti – Tobia Badoer – Giovanni Bazoli – Fabio Cappellato – Olivian Cha – Michele Coppola – Sam Eddo – Paolo Maria Vittorio Grandi – Andrew Kreps – Stefano Lucchini – Arnoldo Mosca Mondadori – Massimiliano Montenovi – Anna Moschioni – Stefano Olzi – Don Morris Paisan – Giulia Papale – Ermal Papano – Fabrizio Paschina – Diego Perissinotto – Béatrice Racine – Jean-Christophe Radke – Clementina Rizzi – Francesco Rubino – Fabrizia Sabbatini – Micol Saleri – Shawnell Scott – Joanna Siruffo – Valentina Suma – Jacopo Zotti – Zeno Zotti – Astrid Welter

Reso possibile da | Made possible by

DICASTERIUM DE CULTURA ET EDUCATIONE
Ministero della Giustizia
DIPARTIMENTO DELL'AMMINISTRAZIONE PENITENZIARIA
INTESA SANPAOLO
PATRIARCATO DI VENEZIA
Gi Group HOLDING

Sponsor tecnici | Technical sponsors

FIBRE NET composite engineering
ILTI LUCE
NEMO NEMOLIGHTING.COM

Fotolito e stampa | Reproduction and printing
Opero srl, Verona

Per conto di | for
Marsilio Arte® srl, Venezia

Sei la carezza,
quella più dolce.
Un cuscino di seta e passione.
Una con chiglia di madre
perla rara.

La lacrima più amara.
Sei quell'anima
che ho sempre cercato,
ma che fino a poco fa non avevo trovato
brutale è questo fato.
Prima manda in estasi il mio cuore
, poi lo ha spezzato,
tutto in un istante,
il tempo di un respiro affannato.

Giulia Boschin